# रात बीतने तक
# तथा
# अन्य ध्वनि नाटक

मोहन राकेश

राधाकृष्ण प्रकाशन

ISBN : 978-81-7119-332-5

**रात बीतने तक तथा अन्य ध्वनि नाटक**



**पहला संस्करण** : 1974
**छठा संस्करण** : 2021
**पहली आवृत्ति** : 2023

**मूल्य** : ₹695

**प्रकाशक**
राधाकृष्ण प्रकाशन प्राइवेट लिमिटेड
जी-17, जगतपुरी, दिल्ली-110 051

**शाखाएँ** : अशोक राजपथ, साइंस कॉलेज के सामने, पटना-800 006
पहली मंजिल, दरबारी बिल्डिंग, महात्मा गांधी मार्ग, प्रयागराज-211 001
वेबसाइट : www.radhakrishnaprakashan.com
ई-मेल : info@radhakrishnaprakashan.com

**मुद्रक**
बी.के. ऑफसेट
नवीन शाहदरा, दिल्ली-110 032

RAAT BEETANE TAK TATHA ANYA DHWANI NATAK
*Play by* Mohan Rakesh

# प्रकाशकीय
## (प्रथम संस्मरण से)

मोहन राकेश (जन्म : 1925) के 3 दिसम्बर, 1972 को एकाएक हृदय की गति रुक जाने से देहावसान के उपरांत, उनके अप्रकाशित एकांकियों और बीज-नाटकों के संकलन के प्रकाशन के बाद अब उनके ध्वनि-नाटकों का यह संग्रह 3 दिसम्बर, 1974 को प्रकाशित हो रहा है।

# क्रम

# रात बीतने तक

**मंच**

**फूलों और दीप-पंक्तियों से सजा हुआ प्रकोष्ठ।**

**पीछे की ओर प्रकोष्ठ से सटा हुआ अलिन्द है। वही बाहर जाने का मार्ग भी है।**

**बाईं ओर एक वर्तुलाकार गवाक्ष है और दाईं ओर एक द्वार जो अभ्यन्तर भाग में जाने के लिए है।**

**गवाक्ष से कुछ हटकर एक दूधिया आस्तरण बिछा है जिस पर फूलों की पंखड़ियाँ बिखराई गई हैं।**

**आस्तरण के दोनों ओर सुरभि-द्रव्य जलाए गए हैं जिनका धूम प्रकोष्ठ में व्याप्त हो रहा है।**

**आस्तरण पर कई एक स्वर्णतारों से मंडित उपधान रखे हैं।**

**समय**

*वसन्त की एक रात्रि से लेकर...।*

**सुन्दरी अलिन्द से प्रकोष्ठ में आती है। अलका उसके पीछे-पीछे है।**

**सुन्दरी :** *(हँसती हुई)* निर्वाण, मोक्ष और अमरत्व!...बस इतना ही? और भी तो बता, अलका, कि नदी-तट से क्या-क्या उपदेश सुनकर आई है?

**अलका :** यह हँसने की बात नहीं है, राजकुमारी! आप स्वयं चलकर उनके मुँह से सब सुनें तो...?

**सुन्दरी :** तो मुझे वहाँ भी हँसी आए बिना न रहेगी। मनुष्य कितने सुन्दर शब्दों की खाल में अपने अभावों को ढकने का प्रयत्न करता है! और तेरे जैसे भोले लोग, अलका, हर शब्द पर विश्वास कर लेते हैं।

**अलका :** मैं भोली सही, राजकुमारी! पर कपिलवस्तु के सब लोग तो भोले नहीं हैं।

**सुन्दरी :** भोले नहीं तो वे पागल हैं। वे स्वयं सोचना नहीं जानते।

**अलका :** आपने प्रजा के बच्चे-बूढ़ों का उत्साह नहीं देखा, राजकुमारी! वे गौतम बुद्ध के उपदेश सुनने के लिए इस तरह उमड़ पड़ते हैं जैसे कोई निधि प्राप्त करने जा रहे हों।

**सुन्दरी :** उसका कारण मैं जानती हूँ। अलका, बहुत दिन एकतार जीवन बिताकर लोग अपने-आप से ऊब जाते हैं। तब उन्हें जहाँ भी कुछ नवीनता दिखाई दे, वे उसके प्रति उत्साहित हो उठते हैं। यह उत्साह तो दूधफेन का उबाल है। चार दिन रहेगा, फिर शान्त हो जाएगा।

**अलका :** परन्तु, राजकुमारी...!

**सुन्दरी :** ठहर, अलका! एक बात पूछूँ। तू निर्वाण के उपदेश से बहुत प्रभावित हुई है न?

**अलका :** मैं कितना प्रभावित हुई हूँ, यह आप जानती ही हैं।

**सुन्दरी :** अच्छा बता, तू रात को आकाश में खिली हुई तारिकाओं को देखती है?

**अलका :** मैं आपका अभिप्राय नहीं समझी?

**सुन्दरी :** तू बता, तू उन्हें देखती है न?

**अलका :** उन्हें कौन नहीं देखता?

**सुन्दरी :** तारिकाओं की छाया में तू कभी नलिन-सरोवर के पास गई है?

**अलका :** कितनी ही बार आप मुझे साथ ले गई हैं।

**सुन्दरी :** तो आज तू अकेली वहाँ जा। नलिन-सरोवर में तैरते हुए हंसों के जोड़ों को देखा है न? आज तू जाकर उनसे यह निर्वाण और अमरत्व की बात कहना। वे चोंच-से-चोंच मिलाकर चकित दृष्टि से तेरी ओर देखेंगे। तू जाकर फिर उसका यह मौन उत्तर गौतम बुद्ध को सुना देना। *(हँसती है।)*

**अलका :** धृष्टता क्षमा हो, राजकुमारी! गौतम बुद्ध इस तरह हँसी के पात्र नहीं। उन्होंने कामदेव को परास्त किया है—उस कामदेव को जिससे बड़े-बड़े देवताओं को हार माननी पड़ी।

**सुन्दरी :** उन्होंने कामदेव को परास्त किया है? *(हँसती है। फिर गम्भीर होकर)* यह झूठ है, अलका! कोरा झूठ है। वास्तव में गौतम बुद्ध को गौतम बुद्ध बनाने का श्रेय यशोधरा को है।

**अलका :** देवी यशोधरा को?

**सुन्दरी :** हाँ-हाँ, देवी यशोधरा को ही। जानती हो किस तरह? उसके नारीत्व में इतना आकर्षण नहीं था कि वह राजकुमार सिद्धार्थ को अपने पास बाँधकर रख सकती। यदि यशोधरा यशोधरा न होकर, सुन्दरी होती...!

**अलका :** *(सहसा चोट खाकर)* राजकुमारी! आपके कहने का अभिप्राय है कि...?

**सुन्दरी :** कह, रुक क्यों गई?...मैंने कहा न, तू अभी बहुत भोली है, अलका! नारी का आकर्षण क्या कर सकता है, यह तू नहीं समझ सकती। यशोधरा भी नहीं समझ सकी। ज्वाला क्या कर सकती है, यह या ज्वाला जानती है या वह काठ जो उसमें जलता है। तू यह कैसे जान सकती है, भोली अलका, तू जो इतनी अनजान है? जा, मेरे लिए श्रृंगार का सामान ला। आज कामोत्सव की रात है। सुनन्दा और विशाखा से कह कि सारे वातावरण में सुरभि-धूम फैला दें। फूलों की पत्तियाँ बिछाकर शय्या की रचना कर। सब गवाक्षों को चन्दन-तेल के दीपों से आलोकित कर दे।...और सुन, चन्द्रिका को सन्देश भेज दे कि आज उसे सारी रात नृत्य करना होगा। नृत्य और गीत की ध्वनियों से आज इस वासन्ती रात का श्रृंगार होगा।... इन भिक्षुओं ने तो वासन्ती रातों का सुहाग ही छीन लिया है। जा!

**अलका :** जो आज्ञा, राजकुमारी!

**पर्दा उठने से पहले नृत्य का शब्द सुनाई देने लगता है। पर्दा धीरे-धीरे उठता है। राजकुमार नन्द एक उपधान के सहारे लेटा है। दूसरा उपधान वह बाँहों में लिए है। सुन्दरी पास बैठी मदिरा-पात्र से चषक में मदिरा डाल रही है। चन्द्रिका नाच रही है। नन्द चषक सुन्दरी के हाथ से ले लेता है। उसका स्वर मदिरा से प्रभावित है।**

**नन्द :** सुन्दरी!

**सुन्दरी :** राजा!

**नन्द :** तुम्हारे मुख से हर बार यह शब्द नया-सा सुनाई देता है। फिर कहो।

**सुन्दरी विलासपूर्ण दृष्टि से उसे देखती है।**

**सुन्दरी :** राजा!

**नन्द** : फिर कहो।

**सुन्दरी** : कितनी बार कहूँ?

**नन्द** : कहती रहो—जितनी देर रात है, जितनी देर नृत्य चलता है, जितनी देर मदिरा-पात्र में मदिरा ढालती है...।

**सुन्दरी** : और उसके बाद...?

**नन्द** : उसके बाद भी। *(हाथों की अँगुलियाँ खोलता और बन्द करता है।)* जब तक प्राणों में स्पन्दन है, शरीर में हिलोर उठ सकती है और जीवन को यह उफनता हुआ सागर घेरे है।

**सुन्दरी** : और उसके बाद...?

**नन्द चषक मुँह से लगाकर एक साँस में पी जाता है। फिर चषक फेंक देता है।**

**नन्द** : उसके बाद भी। जब तुम यह कहती हो, रातों में वसन्ती हवा ढल जाती है, फूलों की पंखड़ियाँ खुलने के लिए छटपटाने लगती हैं। तुम और...।

**सुन्दरी** : बस-बस, और रहने दो...।

**नन्द** : क्यों? यह वासन्ती हवा, रात्रि का दूसरा पहर, मदिरा का उन्माद और तुम्हारा स्पर्श—तुम चाहती हो कि मैं मौन रहूँ। जीवन में इससे सुन्दर क्षण भी होते हैं? तुम्हारे हाथ कहाँ हैं?

**सुन्दरी** : अपने हाथों में देखिए क्या है?

**नन्द** : अरे! ये तुम्हारे हाथ हैं! मुझे ऐसा प्रतीत हुआ कि मेरी अँगुलियाँ मुँदे हुए कमलों से खेल रही हैं। परन्तु तुम और पास आओ...और!

**सुन्दरी** : नहीं, और पास नहीं।

**नन्द** : क्यों? प्रेम करना पाप नहीं है। पाप है? बताओ, पाप है? यदि वह पाप है तो हवा का स्पर्श ऐसा क्यों है? तुम ऐसी क्यों हो? रात ऐसी क्यों है?

**सुन्दरी** : यह अपने हृदय से पूछिए न!

**नन्द** : तो हृदय से पूछकर ही कहता हूँ कि और पास आओ।

**सुन्दरी** : नहीं। संसार की दृष्टि इसे सहन नहीं करती। लोग पहले ही कहते हैं कि राजकुमार नन्द ने मानवी से नहीं, एक यक्षिणी से विवाह किया है, जो हर क्षण उन पर जादू किए रहती है।

**नन्द** : ठीक ही तो कहते हैं।

**सुन्दरी** : *(कृत्रिम रोष के साथ)* ठीक कहते हैं? मैं यक्षिणी हूँ?

**नन्द :** सच कहूँ?

**सुन्दरी :** हाँ-हाँ!

**नन्द :** मैंने कभी यक्षिणी देखी नहीं। परन्तु, इतना कह सकता हूँ कि तुम मानवी नहीं। तुम्हारे जैसा रूप मानवी का नहीं होता।...तुम्हारी आँखों से मदिरा छलकती है, होंठों से मदिरा छलकती है, रोम-रोम से मदिरा छलकती है। फिर तुम कैसे कहती हो कि तुम मानवी हो?...एक बार फिर वही शब्द कहो।

**सुन्दरी :** हृदयेश्वर!

**नन्द :** पायल, मदिरा और सुन्दरी—इनके आगे सब शून्य है। आज मेरी कामना कितनी तृप्त है! सुन्दरी, कामना की पूर्ति का क्षण ही वास्तव में मधुमास है। वही यौवन है, वही जीवन है। मेरे रोम-रोम में आज कलियाँ चटक रही हैं। सितारे आकाश से मेरी आँखों के सामने उतर आए हैं। देखो, वे कैसे थिरकते हुए एक-दूसरे में उलझ जाते हैं!

**इसी बीच नृत्य की गति में शिथिलता आ जाती है।**

परन्तु मुझे हवा कुछ रुकती-सी क्यों जान पड़ती है? समय कुछ ठहरा-ठहरा-सा क्यों लगता है? नर्तकी!

**नृत्य का स्वर रुक जाता है।**

**चन्द्रिका :** आज्ञा, राजकुमार।

**नन्द :** तेरे चरणों में शिथिलता क्यों आ रही थी, नर्तकी? यह वासन्ती हवा तेरे शरीर में लोच नहीं भरती?...नहीं?...तूने कभी किसी से प्रेम नहीं किया? तब तू कैसे नाच सकती है?...सुन्दरी, यह नर्तकी किसी से प्रेम नहीं करती?

**सुन्दरी :** नाचती रह, चन्द्रिका! आज प्रभात होने तक नृत्य चलता रहेगा।

**चन्द्रिका :** अपराध क्षमा हो, राजकुमारी! रात आधी से अधिक जा चुकी है और मैं...।

**नन्द :** रात आधी से अधिक जा चुकी है तो क्या हुआ? तेरी आँखों में नींद भर रही है? पैरों में शिथिलता आ गई है? तो क्या हुआ? तू शिथिलता के साथ डगमगा। निद्रिता की तरह नाच। तुझे पता नहीं, नर्तकी, कि आज कामोत्सव की रात है! रात रहते तेरे पैर रुक जाएँ तो यह अपशगुन होगा। आरम्भ कर नर्तकी, फिर से आरम्भ कर। आज तेरे नृत्य के स्वर के साथ ही सूर्योदय होगा। नाच!

**सुन्दरी :** राजकुमार स्वयं आग्रह कर रहे हैं, चन्द्रिका! पहले तू दो-दो पहर बिना थके नाचती रही है। आज तो तुझे नाचते एक पहर भी नहीं हुआ।

**नन्द :** तू कैसी चन्द्रिका है जो नाचते-नाचते थक गई है? चन्द्रिका तो सारी रात नदी की लहरों पर और पत्तों के झुरमुटों पर नाचती है और फिर भी नहीं थकती। तू चन्द्रिका है, तो तू भी नाच। *(प्याले में मदिरा उँड़ेलने का स्वर)* यह ले, थोड़ी मदिरा पी ले। मदिरा में रम्भा और उर्वशी के प्राण रहते हैं। दो घूँट पी ले तो तू अपने-आप नाचने लगेगी। फिर तेरे पैरों में शिथिलता नहीं रहेगी। तू ऐसे नाचेगी, जैसे, कमलपत्र पर वर्षा नाचती है, दर्पण पर पारा नाचता है। ऐसे ही नाचेगी न? तो ले...! लेती क्यों नहीं?

**चन्द्रिका :** मुझे क्षमा करें, राजकुमार!...मैं मदिरा का सेवन नहीं करती।

**नन्द :** *(कुछ तमककर)* तू मदिरा का सेवन नहीं करती? क्यों? क्या तू नर्तकी नहीं है? एक नर्तकी बिना उन्माद के कैसे जी सकती है?...तू आज कामोत्सव की रात में कामदेव का अपमान करना चाहती है?...ले, पी!

**सुन्दरी :** यह नया हठ किसलिए है, चन्द्रिका? तूने पहले कितनी ही बार तो अपने हाथों से मदिरा ढालकर राजकुमार को पिलाई है और उनके हाथ से मधुपात्र लेकर स्वयं पी है। आज यह नई बात क्या है कि तू उनका दिया हुआ मधुपात्र ठुकरा रही है? क्या तू इतना थक गई है कि तेरा विवेक भी स्थिर नहीं रहा?

**चन्द्रिका :** मैं थकी नहीं हूँ, राजकुमारी, और न ही मेरा विवेक अभी खोया है। मैं मध्य-रात्रि से अब तक आपके आदेशानुसार नृत्य करती रही हूँ परन्तु अब...।

**सुन्दरी :** हाँ-हाँ, कह न। यदि तू थकी नहीं तो अब तेरे चरण किसलिए रुके हुए हैं? तू राजकुमार के प्रसाद का तिरस्कार किसलिए कर रही है?

**चन्द्रिका :** यह तिरस्कार नहीं है, राजकुमारी!...केवल अपने विश्वास का आग्रह है।

**सुन्दरी :** विश्वास का आग्रह? किस विश्वास का?

**चन्द्रिका :** इस विश्वास का, राजकुमारी, कि जीवन घड़ी-भर के उन्माद का ही नाम नहीं है। मेरा हृदय आज मदिरा को स्वीकार नहीं करता।

मैं नर्तकी के रूप में अपने कर्तव्य का पालन करती हुई अब तक नाचती रही हूँ, परन्तु अब रात बीतने वाली है...।

**नन्द** : रात बीतने वाली है तो क्या हुआ? दिन बीतने के बाद दूसरी रात भी तो आएगी।...मदिरा का प्याला होंठों से लगा रहे तो सारा जीवन एक मादक रात बना रह सकता है।...इधर आ, नर्तकी, मेरे पास आकर पी।

**चन्द्रिका** : नहीं, राजकुमार! मेरा हाथ मत झिंझोड़िए। मैं नहीं पी सकती।

**नन्द** : *(आवेश के साथ)* नहीं पी सकती तो मत पी! पर नृत्य तुझे अवश्य करना होगा। नन्द की रात जीवन-भर समाप्त नहीं होगी। नाच!

**सुन्दरी** : नृत्य आरम्भ कर, चन्द्रिका!

**चन्द्रिका** : नहीं, राजकुमारी! मैं और नहीं नाच सकती। नाचना केवल शरीर की ही कला नहीं है। अब थोड़ी ही देर में प्रभात होनेवाला है। मेरा मन है कि मैं एक पहर आँखें मूँदकर चुपचाप बैठी रहूँ। प्रभात होने पर आज मुझे दीक्षा ग्रहण करने के लिए जाना है।

**सुन्दरी** : दीक्षा! कैसी दीक्षा?

**चन्द्रिका** : मैं कल से भिक्षुणी बनना चाहती हूँ, राजकुमारी! प्रभात होते ही मैं नदी-तट पर जाकर दीक्षा ग्रहण करूँगी।

**सुन्दरी** : तू? तू भी गौतम बुद्ध से दीक्षा ग्रहण करेगी? *(हँसकर)* क्यों, क्या तेरा भी शरीर ढलने लगा है जो तुझे ऐसी बात सूझ रही है?

**चन्द्रिका** : शरीर? शरीर किसका नहीं ढल रहा है, राजकुमारी?...और मैं अकेली ही नहीं, मेरी सात वर्ष की पुत्री सुचित्रा भी साथ दीक्षा ले रही है।

**सुन्दरी** : *(व्यंग्यपूर्ण स्वर में)* सुचित्रा भी दीक्षा ले रही है? तब तो उसे युवा होने पर फिर दूसरी बार दीक्षा लेनी पड़ेगी।

**चन्द्रिका** : सम्भव है, उसे कितनी ही बार दीक्षा लेनी पड़े। उसमें अपने को बदलने की कामना बनी रहे, यही बहुत होगा। मैं केवल इतना चाहूँगी कि वह इतनी जड़ न हो जाए कि अपने वर्तमान को ही सब कुछ समझ बैठे।

**सुन्दरी** : तू अपनी मर्यादा से बाहर जा रही है, चन्द्रिका!

**चन्द्रिका** : अब प्रभात होनेवाला है, राजकुमारी! और मैं जो कुछ कह रही हूँ, वह एक नर्तकी के रूप में नहीं, बल्कि एक भिक्षुणी के रूप

में। नर्तकी अपने पेट के शासन को मानकर चलती है, पर भिक्षुणी केवल अपने हृदय के शासन को स्वीकार करती है।

**नन्द :** परन्तु, अभी तेरे पैरों में घुँघरू बँधे हैं, नर्तकी! अभी तेरे भिक्षुणी बनने तक रात का पिछला पहर बाक़ी है।...तू अभी से क्यों जीवन का मोह छोड़ रही है? अभी तो नाच! प्रभात होने तक तो तू भिक्षुणी नहीं है। तब तक तो तेरा हृदय भिक्षुणी का हृदय नहीं है। तो तब तक तो नाच!

**सुन्दरी :** राजकुमार के आदेश का पालन आवश्यक है, चन्द्रिका! तुझे इस समय नाचना ही होगा।

**चन्द्रिका :** यदि चरणों में गति न आए, बाँहों में कम्पन न हो, तो भी?

**सुन्दरी :** हाँ, तो भी नाचना होगा। तेरे चरणों की गति और तेरी बाँहों का कम्पन आज तेरा नहीं है। तुझे उसका मूल्य दिया जा चुका है। आज रात के अन्त तक के लिए तेरी कला बिकी हुई है। नाच! अभी प्रभात होने तक तू एक खरीदी हुई नर्तकी है। जीवन का कुछ भी मोह है, तो तुझे अवश्य नाचना होगा।

**चन्द्रिका :** मुझे जिस जीवन का मोह है, राजकुमारी, वह दिन और घड़ियों में बँटा हुआ जीवन नहीं है। उस मोह के लिए आप मुझे नहीं नचा सकतीं। परन्तु, मैं आपके दिए हुए मूल्य का दावा मानती हूँ। उस मूल्य से खरीदी हुई नर्तकी अवश्य नाचेगी।

**पैर के झटके के साथ फिर नृत्य का शब्द आरम्भ होता है। बहुत शीघ्र ही यह शब्द तीखा और उद्धृत हो उठता है।**

**नन्द :** तू कितना सुन्दर नाचती है, नर्तकी...! मेरे चारों ओर हर चीज़ नाच रही है। नीचे शय्या के फूलों के हृदय धड़क रहे हैं।...परन्तु, ये फूल इस तरह मसले और मुरझाए-से क्यों हो रहे हैं? क्या हुआ है इनको? सुन्दरी, इन फूलों को क्या हुआ है? इन्हें पता नहीं कि आज कामोत्सव की रात है?

**सहसा नृत्य के शब्द में शिथिलता आने लगती है। बहुत दूर अत्यन्त धीमा समवेत स्वर सुनाई देता है :**

**धम्मं शरणं गच्छामि।**<br>
**बुद्धं शरणं गच्छामि।**<br>
**संघं शरणं गच्छामि।**

: तेरे पैर फिर क्यों शिथिल हो रहे हैं, नर्तकी? जितनी देर नाचना है, उल्लास के साथ नाच। रात अभी समाप्त नहीं हुई। मदिरा

का उन्माद अभी तो पूर्णता को पहुँचा है। तू भी उन्माद के साथ नाच, नर्तकी, गहरे उन्माद के साथ नाच!

**नृत्य का शब्द फिर तीव्र होता है। साथ ही दूर से सुनाई देता हुआ समवेत स्वर क्रमशः पास आता जाता है। उस शब्द के आरोह के साथ नृत्य की गति बहुत शिथिल होने लगती है। सहसा नृत्य का शब्द रुक जाता है।**

**सुन्दरी :** रुक क्यों गई, चन्द्रिका? अभी तुझे रुकने के लिए नहीं कहा गया।

**परन्तु, चन्द्रिका उत्तर न देकर सुनाई देते हुए समवेत स्वर के साथ स्वर मिलाकर बोलने लगती है :**

**धम्मं शरणं गच्छामि।**
**बुद्धं शरणं गच्छामि।**
**संघं शरणं गच्छामि।**

**समवेत स्वर धीरे-धीरे दूर चला जाता है। परन्तु, चन्द्रिका उसी तरह बोलती रहती है :**

**धम्मं शरणं गच्छामि।**
**बुद्धं शरणं गच्छामि।**
**संघं शरणं गच्छामि।**

**सुन्दरी :** *(चोट खाए स्वर में)* यह सब क्या है, चन्द्रिका? तूने यहाँ ये शब्द बोलने का आदेश किससे प्राप्त किया है?

**चन्द्रिका :** *(खोए-से स्वर में)* यह आदेश? जाने किसका यह आदेश है? परन्तु, इस आदेश का उल्लंघन नहीं हो सकता, राजकुमारी! इस आदेश से बड़ा और कोई आदेश नहीं है। धम्मं शरणं गच्छामि। बुद्धं शरणं गच्छामि। संघं शरणं गच्छामि।

**इस बीच ही अलका का घबराया हुआ स्वर दूर से पास आता है।**

**अलका :** राजकुमारी!...राजकुमारी!

**सुन्दरी :** क्या है, अलका? इस तरह घबराई हुई क्यों हो?

**अलका :** अपराध क्षमा हो, राजकुमारी...!

**सुन्दरी :** तू बात कह।

**अलका :** राजकुमारी, अभी भिक्षुओं की एक मंडली यहाँ से होकर गई है...।

**सुन्दरी :** तो उसमें विचलित होने की क्या बात है? भिक्षुओं की मंडलियाँ प्रायः राजमहलों के पास से गुज़रती हैं।

**अलका** : नहीं, राजकुमारी, यह साधारण भिक्षुओं की मंडली नहीं थी। स्वयं गौतम बुद्ध इस मंडली के साथ थे। वे भिक्षा पाने के लिए कुछ क्षण हमारे द्वार के पास रुके रहे। मैंने जल्दी-जल्दी भिक्षा की सामग्री जुटाई, पर मेरे द्वार तक पहुँचने से पहले ही वे आगे चले गए।

**चन्द्रिका** : *(विभोर स्वर में)* स्वयं गौतम बुद्ध यहाँ आए थे? वे स्वयं?...अब प्रभात होनेवाला है, राजकुमारी! मुझे आज्ञा दीजिए। आज इस नर्तकी चन्द्रिका का यह अन्तिम नमस्कार स्वीकार कीजिए।

**घुँघरू बँधे पैरों के दूर जाने का शब्द।**

**नन्द** : यह सब क्या हो रहा है? चन्द्रिका क्यों चली गई? अलका किसलिए आई है?...गौतम बुद्ध को भिक्षा चाहिए? तो दे दो भिक्षा। जो कुछ इस घर में है, सब भिक्षा में दे दो—एक सुन्दरी को छोड़कर। सुन्दरी मेरे पात्र की भिक्षा है। क्यों, सुन्दरी?

**सुन्दरी** : तू जा, अलका! राजकुमार थोड़ी देर सोएँगे।

**अलका** : जो आज्ञा, राजकुमारी!

**नन्द** : राजकुमारी सुन्दरी के वक्ष पर सिर रखकर सोएँगे। यूँ, इस तरह।

**अव्यक्त घृणापूर्ण हास्य का शब्द जो नन्द के कंठ से ही निकला प्रतीत हुआ है।**

: यह कौन हँस रहा है? यह कौन है, सुन्दरी?

**सुन्दरी** : कोई भी तो नहीं। यहाँ कौन है जो हँसेगा? सो जाइए।

**फिर नन्द के ही कंठ से घृणा और व्यंग्यपूर्ण शब्द सुनाई देते हैं : नीच! लम्पट! कामी!**

**नन्द** : यह कौन बोल रहा है? कानों के बहुत पास से किसी की आवाज़ आती है। कौन है यह?

**सुन्दरी** : *(कुछ निंदियाए स्वर में)* आपके शयनकक्ष में आपके और सुन्दरी के अतिरिक्त और हो कौन सकता है? दासियाँ सब चली गई हैं।

**नन्द** : परन्तु, तुमने अभी-अभी किसी के शब्द नहीं सुने? यहाँ अवश्य कोई तीसरा भी है।

**सुन्दरी** : तीसरा यहाँ कौन हो सकता है? यह केवल आपके मन का भ्रम है। सो जाइए। चारों ओर चन्दनदीप जल रहे हैं। कोई हो तो दिखाई तो दे।

**नन्द** : दिखाई तो कोई भी नहीं देता, फिर भी कोई था अवश्य। पहले वह हँसा, फिर उसने कहा...।

**सुन्दरी :** रहने दीजिए। मैं उठकर दीपक बुझाए देती हूँ। फिर आपको कोई स्वर सुनाई नहीं देगा।

**क्षण-भर का व्यवधान।**

**नन्द :** तुमने इतना गहरा अँधेरा क्यों कर दिया, सुन्दरी? कोई एकाध दीपक तो जलता रहने दो।

**सुन्दरी :** नहीं। दीपक जलता रहेगा तो फिर किसी का शब्द आपके कानों को फुसलाएगा। अँधेरा रहने से ही ठीक से नींद आती है।

**नन्द :** परन्तु, यह अँधेरा मुझे दबा रहा है। सुन्दरी, एक दीपक अवश्य जलता रहने दो।

**सुन्दरी :** नहीं, एक भी नहीं। बाहर पत्तियों पर ओस पड़ रही है। दीपक का आलोक उसके एकान्त अभिसार को अस्थिर आँख से देखेगा। आप आँखें मूँद लीजिए।

**फिर नन्द के कंठ का व्यंग्य-हास और घृणा और तिरस्कार के शब्द–डूब जा! अँधेरे में डूब जा! तेरे लिए कोई दीपक नहीं जलेगा। डूब! डूब! डूब!**

**नन्द :** नहीं, नहीं, नहीं! मुझे उजाला चाहिए। सुन्दरी, मैं उजाला चाहता हूँ। यह अँधेरा मुझे निगल जाएगा। मुझे उठकर एक दीपक जला लेने दो।

**सुन्दरी :** नहीं, नहीं! आँखें मूँदें रहिए। अपने-आप नींद आ जाएगी।

**नन्द :** नहीं, मुझे नींद नहीं आएगी। यह अँधेरा मुझसे नहीं सहा जाता। सुन्दरी, इतना गाढ़ा अँधेरा पहले भी कभी हुआ है? तुम मुझे यह अँधेरा दूर क्यों नहीं करने देतीं? सुन्दरी, सो गईं? इतना जल्दी कैसे सो गईं? ओह! यह रात कामना के उत्सव की रात थी। अब यह रात इतनी उदास क्यों हो गई है?... क्या इस रात का कोई छोर नहीं है? कब समाप्त होगी यह रात? ओह!

**दूर प्रभात के मंगलवाद्य बजने का शब्द।**

: तो रात नहीं है? प्रभात हो चुका है? हाँ, प्रभात हो चुका है, तभी तो वह भिक्षुओं की मंडली आई थी। क्या कह रही थी अलका? कि गौतम बुद्ध स्वयं उस मंडली के साथ थे? और कि यहाँ वे भिक्षा के लिए रुके और उन्हें भिक्षा नहीं मिली? वे यहाँ आकर चले गए और मैंने उनका स्वागत भी नहीं किया! मैंने मैत्रेय से कहा था कि इधर आएँगे तो मैं उनका स्वागत अवश्य

करूँगा!...अब वे फिर तो नहीं आएँगे! नहीं, मुझे उनके पीछे जाना चाहिए। वे दूसरी बार नहीं आएँगे।...सुन्दरी!

**सुन्दरी :** *(निंदियाए हुए स्वर में)* अभी आप सोए नहीं?

**नन्द :** नहीं, सुन्दरी! अब प्रभात हो गया है। अब सोने का समय नहीं है। मैं कुछ समय के लिए बाहर जा रहा हूँ।

**सुन्दरी :** *(जैसे चौंककर)* बाहर जा रहे हैं। इस समय कहाँ जाएँगे आप?

**नन्द :** मैं उधर जा रहा हूँ, जिधर भिक्षुओं की मंडली गई है। भाई गौतम यहाँ से होकर लौट गए हैं। मुझे एक बार उनके पास अवश्य जाना चाहिए।

**सुन्दरी :** *(सहसा सचेत होकर)* तो आप नदी-तट पर जाएँगे! आप भी आज दीक्षा ले रहे हैं क्या?

**नन्द :** देखो सुन्दरी...बात यह है...मैं शायद तुम्हें समझा नहीं पाऊँगा। तुम मुझे जानती हो...।

**सुन्दरी :** मैं आपको जानती हूँ और अपने को भी जानती हूँ। आप जाना चाहते हैं तो अवश्य जाइए। मैं आपको रोकूँगी नहीं।

**नन्द :** तुम कितनी अच्छी हो, सुन्दरी! मैं उनसे मिलकर केवल क्षमा माँगना चाहता हूँ कि यहाँ किसी ने उनका सत्कार नहीं किया। मैं बहुत शीघ्र ही लौट आऊँगा।

**सुन्दरी :** नहीं, कितनी देर में आएँगे, यह बताकर जाना होगा।

**नन्द :** तुम्हीं बता दो। जितनी देर में कहोगी, लौट आऊँगा।

**सुन्दरी :** देखिए, उस कटोरी में चन्दन-लेप है?

**नन्द :** हाँ, है तो सही। पर चन्दन-लेप का इस समय क्या होगा?

**सुन्दरी :** इससे मेरे माथे पर विशेषक बनाइए।

**क्षणभर का व्यवधान।**

**नन्द :** अच्छा, लो। यह...पूरे माथे पर विशेषक बन गया। अब?

**सुन्दरी :** इस विशेषक के सूखने से पहले-पहले लौट आना होगा।

**नन्द :** *(हँसकर)* तो तुम्हें जब तक मैं लौट न आऊँ तब तक इस विशेषक को गीला रखना होगा।

**सुन्दरी :** वाह! ऐसे तो आप लौटकर आएँगे ही नहीं।

**नन्द :** नहीं, यह तो प्रतीक्षा की अवधि बढ़ाने का एक बहाना मात्र है। तो, नहीं सूखने दोगी न इसे मेरे लौटने तक?

**सुन्दरी :** नहीं, यह तो जब सूखेगा, सूख जाएगा। आपको उससे पहले ही लौटकर आना होगा।

**नन्द :** तुम इस तरह इन आँखों से देखोगी तो शायद मैं जा भी नहीं पाऊँगा। अच्छा, तो तुम्हारा विशेषक सूखने तक...।

**कुछ वस्तुओं के इधर-उधर फेंके जाने का शब्द।**

**अलका :** *(हताश और अस्थिर स्वर में)* राजकुमारी! यह आप क्या कर रही हैं, राजकुमारी? श्रृंगार की सब सामग्री इधर-उधर बिखरी पड़ी है, फूलों की मालाएँ आपने नोंच-नोंचकर फेंक दी हैं। आपका मन इतना अस्थिर क्यों हो रहा है, राजकुमारी?

**सुन्दरी :** जाओ, अलका, जाओ। मुझे इस समय किसी की आवश्यकता नहीं। मुझे एकान्त चाहिए, एकान्त। जाओ।

**अलका :** मैं अभी चली जाऊँगी, राजकुमारी! आप पहले कुछ स्वस्थ हो जाइए। मैं इस पात्र में जल लाई हूँ। आप इससे...।

**जलपात्र के फेंके जाने का शब्द।**

**सुन्दरी :** नहीं, मुझे जल नहीं चाहिए। मुझे कुछ नहीं चाहिए। मेरे आवासगृह के सब झरोखे बन्द कर दो। मैं अपने चारों ओर अँधेरा चाहती हूँ, केवल अँधेरा।

**अलका :** आप इस तरह अस्थिर न हों, राजकुमारी! मुझे विश्वास है कि राजकुमार अभी थोड़ी ही देर में लौट आएँगे। अभी उन्हें गए बहुत अधिक समय नहीं हुआ।

**सुन्दरी :** मैं तुझे जो आदेश दे रही हूँ तू उसका पालन कर। मुझे कोई आश्वासन नहीं चाहिए। किसी की सहानुभूति नहीं चाहिए। तू जा! मुझे आवश्यकता होगी तो मैं तुझे बुला लूँगी।

**अलका :** जो आज्ञा, राजकुमारी।

**सुन्दरी :** *(स्वगत)* उन्हें गए अधिक समय नहीं हुआ। और कितना समय उन्हें चाहिए? नदी-तट यहाँ से दूर नहीं है! अब तक जाकर वह दो बार लौट सकते थे।...वह क्यों नहीं आए?...उन्हें क्यों ध्यान नहीं आया कि उन्हें मेरा विशेषक सूखने से पहले लौट आना है?...आज तक कभी नहीं हुआ कि उन्होंने मुझे वचन दिया हो और उसका पालन न किया हो।...ओह! मैं कितनी देर से इस विशेषक को गीला रखने का प्रयास कर रही हूँ और यह कितनी जल्दी सूखता जा रहा है।...वह नहीं आएँगे? नहीं आएँगे तो क्या होगा? जीवन किस दिशा में जाएगा? मेरा विश्वास किस दिशा में जाएगा?...नहीं, वह आएँगे। अवश्य आएँगे।...यह भला सम्भव है कि वह नहीं आएँ? परन्तु, हृदय बैठता क्यों जा रहा

है? क्यों प्रतीत होता है कि मैं अथाह सागर में डूब रही हूँ? नहीं-नहीं। मुझे अपने-आपको उबारना होगा। मुझे अपने विश्वास को सहारा देना होगा। परन्तु, कैसे? किस आश्रय से?

**फिर दूर से पास आता हुआ भिक्षुओं का समवेत स्वर सुनाई देता है :**

**धम्मं शरणं गच्छामि।**
**बुद्धं शरणं गच्छामि।**
**संघं शरणं गच्छामि।**

: फिर वही स्वर! यह भिक्षुओं की मंडली फिर इस ओर आ रही है?...भिक्षा के लोभी!...इन्हें यहाँ से क्या भिक्षा चाहिए? *(व्यंग्यपूर्ण स्वर में)* गौतम बुद्ध! भिक्षुओं के सम्राट!...मैं जाकर उनके पात्र में भिक्षा डालती हूँ।...मैं भी तो देखूँ कि यह निर्वाण का पाखंड क्या है?...अलका!

**अलका :** *(दूर से)* आई, राजकुमारी! *(पास आकर)* राजकुमारी, भिक्षुओं की मंडली फिर इस ओर आ रही है। मैंने यह थाली में भिक्षा की सामग्री सजा ली है। जल्दी से जाकर उन्हें भिक्षा दे दूँ, नहीं तो वे फिर निकलकर आगे चले जाएँगे।

**सुन्दरी :** ठहर, अलका!...यह भिक्षा की थाली मुझे दे। मैं अपने हाथ से उन्हें भिक्षा दूँगी।

**इस बीच भिक्षुओं का स्वर चलता रहता है जो अब बहुत पास आ जाता है।**

**अलका :** *(दबे हुए स्वर में)* राजकुमारी, देखिए। राजकुमार स्वयं भिक्षुओं की मंडली के साथ आ रहे हैं। उन्होंने भी अपने हाथ में भिक्षापात्र ले रखा है। यह सब इतनी जल्दी कैसे हो गया?

**सुन्दरी :** नहीं, नहीं। ये वह नहीं हो सकते। परन्तु, आकृति तो वही है। स्वर भी वही है। मुझे सहारा दे, अलका! यह भिक्षा की सामग्री भी तू सँभाल ले।

**भिक्षुओं का समवेत स्वर रुक जाता है।**

**नन्द :** मैंने तुम्हें वचन दिया था, सुन्दरी, कि मैं लौटकर अवश्य आऊँगा। इसीलिए मैं आया हूँ।...तुम्हारा विशेषक सूख तो नहीं गया?

**सुन्दरी :** *(अव्यवस्थित स्वर में)* यह कैसा विनोद है, मेरे देवता? यह आपने भिक्षु का बाना क्यों धारण कर रखा है? आपके हाथ में भिक्षापात्र क्यों है?

**नन्द :** मेरे हाथ में भिक्षापात्र इसलिए है, सुन्दरी, कि मैं भिक्षा लेने आया हूँ। परन्तु, जो भिक्षा की सामग्री तुम लाई हो, वह सामग्री मुझे नहीं चाहिए।

**सुन्दरी :** तो सचमुच...सचमुच...आपने भी भिक्षु का वेश स्वीकार कर लिया! मैं...मैं आज आपको भिक्षा दूँगी? मैं आपको क्या भिक्षा दे सकूँगी?

**नन्द :** तुम बहुत कुछ दे सकती हो, सुन्दरी। तुम्हें अपने रूप पर गर्व है न! आज वह गर्व इस भिक्षापात्र में डाल दो। तुम्हें अपनी सुखकामना ही सबसे बड़ी कामना प्रतीत होती है न? आज उस कामना को भी भिक्षा में दे डालो। रात बीत चुकी है, सुन्दरी! मैंने अपने अन्तर का अन्धकार गौतब बुद्ध के भिक्षापात्र में डाल दिया है। तुम अपने अन्तर का अन्धकार मेरे भिक्षापात्र में डाल दो।

**सुन्दरी :** मुझे कुछ नहीं सूझता। मुझे सहारा दीजिए। मेरी कुछ समझ में नहीं आता।

**नन्द :** सहारा लेने के लिए स्वयं आगे बढ़ो, सुन्दरी! भिक्षुओं के शब्दों के साथ शब्द मिलाओ। तुम्हें अपने-आप सहारा मिल जाएगा।

**भिक्षुओं का समवेत स्वर फिर आरम्भ होता है :**

**धम्मं शरणं गच्छामि।**
**बुद्धं शरणं गच्छामि।**
**संघं शरणं गच्छामि।**

**दूसरी बार इन शब्दों को दोहराए जाने पर सुन्दरी कुछ अनिश्चित-से स्वर के साथ बोलती है :**

**धम्मं शरणं गच्छामि।**
**बुद्धं शरणं गच्छामि।**
**संघं शरणं गच्छामि।**

# स्वप्नवासवदत्तम्

**गीति स्वर में उदयनवेन्दु–फ़ेड आउट**

**सूत्रधार :** आर्यगण, मुझे आपसे यह निवेदन करना है कि...।

**दूर से भटों की आवाज़ सुनाई देने लगती है–'मार्ग से हट जाइए, आर्यगण!'...'मार्ग से हट जाइए।'**

: अरे, मैं कुछ कहने ही जा रहा था कि यह शब्द सुनाई देने लगा। ज़रा देखूँ तो...।

**भटों का शब्द और पास आ जाता है–'हट जाइए, आर्यगण! मार्ग छोड़ दीजिए! छोड़ दीजिए; सामने से हट जाइए।'**

: अरे हाँ, समझ गया। ये तो मगधराज के सेवक हैं जो उनकी पुत्री पद्मावती के लिए मार्ग बना रहे हैं और तपोवन के निवासियों को मार्ग से हटा रहे हैं। तो मैं भी हट चलूँ।

**भटों का शब्द और पास आ जाता है–'आर्यगण, मार्ग छोड़ दीजिए! सामने से हट जाइए!'**

**वासवदत्ता :** आर्य यौगन्धरायण, ये कौन हैं जो मार्ग से लोगों को हटा रहे हैं?

**यौगन्धरायण :** कह नहीं सकता, देवी वासवदत्ता, कि कौन लोग इस तरह अपने को धर्म से गिरा रहे हैं?

**वासवदत्ता :** मेरा अभिप्राय था कि क्या मुझे भी इस तरह मार्ग से हटाया जाएगा?

**यौगन्धरायण :** लोग यदि न जानते हों तो वे देवताओं को भी अपने मार्ग से हटा सकते हैं।

**वासवदत्ता :** परन्तु आर्य, मुझे थकान से उतना दुख नहीं हो रहा जितना इस तिरस्कार से।

**यौगन्धरायण :** आप स्वयं राजसी दिन देख चुकी हैं, देवि! आप क्यों दुखी होती हैं? वे दिन याद हैं जब आप भी इसी गौरव के साथ राजमार्ग पर चला करती थीं? और अब भी जब महाराज उदयन शत्रुओं को

परास्त कर लेंगे तो वे दिन फिर लौट आएँगे। परिवर्तन तो सृष्टि का नियम है। भाग्य की रेखा चक्र की भाँति घूमती रहती है।

**भट्ट** : आर्यगण, हट जाइए! मार्ग में मत ठहरिए! इधर या उधर हट जाइए!

**यौगन्धरायण** : कांचुकीय, यहाँ लोगों को इस तरह हटाया क्यों जा रहा है?

**कांचुकीय** : बात यह है, तपस्वी, कि...। *(थोड़ा खाँसता है।)*

**यौगन्धरायण** : *(आत्मगत)* तपस्वी! सुनने में यह सम्बोधन कितना अच्छा लगता है! परन्तु, कानों के लिए यह शब्द परिचित नहीं, इसलिए मन को कुछ और-सा लगता है।

**कांचुकीय** : हमारे महाराज दर्शक का नाम तुमने सुना होगा। उनकी बहुत ख्याति है। यह उन्हीं की बहन हैं—पद्मावती। राजमाता से मिलने ही उनके आश्रम में गई थीं। अब उनकी आज्ञा से यह राजप्रासाद की ओर लौट रही हैं। आज यह यहाँ आश्रम में विश्राम करेंगी।

**यौगन्धरायण** : *(स्वगत)* अच्छा, तो यही हैं मगधराज-पुत्री पद्मावती! पुष्पकभद्र आदि ज्योतिषियों ने इन्हीं के लिए कहा था कि यह हमारे महाराज की रानी बनेंगी।

**वासवदत्ता** : राजकुमारी आ रही हैं—यह सुनकर ऐसा लगता है जैसे मेरी कोई बहन ही आ रही हो।...तो यह है राजकुमारी पद्मावती! इसका सौन्दर्य कितना चारुशील है!

**पद्मावती** : आर्य, प्रणाम करती हूँ।

**वासवदत्ता** : (स्वगत) रूप की तरह इसकी वाणी भी कितनी मधुर है!

**पद्मावती** : आर्य कांचुकीय, हम लोग क्या तपोवन में अपने सुख-विश्राम के लिए ही आए हैं? यहाँ जितने तपस्वी हैं उनका हमारी ओर से उचित सम्मान होना चाहिए। इनसे पूछिए कि इन्हें किस वस्तु की आवश्यकता है?

**कांचुकीय** : अभी पूछता हूँ। आश्रम-निवासी तपस्वियों, इधर आकर सुनो! मगध-राजकन्या आप लोगों की सद्भावना से बहुत प्रभावित हुई हैं और आपकी सहायता करना चाहती हैं। आपको धन, वस्त्र, कलश या गुरु-दक्षिणा की निश्चित राशि जो भी चाहिए, हमें बताएँ। आपका हित करने में राजकुमारी अपना ही हित मानेंगी। जिसे जो चाहिए वह निःसंकोच आकर हमें बताए। उसे वही देने की व्यवस्था की जाएगी।

**यौगन्धरायण :** आर्ये! मैं भी याचक हूँ।

**पद्मावती :** तब तो सचमुच मेरा तपोवन में आना सफल हुआ।

**कांचुकीय :** कहो, तुम्हें क्या चाहिए?

**यौगन्धरायण :** यह मेरी बहन है—अवन्तिका। इसका पति विदेश गया है। मैं चाहता हूँ कि राजकन्या कुछ समय इसे अपने आश्रय में रखें। मुझे और कुछ नहीं चाहिए। धन-वसन मुझे नहीं चाहिए, गेरुआ वस्त्र मैंने इसीलिए धारण किया है। राजकुमारी का यह धीर रूप देखकर मुझे आशा होती है कि मेरी बहन इनके पास सुरक्षित रह सकेगी।

**कांचुकीय :** देवि, यह ब्राह्मण अपनी बहन को आपके पास छोड़ना चाहता है। कुछ देने की बात हो—धन, प्राण या तप—तो उसमें कोई कठिनाई नहीं। परन्तु, दूसरे की धरोहर अपने पास रखना...?

**पद्मावती :** आर्य, पहले यह घोषणा करके कि कोई जो भी माँगे हम वही उसे देंगे, अब हम पीछे नहीं हट सकते। इनकी जो भी इच्छा है, वह पूरी करनी ही चाहिए।

**कांचुकीय :** आपके मुख से मुझे यही सुनने की आशा थी। सुनो ब्राह्मण, राजकुमारी तुम्हारी बहन को आश्रय में लेना स्वीकार करती हैं।

**यौगन्धरायण :** मैं उनके प्रति बहुत आभारी हूँ। जाओ बेटी, राजकुमारी के पास जाओ।

**वासवदत्ता :** *(स्वगत)* आज भाग्य मुझे यह दिन दिखा रहा है। परन्तु, कर भी क्या सकती हूँ?

**पद्मावती :** आओ बहन, आज से तुम मेरी बहन की तरह ही रहोगी।

**यौगन्धरायण :** *(आत्मगत)* आधा भार तो हलका हुआ। मन्त्रियों ने यही तो निश्चय किया था कि देवी वासवदत्ता को यहाँ छोड़ दिया जाए जिससे इन दोनों में स्नेह और विश्वास बढ़ सके। भाग्य का ऐसा ही विधान है तो हम उसे कैसे टाल सकते हैं?

**क्षण-भर का व्यवधान।**

**ब्रह्मचारी :** चलते-चलते दोपहर हो गई। बहुत थक गया हूँ। कहाँ विश्राम करूँ? लगता है, यहाँ पास ही कोई तपोवन है। देखूँ। अरे, तपोवन में ऐसे लोग तो नहीं होने चाहिएँ! परन्तु, तपस्वी लोग भी तो हैं, इसलिए आगे जाने में कोई डर नहीं। अरे, यहाँ तो स्त्रियाँ भी हैं।

**कांचुकीय :** निःसंकोच चले आओ, बन्धु! आश्रम में कोई भी व्यक्ति जब चाहे आ सकता है। हम तुमसे पहले आए हैं, इसलिए तुम हमारे अतिथि हो।

**यौगन्धरायण :** अच्छा, यह तो बताओ कि तुम कहाँ के रहनेवाले हो, कहाँ से आए हो, और कहाँ जा रहे हो?

**ब्रह्मचारी :** मैं इसी राजधानी राजगृह का रहनेवाला हूँ। शिक्षा के लिए, वत्सदेश में लावाणक नाम के गाँव में गया हुआ था।

**वासवदत्ता :** लावाणक में? यह नाम सुनकर तो मेरे मन का घाव हरा हुआ जाता है।

**यौगन्धरायण :** तो शिक्षा पूरी हो गई?

**ब्रह्मचारी :** नहीं, पूरी कहाँ हुई?

**यौगन्धरायण :** तो शिक्षा अधूरी छोड़कर वापस कैसे चले आए?

**ब्रह्मचारी :** बात यह है कि वहाँ एक बहुत बड़ा संकट आ पड़ा है।

**यौगन्धरायण :** कैसे?

**ब्रह्मचारी :** वह प्रदेश महाराज उदयन के राज्य में है।

**यौगन्धरायण :** हाँ, उदयन का नाम तो हमने सुना है। परन्तु, वहाँ हुआ क्या?

**ब्रह्मचारी :** महाराज उदयन को अपनी पत्नी वासवदत्ता से बहुत प्रेम था। वे आखेट के लिए गए थे। वहीं एक गाँव में आग लग जाने के कारण देवी वासवदत्ता उसमें जल गईं।

**वासवदत्ता :** *(स्वगत)* कैसे कहूँ कि यह झूठ है और मैं अभागिन अभी जीवित हूँ!

**ब्रह्मचारी :** और उन्हें आग से बचाने के प्रयत्न में यौगन्धरायण नाम के मन्त्री भी उसी आग की भेंट हो गए।

**यौगन्धरायण :** वे भी आग की भेंट हो गए? फिर?

**ब्रह्मचारी :** महाराज को लौटने पर जब इस वृत्तान्त का पता चला तो उन्होंने आग में कूद जाने का संकल्प किया।

**वासवदत्ता :** *(स्वगत)* सचमुच आर्यपुत्र मुझे कितना चाहते हैं।

**ब्रह्मचारी :** महाराज ने राख में से देवी वासवदत्ता के जले हुए आभूषण निकाल लिए और उन्हें वक्ष से लगाए हुए अचेत हो गए।

**सब लोग :** अचेत हो गए?

**ब्रह्मचारी :** कुछ समय बाद धीरे-धीरे उनकी चेतना लौटी।

**वासवदत्ता :** *(स्वगत)* यह सुनकर कुछ धैर्य होता है। उनके अचेत हो जाने की बात से तो जाने मन को क्या होने लगा था।

**ब्रह्मचारी** : चेतना लौटी तो महाराज उठकर बैठ गए। पृथ्वी पर पड़े रहने से उनका सारा शरीर धूल से लथपथ हो रहा था। उठते ही वे देवी वासवदत्ता का नाम ले-लेकर विलाप करने लगे। आज तक जिन-जिनके वियोग का दुख प्रसिद्ध रहा है उनमें से किसी का दुख इतना गहरा नहीं रहा होगा। चक्रवाक भी अपने दुख में इतने कातर नहीं होते। मैं तो सोचता हूँ कि जिस स्त्री का पति उसे इतना चाहता है वह आग में जल जाने के बाद भी अमर है।

**यौगन्धरायण** : तो राजा के किसी मन्त्री ने उनके मन को स्थिर करने का प्रयत्न नहीं किया?

**ब्रह्मचारी** : मन्त्री रुमण्वान उनके मन को स्थिर रखने का बहुत प्रयत्न कर रहे हैं।

**वासवदत्ता** : *(स्वगत)* जब तक वे मन्त्री रुमण्वान के हाथों में हैं, तब तक कोई अनिष्ट न होगा।

**यौगन्धरायण** : *(आत्मगत)* बेचारे रुमण्वान पर कितना बोझ आ पड़ा है!

**ब्रह्मचारी** : महाराज निरन्तर विलाप कर रहे थे कि यहाँ मैं देवी वासवदत्ता के साथ हँसा था, यहाँ हमने बातें की थीं, यहाँ हम साथ-साथ बैठे थे, मैंने उससे मनुहार की थी। मन्त्री उन्हें किसी तरह उस गाँव से बाहर ले गए। महाराज के चले जाने पर गाँव ऐसा उजड़ा-उजड़ा-सा हो गया जैसे बिना चाँद और नक्षत्रों के आकाश। तब मैं भी वहाँ से चला आया। अच्छा, बहुत विलम्ब हो चुका है। अब मैं चलूँ।

**यौगन्धरायण** : देवि, मुझे भी आज्ञा दीजिए। मैं भी अब यहाँ से जाना चाहूँगा।

**पद्मावती** : आपकी बहन अकेली रहकर उदास तो नहीं हो जाएगी?

**यौगन्धरायण** : आपके पास रहते हुए यह उदास कैसे होगी? तो मुझे आज्ञा दीजिए।

**कांचुकीय** : अच्छा, तो आपके दर्शन फिर होंगे ही।

**यौगन्धरायण** : हाँ, फिर भेंट होगी।

**क्षण-भर का व्यवधान।**

**मधुरिका** : कुंजरिका, कुंजरिका! राजकुमारी पद्मावती कहाँ हैं?

**कुंजरिका** : वह देखो, माधवी लता-मंडप के पास गेंद खेल रही हैं।

**मधुरिका** : हाँ, खेलती हुई इधर ही आ रही हैं। थकान से उनका चेहरा कितना सुन्दर लग रहा है!

**गेंद खेलने का शब्द। संवाद दूर से पास आते हैं।**

**वासवदत्ता :** यह लो अपनी गेंद। अब फेंको।

**पद्मावती :** नहीं, आज इतना ही।

**वासवदत्ता :** इतनी देर गेंद खेलने से तुम्हारे हाथ कितने लाल हो गए हैं! लगता ही नहीं कि ये तुम्हारे हाथ हैं।

**चेटी :** देवि, अभी और खेलिए न! ये कैशोर्य के दिन इसी तरह तो बीतेंगे!

**पद्मावती :** बहन, तुम आज मुझे इस तरह क्यों देख रही हो? मन में मेरा उपहास उड़ा रही हो क्या?

**वासवदत्ता :** नहीं, नहीं! आज तुम बहुत सुन्दर लग रही हो, इसीलिए मैं हर ओर से तुम्हें देखना चाहती हूँ।

**पद्मावती :** हटो, मुझे यह उपहास अच्छा नहीं लगता।

**वासवदत्ता :** अच्छा महासेन की भावी वधू, मैं चुप हुई जाती हूँ।

**पद्मावती :** यह महासेन कौन है?

**वासवदत्ता :** उज्जयिनी का राजा है। उसका नाम प्रद्योत है, पर उसकी सेना बहुत बड़ी है, इसलिए लोग उसे महासेन कहते हैं।

**चेटी :** राजकुमारी उस राजा से अपना सम्बन्ध नहीं चाहतीं।

**वासवदत्ता :** तो राजकुमारी के मन का राजा कौन है?

**चेटी :** वत्सराज उदयन। राजकुमारी उन्हीं के गुणों पर मुग्ध हैं।

**वासवदत्ता :** *(स्वगत)* यह आर्यपुत्र को पति के रूप में पाना चाहती हैं? *(प्रकट)* इसका कारण?

**चेटी :** सुना है, उनका हृदय बहुत कोमल है।

**वासवदत्ता :** *(स्वगत)* क्या मैं नहीं जानती? मुझे भी तो उनके इन्हीं गुणों ने पागल बना दिया था।

**चेटी :** देवि, यदि वह राजा कुरूप हो तो?

**वासवदत्ता :** नहीं, नहीं, वह बहुत ही सुन्दर हैं।

**पद्मावती :** तुम कैसे जानती हो?

**वासवदत्ता :** *(स्वगत)* यह न कहने की बात मैं क्यों कह गई? अब? *(प्रकट)* मैंने उज्जयिनी में लोगों के मुँह से सुना है।

**पद्मावती :** हाँ, उज्जयिनी में तो सभी लोगों ने उन्हें देखा होगा। उनका सौन्दर्य वहाँ किससे छिपा होगा?

**धात्री :** *(आती हुई)* राजकुमारी! आज तुम्हारा वाग्दान हो गया है।

**वासवदत्ता :** किसके साथ?

**धात्री :** वत्सराज उदयन के साथ।

**वासवदत्ता** : उनके साथ, वह सकुशल तो हैं न?

**धात्री** : हाँ, सकुशल तो हैं ही। आज वह यहाँ आए हैं और राजकुमारी के साथ उनका वाग्दान हो गया है।

**वासवदत्ता** : ओह!

**धात्री** : यह सुनते ही आप ऐसी क्यों हो गईं?

**वासवदत्ता** : कुछ नहीं। ऐसी कोई बात नहीं है। मैं सोच रही थी कि पहली पत्नी के सन्ताप के कारण उनका मन उदासीन न हो।

**धात्री** : वह बहुत विद्वान हैं और विद्वान व्यक्ति के हृदय पर दुख का प्रभाव बहुत समय तक नहीं रहता।

**वासवदत्ता** : उन्होंने स्वयं यह सम्बन्ध चाहा था?

**धात्री** : नहीं, वह तो अपने काम से यहाँ आए थे। महाराज ने उनके गुण-रूप को देखा, तो झट से राजकुमारी का वाग्दान कर दिया।

**वासवदत्ता** : *(स्वगत)* तब तो आर्यपुत्र का कोई दोष नहीं।

**चेटी-2** : *(आती हुई)* राजकुमारी, राजमाता कहती हैं कि आज शुभ नक्षत्र हैं, इसलिए आज ही विवाह-मंगल हो जाना चाहिए। इसलिए शीघ्र चलिए।

**धात्री** : इधर से आओ, बेटी!

**कुछ क्षण वाद्य-स्वर।**

**वासवदत्ता** : जैसे-जैसे आगे चलती हूँ, हृदय में अँधेरा होता जाता है। आज आर्यपुत्र भी पराए हो जाएँगे। क्या करूँ? शय्या पर लेटकर नींद को बुलाने का प्रयत्न करूँ।

**क्षण-भर का व्यवधान!**

**विदूषक** : *(हँसते हुए)* क्या बात थी! ऐसा विवाह-मंगल! ऐसा समारोह! वाह, वाह, वाह! कभी सोचा भी न था कि हम जिस अनर्थ के भँवर में जा फँसे थे, उससे कभी बाहर भी निकलेंगे। मगर चुटकियों में दृश्य ही बदल गया। अब राजप्रासाद में रहते हैं, अन्तःपुर के सरोवरों में नहाते हैं और खाते हैं मधुर-मधुर, कोमल-कोमल मोदक। लगता है, एक ऐसी देवि-भूमि में आ पहुँचे हैं जहाँ अप्सराओं का भी पहुँचना सम्भव नहीं। *(निःश्वास छोड़कर)* परन्तु, एक दुख है और बहुत बड़ा दुख है! जो कुछ खाता हूँ वह अन्दर जाकर पचता ही नहीं। इतनी सुन्दर शय्या बिछाकर सोता हूँ, परन्तु, नींद ही नहीं आती। हर समय जैसे

वात का दौरा चढ़ा रहता है। यह वात हमारे भोजन का सुख देख ही नहीं पाता। अब क्या करें? वाह, वाह, वाह, वाह...!

**चेटी :** *(आती हुई)* आर्य वसन्तक! कहाँ हो, आर्य वसन्तक? अच्छा, अच्छा, यहाँ हो। कितनी देर से तुम्हें ढूँढ़ रही हूँ।

**विदूषक :** मुझे ढूँढ़ रही हो? क्यों?

**चेटी :** राजमाता ने पूछा कि जामात्रि ने स्नान कर लिया है या नहीं?

**विदूषक :** उन्होंने क्यों पूछा है? क्यों पूछा है?

**चेटी :** इसलिए कि स्नान कर लिया हो तो मैं पुष्प-चन्दन और भोजन ले आऊँ।

**विदूषक :** उन्होंने स्नान कर लिया है, इसलिए भोजन को छोड़कर और सब-कुछ ले आओ।

**चेटी :** भोजन को छोड़कर क्यों?

**विदूषक :** बात यह है कि जिस तरह कोयल की आँखें उलट-पलट जाती हैं उसी तरह मुझ अभागे का आमाशय ऊपर से नीचे हो गया है।

**चेटी :** तुम्हारा आमाशय ऐसे ही रहना चाहिए।

**विदूषक :** जाओ, जाओ, आओ! हम अपने महाराज के साथ प्रमदवन में घूमने जाते हैं।

**कुछ क्षण वाद्य-स्वर।**

**चेटी :** राजकुमारी, प्रमदवन में आप किसलिए आई हैं?

**पद्मावती :** देखना चाहती थी कि शेफाली के गुच्छे ठीक से फूले हैं या नहीं।

**चेटी :** वे तो फूलों से लद गए हैं। देखिए न, कैसे मूँगा में मिलाकर पिरोए नए मोतियों जैसे ये फूल हैं! कुछ देर इस शिला पर बैठिए, मैं आपके लिए फूल चुनकर लाती हूँ।

**पद्मावती :** बहन अवन्तिका! आओ, हम इस शिला पर बैठें।

**चेटी :** राजकुमारी, देखिए, देखिए, मेरी अंजली में ये फूल कैसे लगते हैं, जैसे छोटे-छोटे मणियों के टुकड़े हों।

**वासवदत्ता :** सचमुच, ये फूल कितने सुन्दर हैं!

**चेटी :** राजकुमारी, मैं और फूल तोड़ लाऊँ?

**पद्मावती :** नहीं, और फूल मत तोड़ो।

**वासवदत्ता :** क्यों, उसे रोक क्यों रही हो?

**पद्मावती :** चाहती हूँ कि आर्यपुत्र यहाँ आएँ तो इन डालों को फूली हुई ही देखें।

**वासवदत्ता :** तुम्हें उनसे बहुत प्रेम है?

**पद्मावती :** मैं नहीं जानती। आर्यपुत्र से विलग होकर मन में एक उत्कंठा-सी भरी रहती है।

**वासवदत्ता :** *(स्वगत)* यह भी यही कहती है। मैं मन पर कितना भार सह रही हूँ!

**चेटी :** राजकुमारी ने अपने ढंग से यही तो कहा है कि इन्हें उनसे बहुत प्रेम है।

**पद्मावती :** परन्तु, मैं एक बात सोचती हूँ।

**वासवदत्ता :** क्या?

**पद्मावती :** कि वह जिस तरह मेरे हैं उसी तरह आज तक आर्या वासवदत्ता के भी हैं।

**वासवदत्ता :** उस तरह नहीं, उससे भी अधिक।

**पद्मावती :** यह तुम कैसे जानती हो?

**वासवदत्ता :** *(स्वगत)* फिर मैं अपनी सीमा लाँघ गई। अच्छा! *(प्रकट)* यदि उतना अधिक स्नेह न होता तो अपने स्वजनों को छोड़कर न निकल पड़ते।

**पद्मावती :** हाँ, यह बात तो है।

**चेटी :** राजकुमारी, आप उनसे कहें कि देवी वासवदत्ता की तरह आप भी वीणा-वादन सीखेंगी।

**पद्मावती :** मैंने उनसे कहा था।

**वासवदत्ता :** तो उन्होंने क्या कहा?

**पद्मावती :** उन्होंने कुछ न कहकर एक निःश्वास ली और चुप हो गए।

**वासवदत्ता :** तो तुम क्या सोचती हो?

**पद्मावती :** सोचती हूँ कि जब-जब उन्हें आर्या वासवदत्ता के गुणों की याद आती है तो मेरे सामने वह जिस किसी तरह अपनी आँखों में आए हुए आँसुओं को छिपाने का प्रयत्न करते हैं।

**वासवदत्ता :** *(स्वगत)* यदि यह सच है तो वास्तव में मैं भाग्यशालिनी हूँ।

**पद्मावती :** आओ बहन, यहाँ से उठकर थोड़ा आगे चलें।

**विदूषक :** *(हँसते हुए)* ही...ही...ही...तो आ पहुँचे प्रमदवन में! तोड़े हुए फूल पृथ्वी पर गिरे हैं और अलसाई हुई हवा हौले-हौले उन पर होकर चल रही है। आइए, आइए!

**राजा :** मित्र वसन्तक, यह सब बहुत विचित्र-सा लगता है। एक समय था जब मैं उज्जयिनी गया था। वहाँ मैंने वासवदत्ता को देखा तो अपना मन मेरे वश में नहीं रहा था। मुझे लगा था, जैसे कामदेव

ने अपने पाँचों बाणों से मेरा हृदय एक-साथ बींध दिया हो। वह घाव वासवदत्ता के चले जाने पर भी भरा नहीं है और ऊपर से कामदेव ने किस छठे बाण से मुझे फिर बींध दिया है, यह मेरी समझ में नहीं आता।

**विदूषक** : ठहरिए, ठहरिए! ज़रा देखने दीजिए कि पद्मावती किधर गई हैं। हो सकता है, लता-मंडप की ओर गई हों या सम्भव है कि पर्वत-तिलक की ओर चली गई हों। वहाँ के शिला-पट्टक पर बिखरे हुए फूल ऐसे लगते हैं जैसे एक व्याघ्रचर्म बिछा हो। मगर हो सकता है कि वहाँ भी न गई हों। तब वह ज़रूर कड़वी निम्बोलियों के वन में चली गई होंगी। और वहाँ भी यदि नहीं, तो दारु-पर्वत की ओर गई होंगी; क्योंकि वहाँ बस मृग-ही-मृग हैं और पक्षी-ही-पक्षी हैं। ही-ही-ही! अब आप एक काम कीजिए। ऊपर शरत्काल के निर्मल आकाश की ओर देखिए। देखते रहिए, कैसे सुन्दर और श्वेत सारस उड़े जा रहे हैं।

**राजा** : देख रहा हूँ, मित्र! यह सारस-पंक्ति! सीधी, विस्तीर्ण और बिखरी हुई! कभी ऊँची और कभी नीची जाती हुई। देखो, जब सारस मुड़ते हैं, तो आकाश में सप्तर्षि-मंडल-सा बन जाता है। और जब ये सीधे उड़ते हैं तो लगता है कि आकाश से केंचुली टूट रही है और एक नया आकाश बाहर आ रहा है।

**क्षण-भर का व्यवधान।**

**चेटी** : राजकुमारी, आप देख रही हैं यह सारस-पंक्ति? ये सब इस तरह मिलकर उड़ रहे हैं जैसे आकाश में एक श्वेत-कमलों की माला उड़ी जा रही हो—अरे, स्वामी भी यहीं हैं?

**पद्मावती** : आर्यपुत्र भी यहीं हैं? बहन, तुम्हारे कारण मैं उनके सामने नहीं जाऊँगी। आओ, हम इस माधवी लता-मंडप में छिप जाएँ।

**वासवदत्ता** : हाँ, ठीक है।

**विदूषक** : ही...ही...ही! देवी पद्मावती अवश्य यहाँ से होकर गई हैं।

**राजा** : तुम यह कैसे कह सकते हो?

**विदूषक** : इन शेफाली के गुच्छों को आप नहीं देख रहे हैं? इनसे अभी-अभी फूल तोड़े गए हैं।

**राजा** : वसन्तक, ये फूल देखकर कुछ विचित्र-सा लग रहा है।

**वासवदत्ता** : *(स्वगत)* वसन्तक का नाम सुनकर तो ऐसा लगता है जैसे फिर से उज्जयिनी में पहुँच गई हूँ।

**विदूषक :** यह शरत्काल की धूप! इससे तो मेरी खोपड़ी फुँकी जाती है। आइए, इस माधवी-मंडप के अन्दर चलें।

**राजा :** तुम आगे-आगे चलो।

**पद्मावती :** आर्य वसन्तक ने यह क्या उलझन खड़ी कर दी? अब क्या करें?

**चेटी :** राजकुमारी, आप कहें तो मैं भँवरों से लदी हुई इस लता को हिला दूँ। इससे वे बाहर ही रुक जाएँगे।

**पद्मावती :** हाँ, हाँ।

**विदूषक :** अरे, मरा, मरा! वहीं रहिए...आगे मत आइएगा...दासी के बेटे इन भँवरों ने मेरा कलेवा कर लिया।

**राजा :** न-न-न, आगे जाकर बेचारे भँवरों को दुखी मत करो। वे मकरन्द पीकर अपनी कामातुर प्रेयसियों के आलिंगन में जाने क्या मधुरालाप कर रहे हों! मैं नहीं चाहता कि हमारे पैर पड़ने से बेचारों को वियोग का दुख भोगना पड़े।

**चेटी :** राजकुमारी, इन लोगों ने तो हमारा निकलने का मार्ग ही रोक लिया।

**पद्मावती :** अच्छा है जो आर्यपुत्र वहीं बैठ गए।

**वासवदत्ता :** उनका शरीर स्वस्थ है, यह देखकर कितना हर्ष हो रहा है!

**चेटी :** राजकुमारी, आर्या अवन्तिका की आँखों में आँसू भर रहे हैं।

**वासवदत्ता :** नहीं, आँसू नहीं हैं। भँवरों ने पुष्पों की धूलि उड़ा दी थी, वह आँखों में आ पड़ी है।

**विदूषक :** मित्र, प्रमदवन में इस समय कोई सुननेवाला नहीं है। मैं आपसे एक बात पूछूँ?

**राजा :** जो मन में आए, पूछो!

**विदूषक :** पूछ लूँ?

**राजा :** कहा है, पूछ लो!

**विदूषक :** यह बताइए कि आपका उन दिनों देवी वासवदत्ता से अधिक प्रेम था या इन दिनों देवी पद्मावती से अधिक प्रेम है?

**राजा :** तुम मुझे इस महान संकट में क्यों डाल रहे हो?

**पद्मावती :** सचमुच, आर्यपुत्र को इसने कैसे संकट में डाल दिया है!

**वासवदत्ता :** *(स्वगत)* और मुझ मन्दभागिनी को भी।

**विदूषक :** आप अपने मन की बात सच-सच कहिए। एक तो चल बसी हैं और दूसरी पास में नहीं हैं।

**राजा :** नहीं मित्र, मैं नहीं बताऊँगा। तुम इधर-उधर जाकर बक देते हो।

**पद्मावती :** उन्होंने इतने में ही उत्तर दे दिया है।

**विदूषक :** मैं सत्य की सौगन्ध खाता हूँ कि किसी से नहीं कहूँगा। यह लो, मैं अपनी जिह्वा काटता हूँ।

**राजा :** फिर भी यह बात मुझसे नहीं कही जाएगी।

**पद्मावती :** जाने क्यों यह हठ किए जाता है! अब भी इसे पता नहीं चला?

**विदूषक :** आप बताते क्यों नहीं हैं? बिना बताए मैं आपको इस शिला से उठकर एक पग भी नहीं जाने दूँगा। यह लीजिए, मैंने मार्ग रोक दिया है।

**राजा :** क्या बलपूर्वक रोकोगे?

**विदूषक :** और नहीं तो क्या? बलपूर्वक ही रोकेंगे।

**राजा :** देखते हैं, कैसे रोकते हो?

**विदूषक :** नहीं, नहीं, मैंने यह नहीं कहा। मैं आपको मित्रता की सौगन्ध दे रहा हूँ। मुझे सच-सच बताइए।

**राजा :** तुम नहीं छोड़ोगे? अच्छा, बता देता हूँ, पद्मावती को मैं बहुत मानता हूँ। उसके पास रूप है, शील है और स्वभाव की कोमलता है। परन्तु, जाने क्यों मेरा मन अब भी वासवदत्ता की ओर ही लगा रहता है।

**वासवदत्ता :** *(स्वगत)* आज मुझे अपने दुख का पुरस्कार मिल गया। आज इस अज्ञातवास ने भी मेरा कितना उपकार किया है!

**चेटी :** राजकुमारी, स्वामी को ऐसी बात नहीं कहनी चाहिए थी।

**पद्मावती :** मैं ऐसा नहीं समझती। वे अभी तक आर्या वासवदत्ता के गुणों को नहीं भूल पाए, यह सचमुच कितनी बड़ी बात है!

**वासवदत्ता :** तुम्हारे मुख से मैं यही सुनने की आशा करती थी।

**राजा :** मैंने अपनी बात बता दी, अब तुम बताओ! तुम्हें देवी वासवदत्ता अधिक अच्छी लगती थीं या देवी पद्मावती अधिक अच्छी लगती हैं?

**पद्मावती :** अब आर्यपुत्र भी वसन्तक बन गए!

**विदूषक :** मेरे कहने-न-कहने का क्या है? मैं दोनों का ही आदर करता हूँ।

**राजा :** मुझे तो बल दिखाकर पूछ लिया और स्वयं तुम चुप रह जाओगे?

**विदूषक :** तो क्या आप भी बलपूर्वक पूछेंगे?

**राजा :** क्यों नहीं? बलपूर्वक ही पूछेंगे।

**विदूषक :** तब बता चुका मैं।

**राजा** : अच्छा महाब्राह्मण! क्रोध मत करो और अपनी इच्छा से ही बता दो!

**विदूषक** : तो सुनिए, बताता हूँ। यूँ तो आर्या वासवदत्ता का मैं बहुत आदर करता हूँ परन्तु, पद्मावती तरुणी हैं, सुन्दर हैं, सुशील हैं, चतुर हैं, बहुत मधुर-मधुर बातें करती हैं और सबसे बड़ी बात यह है कि मुझे बहुत स्नेह से भोजन कराती हैं। बेचारी पूछती फिरती हैं कि आर्य वसन्तक कहाँ हैं।

**वासवदत्ता** : *(स्वगत)* अच्छा, अच्छा वसन्तक, वे पुराने दिन तुम्हें याद नहीं रहे!

**राजा** : मैं देवी वासवदत्ता को बताऊँगा कि तुम ऐसा कहते थे।

**विदूषक** : वासवदत्ता हैं कहाँ जो आप उन्हें बताएँगे? वासवदत्ता चल बसीं, कितने दिन हुए चल बसीं।

**राजा** : *(निःश्वास छोड़कर)* हाँ, वासवदत्ता कहाँ है? तुम्हारी हँसी की बात ने मेरे मन को इस तरह छू लिया था कि पहले के अभ्यास से सहसा यह बात मेरे मुँह से निकल पड़ी। वासवदत्ता अब कहाँ है?

**विदूषक** : अब धीरज रखिए। विधि का विधान कौन लाँघ सकता है!

**राजा** : बात यह है, मित्र, कि इस अनुराग को मन से काट फेंकना भी तो सम्भव नहीं। जब-जब उसकी याद आती है तो दुख फिर हरा हो जाता है। आँसुओं के मार्ग से दुख यदि बाहर बह ले, तभी मन कुछ शान्त हो पाता है।

**विदूषक** : आँसुओं से आपका मुख भीग रहा है। मैं जाकर पानी लाता हूँ।

**पद्मावती** : बहन, आँसुओं ने आर्यपुत्र की आँखों के आगे एक पर्दा-सा कर रखा है, इसलिए आओ, हम यहाँ से निकल चलें।

**वासवदत्ता** : पति को ऐसी अवस्था में छोड़कर तुम्हारा जाना ठीक नहीं।

**पद्मावती** : तुम ठहरो, मैं जा रही हूँ।

**चेटी** : आप इधर से आइए, राजकुमारी।

**विदूषक** : अरे! देवी पद्मावती।

**पद्मावती** : आर्य वसन्तक! इन्हें क्या हुआ है?

**वसन्तक** : हुआ यह है कि...यह हुआ है कि...।

**पद्मावती** : कहिए, कहिए!

**विदूषक** : बात यह है, देवी, कि हवा से उड़कर कुछ पुष्प-धूलि इनकी आँखों में आ पड़ी है जिससे इनकी आँखों में आँसू आ गए हैं। इसलिए मैं यह पानी लाया हूँ। आप इनका मुँह धुला दीजिए।

**पद्मावती** : अनुचरनी है।

**राजा :** पद्मावती! तुम? *(धीमे स्वर में)* वसन्तक, यह यहाँ कैसे आ गई?

**विदूषक :** *(धीमे स्वर में)* मैंने इनसे कहा कि पुष्प-धूलि आँखों में पड़ जाने से आपकी आँखों में पानी आ गया है।

**राजा :** *(धीमे स्वर में)* बहुत ठीक किया। *(सहज स्वर में)* आओ, पद्मावती, बैठो। आँखों में हवा से कुछ पुष्प-धूलि आ पड़ी, इसीलिए आँखों में पानी आ गया।

**पद्मावती जल के छींटे मारती है।**

**विदूषक :** अब हमें यहाँ से चलना चाहिए। साँझ उतर रही है। मगधराज आपको साथ लेकर इस समय अपने बन्धु-बान्धवों से मिलना चाहेंगे। इस तरह मिलने-जुलने से ही पारस्परिक प्रेम बढ़ता है।

**राजा :** ठीक कहते हो। अच्छे काम करनेवाले बहुत हैं, अतिथि-सत्कार करनेवाले बहुत हैं परन्तु, ऐसे लोग बहुत कम हैं, जो इन गुणों का मान कर सकें। आओ, चलें।

**क्षण-भर का व्यवधान।**

**पद्मिनिका :** मधुकरिका! मधुकरिका! शीघ्र इधर आ।

**मधुकरिका :** आ रही हूँ। *(आकर)* बता, क्या काम है?

**पद्मिनिका :** तुझे पता नहीं है कि राजकुमारी पद्मावती के सिर में पीड़ा हो रही है।

**मधुकरिका :** अच्छा?

**पद्मिनिका :** इसलिए तू जल्दी से जाकर आर्या अवन्तिका से केवल इतना कह दे कि राजकुमारी के सिर में पीड़ा है। वह स्वयं चली आएँगी।

**मधुकरिका :** वह आकर क्या करेंगी?

**पद्मिनिका :** वह मीठी-मीठी बातें करके राजकुमारी का मन बहलाएँगी।

**मधुकरिका :** ठीक है। राजकुमारी की शय्या कहाँ बिछी है?

**पद्मिनिका :** समुद्रगृह में। तू अब जा, मैं भी स्वामी को पता देने के लिए आर्य वसन्तक को खोजती हूँ।

**मधुकरिका :** अच्छी बात है। मैं जा रही हूँ।

**पद्मिनिका :** अब आर्य वसन्तक को मैं कहाँ ढूँढ़ूँ? अरे, आर्य वसन्तक तो यह रहे। आर्य वसन्तक, तुम्हें पता है कि राजकुमारी पद्मावती के सिर में पीड़ा हो रही है?

**विदूषक :** न। क्या पता मुझे?

**पद्मिनिका :** तो तुम जाकर स्वामी को पता दे दो। मैं तब तक लेप लेकर आती हूँ।

**विदूषक** : राजकुमारी की शय्या कहाँ है?

**पद्मिनिका** : समुद्रगृह में।

**विदूषक** : तुम चलो। मैं जाकर स्वामी से कह देता हूँ।

**क्षण-भर का व्यवधान।**

**विदूषक** : शीघ्र ही चलिए। कह रहा हूँ, शीघ्र चलिए।

**राजा** : परन्तु, बात क्या है?

**विदूषक** : कह रहा हूँ, देवी पद्मावती के सिर में पीड़ा है।

**राजा** : किसने कहा है?

**विदूषक** : पद्मिनिका ने।

**राजा** : पद्मावती के सिर में पीड़ा है, यह सुनकर मन में सहसा दुख क्यों उमड़ने लगा? पद्मावती को पाकर उसके रूप और गुणों के सामने मन अपने पहले शोक को भूल रहा था, परन्तु, इस समाचार ने मेरे मन में कुछ वैसी ही आशंका फिर भर दी है। वसन्तक, पद्मावती कहाँ है इस समय?

**विदूषक** : समुद्रगृह में।

**राजा** : तुम मुझे उस ओर ले चलो।

**विदूषक** : आइए इधर से। यह रहा समुद्रगृह, चलिए।

**राजा** : तुम आगे चलो।

**विदूषक** : रुकिए, रुकिए वहीं। रुके रहिए, आगे मत आइए!

**राजा** : क्या बात है?

**विदूषक** : देखिए, दीये की लौ में पृथ्वी पर क्या सरसरा रहा है? साँप है।

**राजा** : मूर्ख! तुझे यह साँप दिखाई देता है? यह तो समुद्रगृह के द्वार की एक बड़ी-सी माला है जो नीचे आ गिरी है और हलकी-हलकी हवा के स्पर्श से अँधेरे में साँप की तरह हिलती प्रतीत होती है।

**विदूषक** : आप ठीक कहते हैं। यह साँप नहीं है। देवी पद्मावती सम्भवतः यहाँ आकर चली गई हैं।

**राजा** : मैं समझता हूँ कि वह अभी आई ही नहीं।

**विदूषक** : तो आप कुछ देर इस शय्या पर बैठकर उनकी प्रतीक्षा करें।

**राजा** : ठीक है। परन्तु, मुझे नींद आ रही है। तुम कोई कहानी सुनाओ।

**विदूषक** : अच्छा, मैं कहानी सुनाता हूँ, परन्तु, आप 'हूँ, हूँ' करते जाइएगा।

**राजा** : अच्छा।

**विदूषक** : एक नगरी है जिसका नाम है उज्जयिनी। वहाँ कई बहुत सुन्दर जलाशय हैं।

**राजा :** उज्जयिनी की कहानी क्यों सुना रहे हो?

**विदूषक :** आपको यह कहानी अच्छी नहीं लग रही है, तो दूसरी सुनाता हूँ।

**राजा :** यह नहीं कि मुझे यह कहानी अच्छी नहीं लग रही। परन्तु, उज्जयिनी के नाम से मुझे सहसा उस दिन की याद हो आई, जिस दिन वासवदत्ता उज्जयिनी छोड़कर मेरे साथ आ रही थी और अपने घर के लोगों की याद से उसकी भरी हुई आँखें मेरे वक्षस्थल से सटकर बरसती रही थीं।

**विदूषक :** अच्छा! मैं आपको दूसरी कहानी सुनाता हूँ। एक नगर है जिसका नाम है ब्रह्मदत्त। वहाँ काम्पिल्य नाम का एक राजा राज्य करता था।

**राजा :** क्या?

**विदूषक :** कहा है कि ब्रह्मदत्त नाम का नगर है जहाँ पर काम्पिल्य नाम का एक राजा राज्य करता था।

**राजा :** अरे मूर्ख, राजा का नाम ब्रह्मदत्त होगा और नगर का नाम काम्पिल्य।

**विदूषक :** राजा ब्रह्मदत्त और नगर काम्पिल्य?

**राजा :** हाँ!

**विदूषक :** ठहरिए। पहले मुझे याद कर लेने दीजिए। राजा ब्रह्मदत्त नगर काम्पिल्य, राजा ब्रह्मदत्त नगर काम्पिल्य। ब्रह्मा राजदत्त काम्पिल्य, नगरिल्य, काम्पिल्य राजदत्त, ब्रह्मा नगरिल्य। अब आगे सुनिए न। अरे! यह तो सो गए। *(सिहरकर)* यहाँ ठंड बहुत है, बहुत ठंड है, बहुत ही ठंड है। जाऊँ और जाकर अपना कम्बल ले आऊँ।

**क्षण-भर का व्यवधान।**

**वासवदत्ता :** *(आती हुई)* ईश्वर कितना कठोर है! विरह के दुख में आर्यपुत्र को पद्मावती से ही कुछ शान्ति मिलती थी और वह भी अस्वस्थ हो गई है। केवल एक दीया जल रहा है और वह बेचारी यहाँ अकेली पड़ी है। दासियाँ कितनी असावधान हैं! पद्मावती सम्भवतः सो रही है। मैं यहाँ पास बैठती हूँ। परन्तु, नहीं। अलग बैठने में कुछ परायापन लगा है, इसलिए मुझे उसकी शय्या पर ही बैठना चाहिए...यहाँ शय्या पर इसके पास बैठकर कितना अच्छा लग रहा है! इसकी साँस ठीक चल रही है। लगता है, पीड़ा दूर हो चुकी है। शय्या पर इस ओर इतना स्थान है...लगता

है, जैसे पद्मावती मुझसे कह रही है कि मैं भी उसके पास लेट जाऊँ।

**राजा** : *(स्वप्निल स्वर में)* वासवदत्ता!

**वासवदत्ता** : हें? यह तो पद्मावती नहीं, आर्यपुत्र हैं। क्या आर्यपुत्र ने मुझे देख लिया है? क्या आर्य यौगन्धरायण की प्रतिज्ञा व्यर्थ हो गई है?

**राजा** : कहाँ हो, वासवदत्ता! कहाँ हो अवन्तिराज-पुत्री!

**वासवदत्ता** : आर्यपुत्र सपना देख रहे हैं। यहाँ पास में कोई नहीं है। कुछ-क्षण इन्हें देखकर मैं हृदय और आँखों को तृप्त कर लूँ।

**राजा** : कहाँ हो, प्रिये मेरी! तुम बोलती क्यों नहीं?

**वासवदत्ता** : बोल रही हूँ, स्वामी। मैं तुम्हारे पास ही खड़ी बोल रही हूँ।

**राजा** : तुम मुझसे रुष्ट हो क्या?

**वासवदत्ता** : नहीं, नहीं। मैं केवल शोकातुर हूँ।

**राजा** : रुष्ट नहीं हो, तो तुम्हारे शरीर पर आभूषण क्यों नहीं हैं?

**वासवदत्ता** : मैं आपसे दूर जो हूँ।

**राजा** : तुम्हें विरचिका की याद है?

**वासवदत्ता** : *(रोष के साथ)* जाइए, यहाँ भी आप विरचिका की बात कर रहे हैं?

**राजा** : तुम्हें बुरा लगा हो, तो मैं अभी तुम्हें मना लेता हूँ।

**वासवदत्ता** : अब मुझे और नहीं ठहरना चाहिए। कोई देखे, इससे पहले ही मुझे चली जाना चाहिए। आर्यपुत्र की बाँह नीचे लटक रही है। इसे शय्या पर रख दूँ और चली जाऊँ!

**राजा** : ठहरो, वासवदत्ता, ठहरो।

**द्वार से ठोकर ख़ाने का शब्द।**

वासवदत्ता, कहाँ चली गई तुम? मैंने तुम्हें देखा, घबराकर पकड़ लेना चाहा और द्वार से ठोकर खा गया। क्या यह केवल पहले की याद ही थी या मेरे मन की कामना ही साकार हो उठी थी?

**विदूषक** : अरे, आपकी नींद खुल गई?

**राजा** : मित्र, तुम्हें एक शुभ सूचना दूँ? वासवदत्ता जीवित है।

**विदूषक** : वासवदत्ता जीवित हैं? वासवदत्ता तो कब की चल बसीं...कभी की चल बसीं वासवदत्ता।

**राजा** : नहीं मित्र, ऐसा नहीं है। मैं यहाँ सोया था। उसने आकर मुझे जगा दिया और चली गई। रुमण्वान झूठ कहता था कि वासवदत्ता आग में जल गई है।

**विदूषक :** यह असम्भव है। आप उस समय उज्जयिनी के सरोवरों की बात करके उन्हें याद कर रहे थे, इसलिए हो सकता है आपने उन्हें स्वप्न में देखा हो।

**राजा :** यदि यह स्वप्न था तो मैं चाहता हूँ कि यह स्वप्न जीवन-भर चलता रहे। और यदि यह भ्रम था तो मैं चाहता हूँ कि यह भ्रम कभी भी दूर न हो। तुम मेरी बाँह को देखो। देवी वासवदत्ता ने अभी इसे अपने हाथ में लिया था। देखो, अभी तक यहाँ रोमांच हो रहा है।

**विदूषक :** आप ये व्यर्थ की बातें न सोचिए। आइए, इधर चतुःशाल में चलें।

**क्षण-भर का व्यवधान।**

**कांचुकीय :** आर्यपुत्र की जय हो! महाराज दर्शक ने आपके लिए सन्देश दिया है कि आपके अमात्य रुमण्वान आरुणि पर आक्रमण करने के लिए बहुत-सी सेना लेकर यहाँ आ पहुँचे हैं। हमारे भी हाथी, घोड़े और सैनिक विजय-यात्रा के लिए प्रस्तुत हैं। इसलिए अब आप चलिए। आपके शत्रुओं में आपस में फूट पड़ चुकी है, आपके मित्र आश्वस्त हैं और आपकी विजय-यात्रा के समय पीछे की देखभाल का सारा प्रबन्ध कर लिया गया है। शत्रुओं को परास्त करने के लिए सभी तरह की व्यवस्था की जा चुकी है। कुछ सेना हमने गंगा के पार भेज दी है। अब यह समझिए कि वत्स-देश एक तरह से आपके हाथ में ही है।

**राजा :** तो ठीक है। उस दुष्ट आरुणि का मैं अब शीघ्र ही विनाश करूँगा। युद्धभूमि एक महासागर का रूप ले लेगी, जहाँ हमारे बाणों से तरंगें उठेंगी और हमारे हाथी और घोड़े इस महासागर को पार कर जाएँगे।

**क्षण-भर का व्यवधान।**

**कांचुकीय :** कोई है? इस स्वर्णद्वार पर कोई है?

**प्रतिहारी :** आर्य, मैं विजया हूँ। कहिए, क्या काम है?

**कांचुकीय :** महाराज उदयन से कहो कि वत्स-देश पर उनकी विजय के उपलक्ष में महाराज महासेन ने उन्हें बधाई का सन्देश भेजा है। मैं उनका कांचुकीय यह सन्देश लेकर आया हूँ। महादेवी अंगरागवती ने आर्या वासवदत्ता की धाय वसुन्धरा को भी साथ भेजा है।

**प्रतिहारी** : परन्तु आर्य, इस समय हमें भी उनके पास जाने की अनुमति नहीं है।

**कांचुकीय** : क्यों?

**प्रतिहारी** : बात यह है कि कुछ समय पहले स्वामी को सूर्यप्रासाद से किसी के वीणावादन का स्वर सुनाई दिया था। उन्होंने सुनकर कहा कि यह तो घोषवती वीणा का स्वर है।

**कांचुकीय** : फिर?

**प्रतिहारी** : उन्होंने वहाँ जाकर वादक से पूछा कि उसे वह वीणा कहाँ से मिली है? वादक ने कहा कि वह उसे नर्मदा के तट पर एक झाड़ी में उलझी हुई मिली है, यदि वह महाराज के काम की हो तो वह उन्हें दे सकता है। वीणा लाई गई, तो स्वामी उसे गोद में लेकर अचेत हो गए। चेतना लौटने पर वे विलाप करने लगे कि घोषवती बताओ, तुम अकेली क्यों हो? आर्या वासवदत्ता कहाँ हैं? इस स्थिति में बताइए, उन तक कोई सन्देश कैसे पहुँचाया जा सकता है?

**कांचुकीय** : परन्तु, यह सन्देश भी देवी वासवदत्ता के सम्बन्ध में ही है, इसलिए तुम जाकर उनसे कह दो।

**प्रतिहारी** : अच्छा!

**कुछ क्षण का व्यवधान। वीणा का शब्द।**

**राजा** : घोषवती, आज तुमने भी वनवास ले लिया? कभी तुम देवी वासवदत्ता की गोद में पड़ी हुई उनके वक्ष से सटकर मधुर शब्द किया करती थीं और आज पक्षियों की उड़ाई हुई धूलि शरीर पर रमाए हुए मौन पड़ी हो। परन्तु नहीं। तुम बहुत कठोर हो, घोषवती, जो उस तपस्विनी की याद से तुम व्याकुल नहीं हो।

**विदूषक** : मित्र, आपको इतना दुखी नहीं होना चाहिए।

**राजा** : तुम नहीं समझते, वसन्तक! यह वीणा देवी वासवदत्ता की है। इसे देखकर मेरे हृदय में पुरानी कामनाएँ फिर जाग रही हैं। परन्तु, देवी वासवदत्ता आज मेरी आँखों के सामने नहीं हैं। तुम जाकर शिल्पी से कहो कि इस वीणा का परिसंस्कार कर दे।

**विदूषक** : जैसी आज्ञा!

**प्रतिहारी** : स्वामी की जय हो! देव, महासेन का कांचुकीय देवी अंगरागवती की भेजी हुई धाय वसुन्धरा के साथ द्वार पर उपस्थित है।

**राजा** : तुम पद्मावती को बुला लाओ।

**प्रतिहारी** : जो आज्ञा!

**पद्मावती** : आर्यपुत्र की जय हो!

**राजा** : देवी, महासेन का कांचुकीय उनका सन्देश लेकर वासवदत्ता की धाय वसुन्धरा के साथ यहाँ आया है।

**पद्मावती** : तो क्या इस समय मेरा आर्यपुत्र के पास यहाँ होना उचित होगा?

**राजा** : क्यों? इसमें दोष क्या है?

**पद्मावती** : यह आपका दूसरा विवाह है, इसलिए सम्भव है, मुझे देखकर उनका मन कुछ दुखी हो।

**राजा** : इसके विपरीत सम्भवतः उन्हें इससे दुख हो कि तुम जान-बूझकर उनके सामने नहीं आईं। इसलिए तुम यहीं रहो।

**पद्मावती** : आप यह उचित समझते हैं तो यही ठीक है। माँ जी ने और पिताजी ने क्या सन्देश भेजा है, यह जानने के लिए मेरा मन आकुल हो रहा है।

**राजा** : मेरा भी मन आशंकित है कि जाने उन्होंने क्या सन्देश भेजा है! मैं उनकी कन्या का अपहरण करके ले आया था और उसकी रक्षा भी नहीं कर सका। मुझे कुछ वैसे ही लग रहा है जैसे मैंने यौवन-गर्व में मर्यादा का उल्लंघन किया हो और अब उसके लिए मुझे अपने पिता के रोष का सामना करना हो।

**पद्मावती** : जो भी हो, अब तो इस स्थिति का सामना करना ही होगा।

**कांचुकीय** : आर्यपुत्र की जय हो!

**धात्री** : स्वामी की जय हो!

**राजा** : आर्य, उदयाचल से अस्ताचल पर्यन्त सारी पृथ्वी के स्वामी महाराज महासेन सकुशल तो हैं?

**कांचुकीय** : वे सकुशल हैं और आपकी कुशलता का समाचार जानना चाहते हैं।

**राजा** : मेरे लिए उन्होंने क्या आदेश दिया है?

**कांचुकीय** : आप आसन से उठें नहीं। बैठे हुए ही सुनें। उन्होंने आपको बधाई दी है कि आपने शत्रुओं के हाथ से अपना राज्य फिर अपने अधिकार में ले लिया है क्योंकि भीरु और दुर्बल लोग हाथ-पर-हाथ रखकर बैठे रहते हैं और केवल साहसी लोग ही राज्यश्री का उपभोग करते हैं।

**राजा** : आर्य! यह सब महासेन का ही प्रभाव है। जब मैं शत्रुओं के हाथों परास्त हुआ, तो उन्होंने एक बच्चे की तरह मेरा पालन किया। मैं उनकी कन्या का अपहरण कर लाया और उसकी रक्षा भी न कर सका। वासवदत्ता इस संसार को छोड़कर चली गई। इस

पर भी महासेन का मेरे ऊपर वैसा ही स्नेह है और मैं कह सकता हूँ कि मुझे इस विजय के लिए साहस उन्हीं से मिला है।

**कांचुकीय :** महाराज का सन्देश मैंने आपको दे दिया है। महादेवी का सन्देश आपको आर्या वसुन्धरा देंगी।

**वसुन्धरा :** सबसे पहले महादेवी ने आपका कुशल-समाचार पूछा है।

**राजा :** कुशल-समाचार? वह तो आपके सामने ही है।

**वसुन्धरा :** उन्होंने कहा है कि आपको इतना सन्ताप नहीं करना चाहिए।

**कांचुकीय :** आर्या वासवदत्ता से आपको इतना प्रेम है, इसलिए वे मरकर भी सदा जीवित रहेंगी। मृत्यु से कोई किसी को नहीं बचा सकता। रस्सी के टूट जाने पर क्या घड़े की रक्षा हो सकती है? यह जीवन तो एक वन की तरह है जो कभी फूलता है और कभी कट जाता है।

**राजा :** आर्य, देवी वासवदत्ता मेरे लिए क्या नहीं थीं? पत्नी, शिष्या, रानी और प्रेयसी—सभी कुछ वह थीं। इस जीवन में तो क्या, मैं उन्हें आगे भी किसी जन्म में नहीं भूल सकता।

**वसुन्धरा :** महादेवी ने कहा है कि वासवदत्ता तो अब चल बसीं। हमारे लिए जिस तरह गोपालक और पालक हैं, उसी तरह आप भी हैं। हम आपको उज्जयिनी इसलिए लाए थे कि आपको अपना जामाता बना सकें। वासवदत्ता के साथ आपका अग्नि की साक्षी में विवाह नहीं हुआ और उसे वीणा-वादन सिखाते हुए चंचल होकर आप विवाह से पूर्व ही उसे लेकर चले आए, इसलिए हमने आप दोनों के चित्र बनवाकर विवाह-संस्कार सम्पन्न कर दिया था। अब आपकी उद्विग्नता दूर करने के लिए वे चित्र आपको भेज रही हूँ।

**राजा :** मैं उनके स्नेह के लिए बहुत आभारी हूँ। उनके सन्देश से मुझे जितना सुख मिला है उतना सौ राज्य जीतकर भी न मिल पाता। मेरे अपराध को उन्होंने अपराध नहीं माना और मेरे प्रति उनका मन उदासीन नहीं है, यह मेरे लिए बहुत बड़ी बात है।

**पद्मावती :** आर्यपुत्र, मैं आर्या का चित्र देखकर उन्हें प्रणाम करना चाहती हूँ।

**वसुन्धरा :** यह उनका चित्र है, राजकुमारी!

**पद्मावती :** *(स्वगत)* यह आकृति आर्या अवन्तिका से कितनी मिलती है! *(प्रकट)* आर्यपुत्र, क्या वह आकृति आर्या से बहुत मिलती है?

**राजा :** मुझे तो लगता है, जैसे वही मेरे सामने आ खड़ी हुई हो। जाने इस सुन्दर रूप ने आग की जलन कैसे सही होगी? और आग के लिए इसे जलाना भी क्योंकर सम्भव हुआ होगा?

**पद्मावती :** मैं आपका चित्र देख लूँ तभी मानूँगी कि इस चित्र की आकृति बिलकुल आर्या जैसी है।

**वसुन्धरा :** यह देखिए, राजकुमारी! यह रहा इनका चित्र।

**पद्मावती :** इस समानता को देखकर तो लगता है कि वह आकृति भी बिलकुल आर्या जैसी ही होनी चाहिए।

**राजा :** क्या बात है, देवि? चित्र को देखकर तुम कुछ उद्विग्न क्यों हो उठीं?

**पद्मावती :** जैसी यह आकृति है वैसी ही एक सजीव आकृति इस राजप्रासाद में भी है।

**राजा :** वासवदत्ता जैसी आकृति?

**पद्मावती :** हाँ।

**राजा :** तो उसे शीघ्र यहाँ ले आओ।

**पद्मावती :** वह एक ब्राह्मण की बहन है। उसने मुझसे कहा था कि इसका पति परदेस में है, इसलिए इसे कुछ दिनों के लिए मैं अपने पास रख लूँ। वह किसी पर-पुरुष के सामने नहीं जाती। मैं अभी उसे यहाँ ले आती हूँ।

**राजा :** ब्राह्मण की बहन है, तो वह कोई और होगी। कइयों के रूप और आकार में ऐसी समानता होती है।

**प्रतिहारी :** स्वामी की जय हो! उज्जयिनी से आया हुआ एक ब्राह्मण द्वार पर खड़ा है। कहता है कि मैं अपनी बहन को राजकुमारी के पास छोड़ गया था, उसे लेने के लिए आया हूँ।

**राजा :** क्या यह वही ब्राह्मण है, पद्मावती?

**पद्मावती :** हाँ, वही होगा!

**राजा :** उस ब्राह्मण को आदर सहित शीघ्र यहाँ ले आओ।

**प्रतिहारी :** जैसी आज्ञा!

**राजा :** पद्मावती, तुम जाकर उसकी बहन को ले आओ।

**पद्मावती :** अभी लाती हूँ।

**यौगन्धरायण :** *(स्वगत)* आज महाराज के सामने जाते मन में बहुत संकोच का अनुभव हो रहा है। आर्या वासवदत्ता को स्वामी के हित के लिए ही मैंने छिपाकर यहाँ रखा था। आज वह काम पूरा हो चुका, परन्तु,

मेरा मन रह-रहकर शंकित हो उठता है कि जाने महाराज मुझसे क्या कहेंगे?

**प्रतिहारी** : आर्य, इधर से आइए। महाराज के सामने बैठें।

**यौगन्धरायण** : महाराज की जय हो!

**राजा** : *(स्वगत)* स्वर कुछ परिचित-सा लगता है। *(प्रकट)* आओ, ब्राह्मण! तुम अपनी बहन को पद्मावती के पास छोड़ गए थे?

**यौगन्धरायण** : हाँ, महाराज!

**राजा** : प्रतिहारी, इनकी बहन को शीघ्र यहाँ ले आओ।

**प्रतिहारी** : जो आज्ञा!

**पद्मावती** : *(आते हुए)* आर्या, आपको एक प्रिय बात बताऊँ?

**वासवदत्ता** : हाँ-हाँ, बताओ।

**पद्मावती** : तुम्हारा भाई तुम्हें लेने के लिए आया है।

**वासवदत्ता** : तो भाई को अभी मेरी याद है!

**पद्मावती** : आर्यपुत्र की जय हो! ब्राह्मण की धरोहर यह है।

**राजा** : इसे अब ब्राह्मण के हाथों में सौंप दो। धरोहर लौटाने में साक्षी की आवश्यकता होती है। कांचुकीय रैम्य और धाय वसुन्धरा दोनों इसके साक्षी होंगे।

**पद्मावती** : ब्राह्मण, आप अब अपनी बहन को ले जा सकते हैं।

**वसुन्धरा** : परन्तु यह तो...यह तो राजकुमारी वासवदत्ता हैं!

**राजा** : क्या सचमुच महासेन-पुत्री हैं यह? पद्मावती, इन्हें अपने साथ अन्तःपुर में ले जाओ।

**यौगन्धरायण** : यह आप क्या कह रहे हैं? इन्हें आप अन्तःपुर में नहीं भेज सकते। यह मेरी बहन हैं।

**राजा** : यह आपकी बहन नहीं हैं, महासेन-पुत्री वासवदत्ता हैं।

**यौगन्धरायण** : आप भरतकुल के विद्वान, विनीत और न्यायवान राजा हैं। क्या आप मेरी धरोहर को बलपूर्वक अपने पास रख लेंगे?

**राजा** : तो हम स्वयं देखकर निश्चय करेंगे। इनके चेहरे से घूँघट हटा दिया जाए। *(घूँघट हटता है)*...वासवदत्ता!

**यौगन्धरायण** : स्वामी! मैं यौगन्धरायण प्रणाम करता हूँ।

**वासवदत्ता** : आर्यपुत्र! मैं भी प्रणाम करती हूँ।

**राजा** : अरे, तुम यौगन्धरायण? और तुम वासवदत्ता? क्या यह सच है या मैं फिर स्वप्न ही देख रहा हूँ? ये आँखें पहले भी मुझे इसी तरह धोखा दे चुकी हैं।

**यौगन्धरायण** : स्वामी, देवी को आपसे दूर रखकर मैंने अपराध किया है, उसके लिए क्षमा चाहता हूँ।

**राजा** : यौगन्धरायण, तुम सचमुच यौगन्धरायण हो। तुमने झूठ का आश्रय लिया, मुझे युद्ध के लिए प्रेरित किया और भवितव्य के अनुसार सारी मन्त्रणा की। यह तुम्हारे प्रयत्नों का ही फल है कि हम विपत्तियों के समुद्र में डूबे नहीं और अपना वही मान फिर प्राप्त कर सके हैं।

**यौगन्धरायण** : स्वामी का भाग्य हमारा भी तो भाग्य है।

**पद्मावती** : तो यह आर्या वासवदत्ता ही हैं? आर्या, आपको अपनी सखी समझकर कई बार अविनय की बातें कह दी होंगी। अतः पैर छूकर आपसे क्षमायाचना करती हूँ।

**वासवदत्ता** : उठो, उठो, सौभाग्यवती! यदि कोई अपराध हुआ है तो वह मेरे कारण ही हुआ है, क्योंकि मैं तुम्हारे पास धरोहर के रूप में रह रही थी।

**पद्मावती** : मैं बहुत आभारी हूँ।

**राजा** : यौगन्धरायण, देवी को छिपाकर रखने का कारण क्या मैं जान सकता हूँ?

**यौगन्धरायण** : यह मैंने इसलिए किया कि आप कौशाम्बी राज्य फिर से प्राप्त करने में पूरी तरह दत्तचित्त हो सकें।

**राजा** : और इन्हें पद्मावती के पास छोड़ जाने का क्या कारण था?

**यौगन्धरायण** : पुष्पक-भद्र प्रभृति ज्योतिषियों ने कहा था कि देवी पद्मावती से आपका परिणय होगा।

**राजा** : रुमण्वान को भी इसका पता है?

**यौगन्धरायण** : स्वामी, सभी को इसका पता है।

**राजा** : तब तो रुमण्वान बहुत ही धूर्त्त है।

**यौगन्धरायण** : स्वामी, मैं समझता हूँ कि देवी वासवदत्ता की कुशलता का समाचार रैम्य और आर्या वसुन्धरा के हाथ तुरन्त देव महासेन को भेज देना चाहिए।

**राजा** : नहीं, हम सभी देवी पद्मावती को साथ लेकर यहाँ से उज्जयिनी चलेंगे।

**यौगन्धरायण** : जैसा आपका आदेश हो!*

---

* श्री वसन्त बापट के संस्कृत रूपान्तर का हिन्दी रूपान्तर।

# सुबह से पहले

प्रवक्ता की आवाज़ :

**'आज से बारह साल पहले की एक रात। शहर से दूर बस्ती के एक छोटे-से घर में...।'**

**(दूर एक कुत्ते के भौंकने का शब्द सुनाई देता है। फिर उतनी ही दूर एक पहरेदार के शब्द सुनाई देते हैं–'जागते रहो जी! जागते रहो।' हवा की साँय-साँय।**

**बहुत पास घड़ी एक बजाती है। कोई चारपाई पर करवट बदलता है।)**

**लीला :** *(ज़रा दबे हुए स्वर में)* अभी एक ही बजा है! हे भगवान!...क्यों जी, आपको नींद आ गई?

**प्रकाश :** नहीं, मुझे कैसे नींद आ जाएगी? तुम सो जाने की कोशिश करो!

**लीला :** नींद आए तब न? मेरा दिल न जाने क्यों इतना डर रहा है?... सुनिए, आपको बरामदे में पैरों की आहट सुनाई दे रही है?

**ज़रा दूर हलकी-सी अस्पष्ट आहट।**

**प्रकाश :** नहीं, पैरों की आहट तो नहीं है।

**लीला :** मुझे लग रहा है, जैसे कोई हलके क़दमों से चला आ रहा है। ज़रा ध्यान से सुनिए।

**इस बीच हलकी-हलकी आहट चलती रहती है।**

**प्रकाश :** नहीं, यह तुम्हारा वहम है। मेरा ख़याल है, यह काग़ज़ के उड़ने की आवाज़ है।

**लीला :** यह रात भी कितनी अँधेरी है! बाहर हवा साँय-साँय कर रही है। सामने पेड़ की डालियाँ इतनी बुरी तरह से हिल रही हैं, जैसे बस टूट ही जाएँगी और हमारा घर भी कितना अकेला है! इसीलिए मैं कहती थी कि आसपास कुछ और घर आबाद हो जाएँ, तभी यहाँ आकर रहेंगे! सड़क पर अभी बत्तियाँ तक नहीं लगीं। ऐसी जगह रहकर तो जान का भी ख़तरा है।

**हवा से फट-से खिड़की खुलती है और कुत्ते के भौंकने का शब्द सुनाई देता है कुछ निकट से–**

**'ओह! आज राज ने कैसी मुसीबत में डाल दिया है!'**

**प्रकाश :** ज़रा आहिस्ते बात करो। हो सकता है, वह आदमी उधर के कमरे में जाग रहा हो।

**लीला :** *(ज़रा धीमे स्वर में)* आप नहीं मानते, पर मुझे तो लगता है कि वह बरामदे में चल-फिर रहा है। उसकी सूरत से यही लगता था जैसे वह कोई डाकू है। बढ़ी हुई दाढ़ी, लाल आँखें और बड़े-बड़े रूखे बाल। जब राज ने आपसे पूछा था तभी मेरा मन हुआ था कि कह दूँ–नहीं, हम रात को ऐसे आदमी को घर में नहीं रख सकते, पर आपने झट से मान लिया तो चुप रह गई।...अब देख लीजिए, रात कैसे कट रही है!

**प्रकाश :** मैं मना भी कैसे कर देता? राज ने कहा कि बेचारा आज ही गाँव से आया है, एक बस से टकराकर कुछ जख़्मी हो गया है, रात को इसके पास कहीं ठहरने के लिए जगह नहीं है, इसलिए यह रात-भर के लिए हमारे घर में रहेगा और सवेरे तड़के ही उठकर चला जाएगा। उसने उस वक़्त यह भी तो नहीं बताया कि वह आज रात को बाहर रहेगा। जब बाहर जाने लगा तब उसने कहा कि उसे शहर में कुछ काम है, इसलिए वह शायद रात को देर से आए या शायद सुबह ही आए। मैंने उससे कहा भी कि आजकल रात को उसका बाहर रहना ठीक नहीं, पर वह यह कहकर चला गया कि वह जहाँ तक हो सकेगा, जल्दी आने की कोशिश करेगा। अब बराबर का भाई है, एल.एल.बी. में पढ़ता है, मैं उससे ज़्यादा क्या कह सकता था?

**लीला :** और इस वक़्त तक वह नहीं आया, अब वह सुबह से पहले क्या आएगा और यहाँ न जाने सुबह से पहले क्या हो जाए?

**ऐसा शब्द सुनाई देता है जैसे कोई चीज़ धीरे-धीरे सरकाई जा रही हो।**

: सुनिए, ऐसी आवाज़ नहीं आ रही है जैसे कोई किसी चीज़ को धीरे-धीरे सरका रहा हो?

**प्रकाश :** हाँ, आवाज़ तो कुछ ऐसी ही आ रही है, मैं उठकर देखता हूँ!

**लीला :** नहीं, ठहरिए!

**सहसा एक अमृतबान के फ़र्श पर गिरकर टूटने का शब्द सुनाई देता है।**

: *(कुछ सहमे हुए स्वर में)* हाय ईश्वर! यह क्या हुआ है?

**प्रकाश** : शायद शीशे का अमृतबान गिरकर टूटा है।

**लीला** : ओह! आज न जाने क्या होने जा रहा है!

**प्रकाश** : ठहरो, मैं बत्ती जलाकर देखता हूँ।

**लीला** : नहीं, रहने दीजिए। बत्ती मत जलाइए।

**प्रकाश** : तुम घबराओ नहीं, मुझे बत्ती जला लेने दो। अगर मन का वहम है तो दूर हो जाएगा। और अगर...। *(अनिश्चय में वाक्य अधूरा छोड़ देता है।)*

**लीला** : और अगर...? नहीं, आप नहीं उठिए।

**प्रकाश** : इस तरह अँधेरे में ख़याल दौड़ाते रहना ठीक नहीं, लीला! आख़िर देखें तो सही।

**बत्ती का बटन दबाने का शब्द**

: वह अमृतबान ही टूटा है। शायद किसी चूहे ने गिरा दिया है। मैं ज़रा बरामदे में से उधर के कमरे में भी झाँककर देख आऊँ।

**लीला** : नहीं, उधर मत जाना।

**प्रकाश** : तुम पागल मत बनो।...*(मना करने के ढंग से)* हँ-हँ-हँ...! तुम लेटी रहो। तुम्हारे उठने की ज़रूरत नहीं।

**दूर जाती हुई पैरों की आवाज़**

**लीला** : बरामदे की बत्ती जला दीजिएगा।

**प्रकाश** : *(ज़रा दूर से)* अच्छा!

**हवा की साँय-साँय के साथ बादल के गरजने का भी शब्द सुनाई देता है।**

**लीला** : *(स्वगत)* बादल गरज रहा है। अभी शायद वर्षा भी होने लगे। ऐसी रात में, इतनी अकेली जगह पर, हम लोग कितने असहाय हैं...!

**दो क्षण बादल ज़ोर से गरजता है। खिड़की के किवाड़ खड़खड़ाते हैं, फिर पैरों की आवाज़ पास आती है।**

: देख आए? सो रहा है?

**प्रकाश** : आहिस्ते बात करो। वह जाग रहा है।

**लीला** : *(दबे स्वर में)* जाग रहा है? क्या कर रहा है?

**प्रकाश** : मैंने बरामदे में से उधर जाकर देखा तो बड़े कमरे में टहल रहा था।

**लीला** : मैं न कहती थी?...उसने भी आपको देख लिया होगा?

**प्रकाश :** हाँ!

**लीला :** फिर?

**प्रकाश :** बोला कि आप अभी सोए नहीं? मैंने कहा कि नहीं, मैं अभी सोकर जागा हूँ।

**लीला :** फिर?

**प्रकाश :** कहने लगा कि मेरी भी अभी-अभी नींद खुली है, ज़रा देख दीजिए, वक़्त क्या हुआ है!

**लीला :** और कमरे का सामान?

**प्रकाश :** सामान की तरफ़ मैंने ध्यान नहीं दिया।

**लीला :** अब आप उसे वक़्त बताने जाएँगे?

**प्रकाश :** हाँ, जाना तो चाहिए।

**लीला :** राज कहता था कि उसे सवेरे तड़के चले जाना है।

**प्रकाश :** हाँ।

**लीला :** अगर आप...।

**अनिश्चित-सी रुक जाती है।**

**प्रकाश :** कहो, क्या कह रही थीं?

**लीला :** अगर आप बुरा न मानें तो कहूँ।

**प्रकाश :** मैं इस वक़्त तुम्हारी बात का बुरा मानूँगा? कहो, क्या कह रही थीं?

**लीला :** उसे जाना ही है तो घंटा-दो घंटा पहले ही चला जाए तो क्या हर्ज़ है? कम-से-कम हम लोग शान्ति से सो तो सकेंगे। आप उससे कह दें कि इस समय पाँच बजने वाले हैं।

**प्रकाश :** मगर यह मैं कैसे कह सकता हूँ, लीला? तुम देखो न...।

**लीला :** *(बीच में)* घड़ी की ही बात है न? मैं घड़ी दीवार से उतारकर यहाँ चारपाई के नीचे रख देती हूँ। उसे बस जाते हुए यहाँ से एक बार गुज़रना ही तो है।

**प्रकाश :** मगर वह इतनी रात में जाएगा कहाँ?

**लीला :** उसे जहाँ भी जाना होगा। अगर कोई गाड़ी पकड़नी है तो स्टेशन पर जाकर इन्तज़ार कर लेगा। आप उससे जाकर यही कह दीजिए।

**प्रकाश :** *(सोचते हुए)* हूँ! इसमें ख़ास बुराई तो नहीं है। अगर उसे सिर्फ़ आराम की ही ज़रूरत थी तो उसने चार-पाँच घंटे यहाँ आराम कर

लिया है। और अगर उसका कोई और इरादा है तो...ख़ैर मैं उससे जाकर कह देता हूँ। तुम घड़ी उतारकर रख लो।

**कुछ ख़ामोशी, जिसमें घड़ी की टिक-टिक उभरकर सुनाई देती है, फिर सहसा रुक जाती है। बादल के गरजने के साथ अब वर्षा का भी शब्द सुनाई देता है।**

**लीला** : इसे यहाँ रख दूँ? नहीं, उस तरफ़ ठीक रहेगी। यहाँ! शायद वह उसके साथ आ ही रहे हैं।

**प्रकाश और महेन्द्रनाथ दूर से बात करते हुए आते हैं, और महेन्द्र के 'देर हो जाती तो ठीक नहीं था' कहने तक उनकी आवाज़ें पास पहुँच जाती हैं।**

**महेन्द्र** : सचमुच, बहुत जल्दी रात बीत गई। मुझे तो ऐसे लग रहा है, जैसे मैं घंटा-आध घंटा ही सोया हूँ।

**प्रकाश** : मेरी भी अचानक ही नींद खुल गई, वर्ना शायद...।

**महेन्द्र** : हाँ, देर हो जाती तो ठीक नहीं था। मुझे पौ फटने से पहले ही निकल जाना चाहिए। मगर इस वक़्त अभी काफ़ी अँधेरा लग रहा है।

**प्रकाश** : हाँ, काफ़ी अँधेरा है। शायद, बरसात की वजह से ऐसा लग रहा है।

**महेन्द्र** : हाँ, पानी भी ख़ूब बरस रहा है। रास्ते में काफ़ी दिक़्क़त होगी। मगर मुझे चले ही जाना चाहिए।...यह स्टोव रखा है, मैं इस पर जल्दी से अपने लिए चाय की एक प्याली बना लेता हूँ। दूध तो होगा?

**प्रकाश** : दूध है, लीला?

**लीला** : राज ने रात को चाय बना ली थी। इसके बाद दूध नहीं बचा!

**महेन्द्र** : कोई बात नहीं। मैं बग़ैर दूध के ही चाय पी लूँगा। मैं स्टोव जलाता हूँ, आप केतली में पानी ला दीजिए।...यह लीजिए केतली।

**प्रकाश** : आपको देर तो नहीं हो जाएगी, क्योंकि...?

**महेन्द्र** : नहीं, मैं अँधेरे-अँधेरे में ही निकल जाऊँगा। अगर इस वक़्त चाय न पी सका तो फिर पता नहीं चाय नसीब हो या न हो। और फिर मुझे एक चीज़ का इन्तज़ार भी है...।

**प्रकाश** : किस चीज़ का इन्तज़ार है?

**महेन्द्र** : नहीं, वह कोई ख़ास चीज़ नहीं। *(स्टोव जलाने का शब्द)* स्टोव तैयार हुआ जा रहा है, आप जल्दी से पानी ला दीजिए।

**लीला** : आप ठहरिए, मैं पानी ले आती हूँ।

**प्रकाश :** नहीं, मैं ला देता हूँ।

**जाने का शब्द। स्टोव जलने की आवाज़।**

**महेन्द्र :** आपका घर शहर से काफ़ी दूर है।

**लीला :** जी हाँ।

**महेन्द्र :** आपको यहाँ डर तो लगता होगा?

**लीला :** जी नहीं। डर किस बात का है?

**महेन्द्र :** यहाँ कभी चोरी-ओरी नहीं होती?

**लीला :** जी नहीं, आज तक तो नहीं हुई।

**महेन्द्र :** *(ज़रा हँसकर)* तब तो चोरों के लिए क़िस्मत आज़माने के लिए यह बहुत अच्छी जगह है।...पत्ती? यह रही। चीनी भी यह रही और वह पानी भी आ गया। *(पैरों की आवाज़ दूर से निकट आती है।)* बस, अब चाय बन गई समझिए।

**प्रकाश :** बरामदे में यह थैला आपका रखा था?

**महेन्द्र :** जी हाँ। मैंने यह बाहर ही छोड़ दिया था।

**प्रकाश :** बाहर जाते हुए यह मेरे पैर से टकराया तो मैंने उठा लिया कि देखूँ क्या चीज़ है। फिर इसके बीच में देखा तो पता चला कि कुछ नोटों की गड्डियाँ हैं, कुछ काग़ज़ों के पुलन्दे हैं और कुछ औज़ार हैं। यह सब सामान आपका ही है?

**महेन्द्र :** जी नहीं, यह मेरा अपना नहीं है।

**प्रकाश :** तो आपके पास...?

**महेन्द्र :** आप पूछ ही रहे हैं तो बता देता हूँ। मैं आज यह सब एक दोस्त से छीनकर ले आया था।

**प्रकाश :** छीनकर? तो आप...?

**महेन्द्र :** आप मुझे कुछ भी समझ लें, पर मैं इस वक़्त इससे ज़्यादा कुछ नहीं कह सकता। असलियत यही है कि यह सामान मैं एक दोस्त से छीनकर ले आया था और अब मैं इसे कहीं दफ़ना देना चाहता हूँ।

**प्रकाश :** दफ़ना देना चाहते हैं? क्यों?

**महेन्द्र :** क्योंकि यह सामान मुझे उम्र-भर के लिए जेल में भिजवा सकता है, मगर मैं इसे फेंक नहीं सकता। आप चिन्ता न करें। मैं वैसा बुरा नहीं हूँ, जैसा कि इस सामान को देखकर शक हो सकता है। आपको मुझसे कोई नुक़सान नहीं पहुँचेगा। चाय का पानी हुआ जा रहा है। दो-चार मिनिट में यहाँ से चला जाऊँगा। इसके

बाद शायद आप ज़िन्दगी-भर मेरा चेहरा नहीं देखेंगे।...आपके लिए पत्ती डालूँ?

**प्रकाश** : नहीं। इस वक़्त चाय नहीं पीऊँगा।

**महेन्द्र** : *(लीला से)* और आप?

**लीला** : जी नहीं।

**महेन्द्र** : मैं रात को भी आपके घर में नहीं ठहरना चाहता था, पर आपके भाई ने हठ किया और मेरी बात नहीं मानी। वैसे यह ठीक है कि रात को मेरे जाने में ज़्यादा ख़तरा था। उस वक़्त मेरा पीछा किया जा रहा था। अब भी शायद रास्ते में पुलिस खड़ी होगी। मगर मैं दिन में आपके घर में रहकर आपको भी ख़तरे में डालना नहीं चाहता। मुझे सिर्फ़ एक ख़बर का इन्तज़ार था। मेरा ख़याल था कि चार-साढ़े चार बजे तक ख़बर आएगी। उससे मेरा रास्ता कुछ आसान हो सकता था। मगर अब तक ख़बर नहीं आई, इसका मतलब है कि ख़बर भेजना सम्भव नहीं हो सका। आपकी पत्ती की ख़ुशबू बहुत अच्छी है। बग़ैर दूध के भी चाय काफ़ी अच्छी बन गई है।

**प्रकाश** : मगर राज तो कह रहा था कि आप आज गाँव से आए हैं और कि बस से टकराकर आप...।

**महेन्द्र** : उसने...मैंने उससे ग़लत कहा था। मेरी किसी बस से टक्कर नहीं हुई। *(चाय का घूँट पीकर)* मेरी बाँह पर ज़ख़्म गोली का है। पुलिस की एक गोली मेरी बाँह को छीलती हुई निकल गई थी। *(चाय का घूँट पीकर)* राज से कहिएगा कि मेरी फ़िक्र न करे। वह मेरे ज़ख़्म को देखकर ख़ामख़ाह परेशान हो रहा था। *(चाय का घूँट भरकर)* मैं चाहता था कि जाने से पहले वह... ख़ैर। मैं अब चल रहा हूँ। चाय के लिए धन्यवाद!

**प्रकाश** : बाहर पानी बहुत बरस रहा है।

**महेन्द्र** : हाँ! हो सकता है, इस पानी की वजह से ही जान बच जाए। अच्छा, नमस्कार। दरवाज़ा लगा लीजिए।

**दो क्षण बादलों के गरजने और वर्षा का शब्द। दरवाज़ा खुलने और बन्द होने का शब्द।**

**लीला** : बहुत अजीब आदमी था!

**प्रकाश** : मेरी तो कुछ समझ में नहीं आया। अपने लक्षण सब चोरों और डाकुओं जैसे बता गया है, पर बात कैसे भले आदमियों की तरह कर रहा था। अभी मुश्किल से डेढ़ बजा होगा!

**लीला :** हाँ। और वह कह रहा था कि चार-साढ़े चार बजे कहीं से उसे कोई ख़बर आनी थी। यहाँ इतनी रात में कौन उसके लिए ख़बर लेकर आता?

**प्रकाश :** क्या कह सकते हैं?

**लीला :** अच्छा ही किया जो ऐसे आदमी को घर से भेज दिया। नहीं तो न जाने क्या मुसीबत अपने ऊपर आती! कहता था, पुलिस उसके पीछे लगी हुई है।

**प्रकाश :** हाँ। फिर भी न जाने क्यों मुझे लगता है कि उसे वक़्त से पहले भेजकर हमने अच्छा नहीं किया। अगर वह...?

**दरवाज़े पर दस्तक।**

**लीला :** *(फुसफुसाने के स्वर में)* शायद वह लौट आया है!

**प्रकाश :** *(वैसे ही स्वर में)* ठहरो, मैं दरवाज़ा खोलकर देखता हूँ।

**लीला :** *(उसी स्वर में)* अगर उसे किसी से पता चल गया हो कि हमने उसे ग़लत वक़्त बताकर भेज दिया है, तो...? और हो सकता है, पुलिस उसके पीछे आ रही हो!

**दरवाज़े पर फिर दस्तक।**

: (आप दरवाज़ा मत खोलिए!)

**प्रकाश :** हो सकता है, उसकी कोई चीज़ रह गई हो!

**लीला :** यह उसे पहले देखना चाहिए था! आख़िर हमारा नींद का वक़्त है। हम सारी रात जागते नहीं रह सकते।

**दरवाज़े पर दस्तक और साथ में आवाज़–'प्रकाश भैया!'**

**प्रकाश :** अरे, यह तो राज है! *(पुकारकर)* राज!

**राज :** *(बाहर से)* हाँ, भैया! मैं हूँ। दरवाज़ा खोलिए। ज़रा जल्दी कीजिए।

**प्रकाश :** अभी खोल रहा हूँ।

**दरवाज़ा खुलने और बन्द होने का शब्द**

**लीला :** आज तुमने हद कर दी, राज! इतनी वर्षा में इस वक़्त घर आ रहे हो?

**प्रकाश :** पहले उसकी सूरत तो देखो। ऐसे लगता है, जैसे मीलों से भागकर आ रहा हो!...अरे, यह तुम्हारी कमीज़ इस तरह लाल क्यों हो रही है?

**राज :** कमीज़ में शायद कुछ लहू के दाग़ लग गए हैं...! मैं सिर्फ़ आपको पता देने के लिए ही आया हूँ। मैं आज फ़रार हो रहा हूँ। पुलिस मेरे पीछे लगी हुई है!

**प्रकाश :** क्या? पुलिस तुम्हारे पीछे लगी है? क्यों?

**लीला :** और...ये लहू के दाग़! राज, बात क्या है?

**प्रकाश :** बताओ तो सही!

**राज :** भैया, बताने में बहुत वक़्त लगेगा। सुबह होने से पहले-पहले हम लोगों को यहाँ से काफ़ी दूर पहुँच जाना चाहिए!

**प्रकाश :** तुम लोगों को? इसका मतलब है कि तुम्हारे साथ और लोग भी हैं? तुम ठीक-ठीक क्यों नहीं बताते? तुम कहाँ जा रहे हो? क्यों जा रहे हो? वह आदमी कौन है, जिसे तुम यहाँ छोड़ गए थे? पुलिस तुम्हारे पीछे क्यों लगी हुई है?

**राज :** भैया, मैं पुलिस की नज़र में उन बाग़ियों में से हूँ जो आठ अगस्त से राज्य की शान्ति में ख़लल डालने की कोशिश कर रहे हैं, जो डाकख़ाने जला देते हैं, टेलीफ़ोन की तारें काट देते हैं और अंग्रेज़ी हुकूमत से 'भारत छोड़कर चले जाओ' की माँग करते हैं। वे हमें सन् बयालीस के बाग़ी कहकर जेल में ठूँसना और फाँसी पर लटका देना चाहते हैं। मैं उन्हें चकमा देकर निकल जाने की कोशिश में हूँ।

**प्रकाश :** और, वह आदमी भी तुम्हारे साथ है, जिसे तुम यहाँ छोड़ गए थे?

**राज :** इस वक़्त उसे मेरे साथ जाना है, वैसे वह हमारे साथ नहीं है। वह मुझे पहली बार आज ही मिला है।

**प्रकाश :** पहली बार आज ही मिला है? कहाँ?

**राज :** आज शाम की बात है, भैया। हमारे कुछ साथी डाकख़ाने से बहुत-सा सामान क़ब्ज़े में करके ले आए थे। वह सामान एक जगह पहुँचाने का काम मुझे सौंपा गया था। मैं वह सामान एक थैले में लिए हुए गलियों में से होता हुआ जा रहा था। गलियों में मुझे कुछ पोस्टर भी चिपकाने थे। एक गली में मैं पोस्टर चिपका रहा था, जब गली के बाहर मुझे गोली चलने की आवाज़ सुनाई दी–

**गोली चलने का शब्द।**

: एक आदमी गली में दौड़ता हुआ मेरी तरफ़ आया।

**किसी के दौड़कर आने का शब्द।**

: मैं एक घर की अँधेरी ड्योढ़ी में छिप गया। वह भी भागकर उसी ड्योढ़ी में आ गया। मैंने देखा कि वह कुछ ज़ख़्मी हो गया है। मैंने उससे पूछा–

**राज और महेन्द्र की बातचीत।**

**राज** : तुम्हें गोली लगी है?

**महेन्द्र** : नहीं। एक गोली मेरी बाँह को ज़रा-सा छील गई है। ख़ास ज़ख़्म नहीं है।

**राज** : तुम्हारा नाम क्या है?

**महेन्द्र** : महेन्द्र! क्यों?

**राज** : कुछ नहीं, वैसे ही पूछ रहा हूँ। क्योंकि तुम भी हमारे साथी हो।

**महेन्द्र** : मैं कह नहीं सकता कि मैं तुम्हारा साथी हूँ या नहीं। तुम इस गली में क्या कर रहे थे?

**राज** : कुछ पोस्टर चिपका रहा था।...और तुम?

**महेन्द्र** : मैं? मैं एक सरकारी इमारत के दरवाज़े से सटकर खड़ा था।

**राज** : सरकारी इमारत से सटकर खड़े थे? किसलिए? *(धीरे स्वर में)* उसे उड़ाने के इरादे से?

**महेन्द्र** : नहीं।...कुछ लोग उसे आग लगाना चाहते थे। मैं उन्हें रोकने की कोशिश कर रहा था।

**राज** : रोकने की कोशिश कर रहे थे? तो तुम...?

**महेन्द्र** : क्या कहना चाहते थे? तो मैं देशद्रोही हूँ?

**राज** : देशद्रोही नहीं...।

**महेन्द्र** : उससे भी बढ़कर हूँ। पर दोस्त, हमारा देश इस देश से बाहर तो कहीं नहीं है। हम जिन्हें जलाते-फूँकते और लूटते हैं, वे सब अपने देश के ही तो भाग हैं। यदि कोई हमारे शरीर को जकड़ ले तो क्या उसे दूर करने का यह उपाय है कि हम अपने शरीर को ही नष्ट करने लगें?

**राज** : मैं इस समय तर्क में नहीं पड़ना चाहता हूँ। मैं जानता हूँ कि विदेशियों को इस समय देश से निकालने का यही एक रास्ता है। जो इस रास्ते पर नहीं चलना चाहता, वह बुज़दिल है।

**महेन्द्र** : ख़ैर, यह वक़्त इन बातों का नहीं। पुलिस का दस्ता गली में आ रहा है।

**ज़रा दूर मार्च करते हुए क़दमों की आवाज़।**

**राज** : और घर की सीढ़ियों से भी शायद कोई नीचे आ रहा है। हम यहाँ छिपे नहीं रह सकते।

**सीढ़ियों से उतरते हुए कुछ क़दमों की आवाज़।**

**महेन्द्र** : तुम्हारे थैले में क्या-क्या है?

**राज** : कुछ करेंसी नोट हैं, कुछ औज़ार हैं और कुछ पोस्टर...।

**महेन्द्र :** यह थैला मुझे दो, मैं बाहर निकलकर गली में भागता हूँ। पुलिस मेरा पीछा करेगी, तुम चुपचाप बाहर निकलकर खड़े हो जाओ, ऐसे जैसे इस गली के ही रहनेवाले हो। तुम पर उन लोगों को सन्देह नहीं होगा। लाओ, जल्दी करो।

**राज :** नहीं। तुम मेरी वजह से क्यों अपनी जान ख़तरे में डालोगे? और फिर तुम ज़ख़्मी भी हो।

**महेन्द्र :** मैं ज़ख़्मी हूँ, इसलिए मैं यहाँ खड़ा रहूँ? खड़ा रहा तो ज़रूर पकड़ लिया जाऊँगा, मेरा भागना ज़रूरी है!

**मार्च करते हुए क़दमों की आवाज़ और सीढ़ियों से उतरते हुए क़दमों की आवाज़ पास आती है।**

जल्दी करो। क्यों दोनों ही पकड़े जाएँ? इत्मीनान रखो कि अगर मैं बच गया तो मैं यह सामान तुम्हारे घर पर पहुँचा दूँगा। तुम्हारा घर कहाँ है?

**राज :** मेरा घर तो नई बस्ती में है। एक सौ सत्रह नम्बर का मकान। अगर बच गए तो वहाँ कभी ज़रूर आना। मगर इस वक़्त यह थैला मैं तुम्हें नहीं दूँगा।

**महेन्द्र :** पागलपन मत करो। लाओ, छोड़ो...!

**थैला छीनकर भागने का शब्द। थैले के औज़ारों के खनखनाने का शब्द। कई क़दमों के दौड़ने की आवाज़। पुलिस की सीटी और गोली चलने का शब्द। एक व्यक्ति के चीख़ने की आवाज़। ज़ोर-ज़ोर से दरवाज़े बन्द होने का शब्द। एक व्यक्ति का धीरे-धीरे कराहना। फिर अकेले व्यक्ति के रुक-रुककर दबे क़दमों से भागते हुए चलने की आवाज़।**

**राज :** और मुझ पर किसी ने सन्देह नहीं किया। महेन्द्र भी पुलिस की गोली चलने से पहले गली से निकल गया था। गोली लगने से जो एक व्यक्ति मारा गया, वह मासूम यूँ ही घबराकर भाग खड़ा हुआ था। मैं घर आ गया। मुझे आशा थी कि महेन्द्र पुलिस के हाथों से बच गया होगा तो वह ज़रूर मेरे पास आएगा। और अँधेरा होने पर वह सचमुच आ गया। वह सिर्फ़ यह कहने आया था कि मेरा सामान सही-सलामत है, पर मुझे वह सामान अपने घर में नहीं रखना चाहिए। उसका ख़्याल था कि वे सब चीज़ें दफ़ना दी जानी चाहिए और यह काम भी वह ख़ुद ही कर देना

चाहता था। पुलिस उस वक़्त उसके पीछे थी, इसलिए मैंने ज़ोर देकर उसे मना लिया कि वह रात-भर के लिए यहाँ रह जाए, मैं रात को बाहर रहकर देखूँगा कि वह किस रास्ते से पुलिस की नज़र बचाकर जा सकता है। मेरा ख़याल था कि सुबह से पहले-पहले मैं उसे किसी-न-किसी रास्ते से ज़रूर निकाल सकूँगा। मगर बाहर जाकर मैं ख़ुद पुलिस के चक्कर में फँस गया। एक सिपाही ने शायद मुझे तारें-वारें काटते देखा था। उसने मुझे शिनाख़्त के लिए रोकना चाहा तो मैं भाग खड़ा हुआ। उसके बाद मैं आधी रात तक बाग़ में झाड़ियों के पीछे छिपा रहा। बाग़ की दीवार फाँदते समय मुझे कुछ चोटें भी आ गईं। अब मैं इधर रास्ता देखकर आ रहा हूँ। धोबी मुहल्ले से बाग़ की तरफ़ जानेवाली सड़क पर पुलिस का कोई दस्ता नहीं है। हम दोनों उस रास्ते से बचकर जा सकते हैं। आप मेरी फ़िक्र नहीं कीजिएगा। मैं महेन्द्र के साथ सुरक्षित रहूँगा। हमें देर नहीं करनी चाहिए।

**लीला :** मगर...।

**राज :** मगर कुछ नहीं, भाभी! मैं जानता हूँ कि मेरे इस तरह घर से चले जाने से आपको चिन्ता होगी, मगर और कोई चारा भी तो नहीं है। यदि पुलिस यहाँ तहक़ीकात के लिए आए तो कह दीजिएगा कि राज आवारा लड़का है, हमें उसका कुछ पता नहीं कि वह कहाँ है।

**प्रकाश :** नहीं, राज! तुम्हें यहाँ से जाने की ज़रूरत नहीं। तुम घर में ही रहो। पुलिस ने तहक़ीक़ात की तो मैं उसे सँभाल लूँगा। जैसे भी होगा, मैं मामला यहीं पर रुकवा दूँगा। तुम आगे के लिए ख़बरदार रहना और ऐसे काम में...।

**राज :** मैंने कोई बुरा काम नहीं किया, प्रकाश भैया! और फिर मेरा अकेले का तो सवाल नहीं, साथ महेन्द्र भी है—हालाँकि उसका अपराध इतना है कि उसने सरकारी इमारत को बचाने की कोशिश की थी।

**प्रकाश :** तुम दूसरे की चिन्ता क्यों करते हो? हर आदमी की तक़दीर उसके साथ है।

**राज :** तक़दीर इतनी छोटी चीज़ नहीं है, भैया! तक़दीर अगर है तो वह हम सबकी एक ही है, मगर बातों-बातों में देर हुई जा रही है। मैं जाकर महेन्द्र को जगा आऊँ।

**लीला** : ठहरो, राज! वह उधर नहीं है।

**राज** : उधर नहीं है? तो कहाँ गया है?

**प्रकाश** : *(कुछ मुरझाए हुए स्वर में)* वह चला गया है।

**राज** : चला गया है! कहाँ चला गया है? मैं उससे कहकर गया था कि वह चार-साढ़े चार तक मेरा इन्तज़ार करे। अभी तो मुश्किल से दो बजे होंगे। वह कुछ कहकर नहीं गया कि क्यों वह जल्दी जा रहा है?

**लीला** : *(अटकती हुई)* शायद...उसकी नींद जल्दी खुल गई थी...इसीलिए वह...जल्दी तैयार होकर चला गया।

**राज** : यह कैसे हो सकता है कि जल्दी नींद खुल जाने से ही वह जल्दी चला जाए? अभी ठीक वक़्त क्या है...घड़ी कहाँ है?

**लीला** : घड़ी? घड़ी...वह तो मैंने उतारकर रख दी है। आज बिगड़ गई थी।

**राज** : मेरे जाने तक तो ठीक चल रही थी। और फिर नीचे उतारकर क्यों रख दी? बिगड़ गई थी तो...अरे, कहीं आपने उसे जल्दी भेजने के लिए ही तो ऐसा नहीं किया।

**ख़ामोशी**

: आप चुप क्यों हैं? तो सचमुच यही वजह है? आपने यह सोचकर कि मैं किसी चोर-डाकू को घर में घुसा गया हूँ, उसे ग़लत वक़्त बताकर यहाँ से भेज दिया है? ओह, उस शख़्स को, जिसने अपनी जान ख़तरे में डालकर मुझे बचाया था।

**प्रकाश** : मगर राज, तुमने हमें उसके बारे में कुछ भी तो नहीं बताया था। तुमने तो कहा था कि वह गाँव से आया है और...।

**राज** : पर जो कुछ मैंने बताया था, आपने उस पर भी तो एतबार नहीं किया। अगर मैं कहता कि मैं उसे पुलिस की नज़र से बचाने के लिए यहाँ रख रहा हूँ तो शायद आप उसे एक क्षण के लिए भी यहाँ न ठहरने देते। अब मुझे इजाज़त दीजिए। मुझे इसी वक़्त जाकर देखना होगा कि वह किस तरफ़ गया है। अगर वह पुलिस के हाथ में पड़ गया है तो...।

**प्रकाश** : तो?

**राज** : तो मैं भी अपना फ़र्ज़ पूरा करूँगा।

**प्रकाश** : ठहरो, राज...!

**राज** : माफ़ कीजिए, भैया! मैं अब और नहीं ठहर सकता। दरवाज़ा बन्द कर लीजिए।

**दरवाज़ा खोलकर जाने का शब्द, साथ ही वर्षा की आवाज़।**

**प्रकाश :** *(पुकारते हुए)* सुनो, राज!...तुम धोबी मुहल्ले वाले रास्ते से जा रहे हो?

**राज :** *(दूर से)* नहीं, भैया! अब मैं दूसरे रास्ते से जा रहा हूँ!

**बादल ज़ोर से गरजते हैं और यह गर्जन कई क्षण सुनाई देकर धीरे-धीरे विलीन हो जाती है।**

## कँवारी धरती

**गम्भीर उदासी व्यक्त करनेवाला संगीत।**

**रामचरण** : रजनी की माँ!...ओ रजनी की माँ!

**सुभागी** : आई!

**रामचरण** : *(क्षण-भर रुककर)* अब आओगी भी? तुम्हारे लिए इतना अच्छा समाचार लेकर आया हूँ और तुम हो कि 'आई' कहकर वहीं बैठी हो।

**सुभागी** : *(आती हुई)* देखो, आटा गूँथ रही थी, हाथ अभी आटे में सने हैं। कभी ज़रा तो सब्र कर लिया करो। उधर तुम्हारी लाड़ली...।

**रामचरण** : आज उस लाड़ली की चिन्ता तुम्हारे सिर से बिलकुल उतर गई, लाड़ली की माँ!...जाने तुम्हारे माँ-बाप ने क्या सोचकर तुम्हारा नाम सुभागी रखा था? हर बात में तुम्हारा भाग फल जाता है। पति मिला तो वह...! *(आत्मश्लाघा के रूप में थोड़ा खाँसता है।)* बेटी मिली तो वह...! और अब बेटी के लिए वर-घर मिला तो वह...! सचमुच परमात्मा को रिश्वत देकर पैदा हुई हो।...मैं उन लोगों से बात पक्की कर आया हूँ। लड़की उन्हें बेहद पसन्द आई है।...और हज़ार में से एक लड़की है, पसन्द क्योंकर न आती?...ये अगहन का ब्याह माँगते हैं। मैंने कहा कि लड़की की माँ से बात-भर कर लेने दीजिए, हम अगहन का ब्याह दे देंगे। क्यों, ठीक है न? जब करना ही है ब्याह तो माघ का क्या और अगहन का क्या?... यूँ चुपचाप मेरा मुँह क्या देख रही हो?

**सुभागी** : जिसका ब्याह पक्का कर आए हो, पहले जाकर उससे तो पूछ लो। मैं तो कहती हूँ कि तुम अगहन छोड़कर भादों का ब्याह दे दो, पर जिसका ब्याह होगा वह कमरा बन्द करके अन्दर पड़ी है। साँझ हो गई, पर रानी ने अभी तक दोपहर का खाना नहीं खाया। जब से उन लोगों के साथ घर से गए हो, तब से ही यह खाट पर औंधे मुँह पड़ी है। बुलाती हूँ तो बात नहीं करती।

**रामचरण :** अरे, बच्ची है, संकोच करती होगी। देखो, मैं अभी खिलाता हूँ उसे खाना।...रजनी! *(दरवाज़ा खटखटाकर)* रजनी बेटा, ज़रा दरवाज़ा तो खोलना। *(फिर दरवाज़ा खटखटाकर)* रजनी!... शायद सो न गई हो? *(फिर दरवाज़ा खटखटाकर)* रज्जो! बेटा, उठकर ज़रा दरवाज़ा तो खोल।

**चटखनी और किवाड़ खुलने का शब्द।**

: अरे, ऐसे अँधेरे कमरे में दरवाज़ा बन्द करके पड़ी है! चल ऊपर, छत पर चलकर बैठ। पुराने ज़माने में गँवार, अनपढ़ लड़कियाँ ब्याह का नाम सुनकर इस तरह किया करती थीं, तू तो पढ़ी-लिखी होकर भी उनको मात कर रही है। *(क्षण-भर रुककर)* ये इतने कपड़े क्यों इधर-उधर फैला रखे हैं? *(ज़रा विनोदपूर्ण स्वर में)* अच्छा, अच्छा, यह देख रही थी कि कौन-कौन कपड़े उस घर में ले जाने लायक़ हैं, हाँ? अरी, उसके लिए तो तेरी माँ के सन्दूक भरे पड़े हैं। और...।

**रजनी :** पिताजी, मेरे माथे में बहुत दर्द है। मुझे कुछ देर सो लेने दीजिए। आप ऊपर चलकर बैठिए। थोड़ी देर में मैं भी आपके पास आ जाऊँगी।

**रामचरण :** माथे में दर्द है तो, बेटी, मैं तेरा माथा दबा देता हूँ।

**रजनी :** नहीं पिताजी, आप ऊपर चलिए। मैं अभी...मैं अभी आ जाऊँगी।

**आवाज़ रुआँसी हो जाती है।**

**रामचरण :** क्या बात है, रज्जो?...तू रो रही है! न बेटे, रोने की क्या बात है? तुझे यह रिश्ता पसन्द नहीं है तो न सही। मैं उन लोगों को कल ही मना कर दूँगा।...आँखें पोंछ ले, बेटा! मुझे तूने ऐसा बाप समझ रखा है जो अपनी बेटी की मर्जी देखे बिना उसका ब्याह कर देगा? मैं सवेरे ही जाकर उनसे कह आऊँगा। रज्जो की माँ, जा, इसके लिए थोड़ा दूध गिलास में डाल ला।...तू आ बेटी, यहाँ मेरे पास बैठ, बाहर।

**क्षण-भर का व्यवधान।**

**रामचरण :** रज्जो!

**रजनी :** पिताजी!

**रामचरण :** तू जानती है, रज्जो, कि मेरे घर में लड़का-लड़की जो कुछ भी है तू ही है और मैंने सदा तुझे लड़कों की तरह ही माना है।

**रजनी** : हाँ, पिताजी!

**रामचरण** : इसलिए तेरे दिल में जो भी बात हो, बेटी, वह तू मुझसे खुलकर कह सकती है। तुझे यह रिश्ता पसन्द नहीं है न?

**रजनी** : *(रुआँसे स्वर में)* पिताजी, मेरी यह एक प्रार्थना मान लीजिए। इस विषय में मुझसे कोई...कोई बात मत कीजिए।

**रामचरण** : देखो बेटी, हम उस ज़माने के लोग हैं नहीं, जब इस विषय को लेकर बाप-बेटी में कोई बात नहीं होती थी। तुम्हारी इस सम्बन्ध में कोई अपनी रुचि हो तो...तो तुम बिना संकोच के मुझे बता दो। तुम जहाँ कहोगी, मैं वहीं पर...।

**रजनी** : पिताजी, मैंने अभी आपसे कहा है कि इस एक विषय पर आप मुझसे कोई बात न करें।...मुझसे कोई बात नहीं की जाएगी, पिताजी, कोई बात नहीं की जाएगी।

**फफककर रो पड़ती है।**

**रामचरण** : तेरी माँ दूध ले आई है, बेटा! तू पहले दो घूँट दूध पी ले। रोने की इसमें क्या बात है, पगली? कौन-सी ऐसी चीज़ है जिसका हल नहीं है? लोग जात-पात, ऊँच-नीच गिनते होंगे, मैं नहीं गिनता। तेरी ख़ुशी से बड़ी मेरे लिए क्या चीज़ हो सकती है?...तू नहीं जानती, बेटी, कि लोगों से तेरी चर्चा सुन-सुनकर मेरा दिल कितना ऊँचा होता है! तेरे कॉलेज के लोग मिलते हैं तो वे तेरी तारीफ़ें करते नहीं थकते। सोशल सर्विस कैम्प की इंचार्ज मिली थी तो वह कहती थी कि सारी बी.टी. क्लास में रजनी की तरह तन-मन से काम करनेवाली कोई लड़की नहीं थी।

**रजनी** : वह रजनी 'थी', पिताजी! वह आपकी बेटी, समझ लीजिए, मर गई। जो रजनी आज 'है', वह आपकी बेटी नहीं है। उसका नाम लेकर कोई आपके सामने उसकी तारीफ़ नहीं करेगा। उसका नाम लेकर लोग हँसेंगे, फब्तियाँ कसेंगे और वह आपकी बेटी है, यह सुनकर आपका सिर झुक जाया करेगा।

**रामचरण** : तुझे हुआ क्या है, रजनी? किस तरह की बातें कर रही है?

**रजनी** : मैं जानती थी कि किसी-न-किसी दिन यह सब आपसे कहना होगा। लेकिन कहने के लिए ज़बान मेरे पास नहीं है, पिताजी! यह सब मुझसे नहीं कहा जाएगा।...अच्छा होगा आप किसी और के मुँह से सुनें...।

**रामचरण** : रज्जो, रज्जो, क्यों नहीं साफ़-साफ़ बात मुझसे कहती है? मेरी सीधी-सी बच्ची आज पहेलियाँ क्यों बुझा रही है?

**रजनी** : आप जिसे सीधी-सी बच्ची समझते हैं, वह सीधी-सी नहीं है, पिताजी! आप उसे जान लेंगे तो शायद उसके गले में फाँसी लगा देना चाहेंगे। वह सीधी-सी बच्ची...बहुत जल्द...बहुत जल्द...वह सीधी-सी बच्ची एक बच्चे की माँ...!

**बैंग और दूध के गिलास के गिरने का शब्द। रजनी की सिसकियाँ।**

**रामचरण** : *(जैसे आसमान से गिरकर)* रज्जो!

**सुभागी** : हाय, मैं मर गई रे!...मुझे यहाँ से उठा ले रे, मेरे राम!

**रजनी फफक-फफककर रोती रहती है।**

: हाय री, इस दिन के लिए तुझे बड़ा किया था मैंने, मुँहजली? तूने माँ-बाप का मुर्दा ख़राब कर दिया, तेरा कुछ न रहे...!

**रामचरण** : *(क्रोध से)* चुप रहो, रज्जो की माँ! और चुप नहीं रह सकती तो यहाँ से चली जाओ!

**सुभागी** : मैं तो इस दुनिया से ही चली जाऊँगी, हाय मेरे रामा! यह दिन देखने के लिए ही मुझे जीता रख छोड़ा था, रामजी!

**रामचरण** : रजनी की माँ, मैं कह रहा हूँ कि तुम यहाँ से चली जाओ, नहीं तो मेरे हाथ आज कुछ कर बैठेंगे। तुम माँ हो या डाइन, जो बेटी की जान की दुश्मन हो रही हो? जाओ उधर जाकर रोटी बनाओ।

**सुभागी** : रोटी बनाऊँ? आज भी मुझसे रोटी बनवाओगे? सचमुच मेरा डाइन का पेट है न?

**रामचरण** : बैठना है तो यहाँ चुप से बैठो। यह बकझक मैं नहीं सुनना चाहता।...रज्जो, तूने बात कह दी है, बेटा! मैंने बात सुन ली है। अब अपनी हिचकियाँ सँभाल ले, बेटा, और आँसू पोंछ ले। मुझे पूरी बात बता। यह कोई ऐसी अनहोनी बात नहीं है जो सिर्फ़ तेरे साथ ही हुई हो। वह आदमी कौन है?...मैं जैसे भी होगा उसके साथ तेरा...।

**रजनी** : वह आदमी कोई भी नहीं है, पिताजी! कभी मैं उस आदमी को जानती थी। मगर आज...आज मैं उसे नहीं जानती।...आज उस आदमी को मैं बिलकुल नहीं जानती। बरस-भर पहले मैंने उस आदमी को पहली बार देखा था!...*(जैसे स्वगत)* मैं कॉलेज की तरफ़ से बैडमिंटन टूर्नामेंट में खेलने के लिए गई थी। वह भी उस

टूर्नामेंट में खेलने के लिए आया था। एक सिंगल्ज़ का मैच हम दोनों ने आमने-सामने खेला था। वह बहुत चुस्त खिलाड़ी था। हम दोनों के पॉइंट लगभग बराबर ही चल रहे थे...!

**शटल कॉक के रैकेट्स से टकराने की आवाज़। एक शॉट। कई आवाज़ें : 'गुड शॉट?'**

**रेफ़री की आवाज़ :** सर्विस चेंज! थर्टीन गेम पॉइंट!

**फिर शटल कॉक के रैकेट्स से टकराने की आवाज़।**

**रेफ़री :** वैल प्लेस्ड, रजनी! गेम पॉइंट थर्टीन!

**फिर कई क्षण शटल कॉक के रैकेट्स से टकराने की आवाज़। फिर कई आवाज़ें : "ओ, वैल डन!", "वैल शॉट, रजनी!", "गुड वन!" फिर सम्मिलित आवाज़ें : "थ्री चियर्ज़ फ़ॉर रजनी शर्मा—हिप-हिप हुर्रे! हिप-हिप हुर्रे!"**

**विजय :** मेरी भी मुबारकबाद लीजिए, मिस शर्मा! आप बहुत अच्छा खेलती हैं। आपसे हारकर भी सचमुच लुत्फ़ आ गया।

**रजनी :** नहीं जी, यह तो चांस की बात है जो मैं जीत गई। नहीं, आप मुझसे अच्छा खेलते हैं।

**विजय :** *(अर्थपूर्ण स्वर में)* नहीं, चांस की बात तो न कहिए। मुझे तो पहली सर्विस के वक़्त से ही विश्वास हो गया था कि आप जीतेंगी। ख़ैर, ख़ूब रहा आज का मैच! कभी-कभी इंसान को हारकर भी दिली खुशी होती है। आइए, अगले मैच तक एक-एक प्याली चाय पी ली जाए।

**रजनी :** देखिए, पता नहीं कब डबल्ज़ की बारी आ जाए...?

**विजय :** अजी, चिन्ता मत कीजिए। अभी तीन सिंगल्ज़ के मैच बीच में हैं। और कैंटीन, वह सामने ही तो है। तीस जमा तीस सैकेंड में यहाँ पहुँच सकते हैं। प्लीज़ डू कम। तकल्लुफ़ मत कीजिए।

**रजनी :** नहीं, तकल्लुफ़ नहीं! अच्छा, चलिए।

**कुछ क्षणों का व्यवधान। प्यालियों में चाय उँड़ेलने का शब्द।**

**विजय :** ख़ूब अच्छी चाय बनाई आपने। चाय की ऐसी अच्छी प्याली कभी भाग्य से ही मिलती है!

**रजनी :** चीनी कम तो नहीं?

**विजय :** दूध, चीनी और चाय तीनों का इतना सुन्दर अनुपात है कि क्या कहूँ! सच कहते हैं कि चाय में चीज़ों का टेस्ट नहीं होता, टेस्ट उन हाथों से आ जाता है जो इन चीज़ों को एक जगह मिलाते हैं।

**रजनी :** यह लीजिए, आप सैंडविच तो खा नहीं रहे।

**विजय :** क्या ख़ूब! आपके सैंडविच उठाकर देने में भी कलात्मकता है। क्षमा कीजिएगा मिस शर्मा, मैं बहुत देर से आपकी उँगलियों को देख रहा हूँ। उन उँगलियों की हर मूवमेंट में ख़ास तरह की लोच है। मुझे लगता है कि आप या तो चित्र बनाती हैं, या नृत्य सीखती हैं। नहीं तो इतनी ग्रेस उँगलियों में नहीं आ सकती। यूँ भी पतली-पतली और लम्बी-लम्बी उँगलियाँ हैं, बिलकुल स्वीटपीज़ की तरह...।

**रजनी :** जी, मैं तो न चित्र बनाती हूँ और न नृत्य सीखती हूँ परन्तु, मुझे लगता है कि आप ज़रूर कविता करते हैं।...उँगलियाँ और स्वीटपीज़!...क्या कल्पना है!

**विजय :** आप इसे कविता कह सकती हैं, मिस शर्मा! पर मेरे लिए यह कविता नहीं है। मेरे लिए यह यथार्थ है। *(चाय के घूँट भरकर)* और सच पूछिए तो कविता ही मेरे जीवन का यथार्थ है। मैं हज़ार चाहकर भी अपने को कविता से अलग नहीं कर सकता।

**रजनी :** तो मेरा अनुमान सही था न कि आप कविता करते हैं। चाय पीते-पीते अपनी एकाध चीज़ सुना दीजिए।

**विजय :** चाय पीते-पीते? यह आपने अच्छी कही! यद्यपि आजकल कविता का स्तर यही हो गया है, फिर भी मैं नहीं समझता कि आप सीरियसली यह बात कह रही हैं...कभी आप समय निकालें तो ज़रूर मैं आपको कुछ चीज़ें सुनाऊँगा। यहाँ का वातावरण आप देख रही हैं, कैसा है!

**रजनी :** तो कल सुनाइएगा?

**विजय :** जिस दिन भी आप चाहें। मैं तो आप समझिए कि एम.ए. बस नाम के लिए ही कर रहा हूँ। बड़े भाई चाहते हैं कि किसी तरह पढ़- लिखकर अपना ख़र्च आप चलाने लगूँ। प्रीवियस में सैकेंड क्लास आ भी गई थी, पर मेरी पढ़ाई में रुचि नहीं है। अगर असुविधा न हो तो आप आइए किसी दिन। नई बस्ती में मैं बीच की सड़क पर रहता हूँ। दो सौ सोलह नम्बर है। विजयदेव किसी से भी पूछ लीजिएगा। आइएगा न!

**रजनी** : कह नहीं सकती। यूँ तो आना असम्भव ही है। पर कोई साथिन मिल गई तो शायद किसी दिन आऊँ।

**हलका-सा व्यवधान और अवसादमय सितार का स्वर।**

: पहली बार मैं सन्तोष के साथ उसके यहाँ गई थी। यह हमें वहाँ जाकर पता चला कि वह घर में अकेला ही रहता है। उसने हमें कई कविताएँ सुनाईं–

**विजय** : एक चित्र है :

घर अभी है दूर, चलता जा रहा हूँ–
सोचता हूँ कब कहाँ पर जा ज़रा विश्राम होगा?
कब कहाँ पर जा भला यह अन्त लम्बा याम होगा?
कब भला पग-चाप-रव
कब भला पग-चाप-रव मेरी बना पहचान होगा?
कब रुकेंगे पैर, स्मित से मौन कब आह्वान होगा?
डगमगाता हूँ, सँभलता जा रहा हूँ!
घर अभी है दूर, चलता जा रहा हूँ।

**रजनी** : भई, आप तो सचमुच बहुत अच्छी कविता लिखते हैं।

**सन्तोष** : बड़ा प्रवाह है आपकी कविता में।

**विजय** : आगे है–

शून्य के आवरण में मैं खो गया दिग्भ्रान्त होकर।
अन्त घर से दूर हो यदि, आज मरु में प्राण खोकर...
कौन साथी?
कौन साथी, क्या सहारा, देर कितनी प्राण रुकते?
सोच यह, निःशब्द रजनी में जिधर को पैर उठते,
बस उधर को ही निकलता जा रहा हूँ!
घर अभी है दूर, चलता जा रहा हूँ।

**सन्तोष** : बहुत ख़ूब! बहुत अच्छी चीज़ दी है आपने।

**विजय** : एक और भाव है–

जब तुमने शृंगार किया–
उठी गुदगुदी-सी अन्तर में, ज्यों वसन्त में सुरभित धूल!
गौर बदन पर काली पलकें, वहाँ सजे सतरंगे फूल!
ज्यों पूनम पर सावन घन ने इन्द्रधनुष हो वार दिया!
जब तुमने शृंगार किया–
छवि छाई उर में धड़कन बन ज्यों यौवन की पहली भूल!

लाल होंठ, फिर गाल गुलाबी, कानों में केसरिया फूल!
तब रवि ने सन्ध्या, सन्ध्या ने कुमुद युगल से प्यार किया,
जब तुमने शृंगार किया–

**'बहुत, अच्छे!', 'बहुत अच्छा भाव है!' आदि प्रशंसा-वाक्यों के साथ फ़ेड-आउट।**

**क्षण-भर का व्यवधान और सितार का अवसादमय स्वर।**

**रजनी** : मैं नहीं जानती कि किस चीज़ ने मुझे उसकी ओर विशेष रूप से आकृष्ट किया–उसकी कविता ने, उसके स्वर ने, उसके शब्दों ने या उसके कोमल व्यवहार ने। मैं बहुत बार अनायास ही उसके यहाँ चली जाती। वह अपनी कविताएँ सुनाता और मैं उसकी ओर देखती रहती। जब वह कविता पढ़ता था तो उसके चेहरे पर बच्चों का-सा भोलापन छा जाता था। मुझे लगता था कि उस चेहरे की हर भाव-भंगिमा मुझ पर छाई जा रही है। मैं उसकी ओर देखती रहती थी, वह कविता सुनाना छोड़कर मुझसे बातें करने लगता था। उसकी बातों का आकर्षण उसके चेहरे के आकर्षण को कई गुना बढ़ा देता था। एक बार जब वह बीमार हुआ तो मैं रोज़ कुछ देर के लिए कॉलेज से उसके यहाँ चली जाती थी। वह मेरे हाथ से ही दवाई लेता और तब उसकी बातों का सिलसिला समाप्त ही नहीं होता...।

**विजय** : *(ज़रा-सा खाँसकर)* कई-कई बार यह अकेलापन मुझे निगलने को आता है, रजनी! मुझे लगता है कि मैं वीराने में भटकती हुई एक छाया हूँ जिसे कभी कहीं विश्राम नहीं मिलेगा। मैं अपने चारों ओर देखता हूँ, सारी सृष्टि भरी-पूरी है। कहीं भी तो रिक्तता नहीं है। पर मेरे अन्तर में एक विराट शून्य है। जब तुम पास होती हो तो थोड़ी देर के लिए वह शून्य भर जाता है। पर तुम्हारे जाते ही घटाएँ घिरने लगती हैं और मुझे अपना ओर-छोर नहीं मिलता। मैं कितनी बार चाहता हूँ कि तुमसे कहूँ कि मेरे इस शून्य को सदा के लिए भर दो। लेकिन मुझसे कहा नहीं जाता। डर लगता है कि तुम मना कर दोगी तो क्या होगा? जितना अभाव आज भरा हुआ है, उससे अधिक की शायद मुझे कामना ही नहीं करनी चाहिए। जिसका जीवन मेरी तरह साधनहीन हो, वह क्या ऐसे भाग्य की आशा कर सकता है?

**हलका-सा अन्तराल और सितार का स्वर।**

**रजनी :** मैंने समझा, मैं जीवन में बहुत बड़ा कुछ कर रही हूँ। उसके अभावों को भरकर जैसे मुझे सार्थकता मिल रही है। मुझे यह बात बहुत चुभती थी कि वह अपने को मेरे योग्य नहीं समझता। मैं अपना सब कुछ देकर उसे समझाना चाहती थी कि मैं उसे अपने से कहीं बड़ा मानती हूँ। वह भर उठता तो मैं जैसे सब कुछ पा लेती। मैंने सोचा था कि उसकी परीक्षा हो जाए तो मैं घर में किसी दिन बात कर लूँगी। मुझे विश्वास था कि किसी ओर से कोई बाधा नहीं होगी। परन्तु, एक दिन मुझे अपनी स्थिति का आभास हुआ तो मेरी आँखों के आगे अँधेरा छा गया। वह सर्दी की छुट्टियों में ऊना अपने गाँव गया था। मैंने बहुत उत्कंठा और घबराहट के साथ उसके आने की प्रतीक्षा की। जिस दिन मुझे पता चला कि वह लौट आया है, मैं कॉलेज का समय पूरा होने से पहले ही उसके घर चली गई। बाहर ही मेरे पैर ठिठक गए। अन्दर रस्सी पर किसी की साड़ी सूख रही थी। मेरा सारा शरीर एक बार काँप गया। मेरे गले से जो आवाज़ निकली, वह मुझे अपनी आवाज़ नहीं लगी। कुछ क्षण बाद दरवाज़ा खुला। मैंने देखा कि एक बहुत दुबली और भोली-सी लड़की बाल बिखेरे खड़ी है। उसने मुझसे क्या कहा, मैं ठीक से नहीं सुन सकी। मैंने बहुत अस्त-व्यस्त शब्दों में उससे विजय के बारे में पूछा।

**हलका-सा अन्तराल और सितार का स्वर।**

**रजनी :** यहाँ पर...यहाँ पर वह विजय बाबू रहते थे न? वे घर पर नहीं हैं!

**लक्ष्मी :** जी नहीं। वे अभी बाज़ार से लौटकर नहीं आए हैं। अभी थोड़ी देर में आ जाएँगे।...हम लोग आज ही गाँव से आए हैं न!...वे घर की चीज़ें लाने के लिए गए हैं। आप अन्दर आकर बैठिए।

**रजनी :** जी नहीं। मुझे...कोई ऐसा काम नहीं है। आप...आप तो पहली बार आई हैं न?

**लक्ष्मी :** जी हाँ। पहली ही बार आई हूँ। इसी बार मेरा गौना हुआ है। ब्याह को तो दो साल हो गए, पर पहले भैया इनकी पढ़ाई की वजह से भेजते नहीं थे। अबकी उन्होंने कहा कि पढ़ाई पूरी हो रही है, तुम चली जाओ।...आप भी उनके साथ कॉलेज में पढ़ती हैं?

**रजनी** : जी नहीं!...नहीं...हाँ, हाँ, मैं कॉलेज में ही पढ़ती हूँ।

**लक्ष्मी** : आप चाहें तो बैठकर इन्तज़ार कर लीजिए या नाम बता जाइए, मैं उनसे आने पर कह दूँगी।

**रजनी** : नहीं, मैं फिर कभी उनसे मिल लूँगी।...उनसे कुछ नोट्स लेने थे। आप नई-नई आई हैं।...अपना घर सैट कर लीजिए।...मैं फिर किसी दिन चक्कर लगा लूँगी। अच्छा, नमस्ते!

**लक्ष्मी** : नमस्ते!

**क्षण-भर का अन्तराल और सितार का अवसादपूर्ण स्वर।**

**रजनी** : मैं बहुत दिन उससे नहीं मिल पाई। कई बार मन होता कि उसके घर चली जाऊँ और उसने मेरे जीवन के साथ जो खिलवाड़ किया है उसका उससे प्रतिशोध लूँ। परन्तु, फिर उस बालिका-सी नवयुवती का भोला-सा चेहरा, उसकी बड़ी-बड़ी कातर आँखें और उसका सहज विश्वासपूर्ण भाव मेरे सामने आ जाता और मुझसे जाए नहीं बनता। लगता कि मेरे विश्वास की हत्या तो हो ही चुकी है, यदि मैंने ऐसा किया तो एक हरिणी की तरह कोमल लड़की के विश्वास की हत्या और होगी। इसी दुविधा में दिन बीत रहे थे कि एक दिन अचानक वह मुझे यूनिवर्सिटी की सड़क पर मिल गया। मुझे देखकर उसने सड़क के दूसरी तरफ़ से निकल जाना चाहा, परन्तु, मैंने उसे आवाज़ देकर रोक लिया—

**रजनी** : विजय बाबू! ठहरिए, मुझे आपसे कुछ बात करनी है।

**विजय** : ओह, आप हैं, मिस शर्मा!...बहुत दिनों में देखा है, मैं तो पहचान ही नहीं पाया।

**रजनी** : हाँ, आपको पहचानने में दिक़्क़त हो सकती है। लेकिन मैंने आपको दूर से ही पहचान लिया था।

**विजय** : कहिए, आप कुशल से तो हैं?

**रजनी** : आप सचमुच जानना चाहते हैं?...एक दिन बताने के लिए आपके घर पर गई थी, पर आप घर पर नहीं थे! आपकी धर्मपत्नी से मिलकर चली आई थी।

**विजय** : *(खिसियाने स्वर में)* ओ! तो भेंट तो हो गई आपकी उनसे?...मैं आपको किसी दिन उनसे मिलाने के लिए बुलाने की ही सोच रहा था। बात यूँ हुई कि इस बार जब मैं घर पर गया तो...।

**रजनी :** मैं बात सारी जान चुकी हूँ, विजय बाबू! आप से तो मैं कह लेती, पर उस भोली लड़की को देखकर अब कुछ कहने का मेरा मुँह नहीं रहा। केवल अब आपसे छुट्टी लेना चाहूँगी। पता नहीं फिर आपसे भेंट हो सके या न हो सके। आप जिससे अपने अभाव भरने की बात किया करते थे, उसे आज अपने अतिरिक्त एक और जीव का भी भार मिल गया है...।

**विजय :** मिस शर्मा!

**रजनी :** इस तरह आँखें फैलाकर क्यों देख रहे हैं, विजय बाबू? रजनी शर्मा आपकी बहुत अच्छी तरह देखी हुई है। क्या आप बता सकते हैं कि उसके जीवन के साथ जो खिलवाड़ हुआ है, उसका वह आपसे क्या मूल्य प्राप्त करे?

**विजय :** मूल्य?...देखिए, आप मेरी स्थिति जानती हैं...मैं बड़ी कठिनाई से...।

**रजनी :** *(आवेशपूर्ण स्वर में)* आप क्या समझते हैं कि मैं आपसे पैसे के रूप में मूल्य माँग रही हूँ?...यह बात आप ही सोच सकते हैं, विजय बाबू!

**विजय :** पहले तो मुझे आपकी बात पर विश्वास नहीं होता। और अगर यह सच भी हो तो जितना मैं अपराधी हूँ, उतनी ही आप भी अपराधिनी हैं। *(गम्भीर होकर)* और मिस शर्मा, इस बात का भी तो कोई प्रमाण नहीं है कि मैं ही आपकी इस स्थिति के लिए उत्तरदायी...।

**रजनी :** *(हिंस्र स्वर में)* चुप रहो! मैं चाहती तो यह सब तुम्हारे सामने आ जाता कि तुम उत्तरदायी हो या नहीं। तुम्हें क्या मूल्य चुकाना पड़ता, यह भी तुम जान जाते। परन्तु, मैं निश्चय कर चुकी हूँ कि तुमसे कुछ नहीं कहूँगी। तुम्हारे लिए नहीं, उस लड़की के लिए...! अब तुम चले जाओ!

**अन्तराल और सितार का करुण स्वर। साथ ही रजनी के सिसकने का शब्द।**

**रामचरण :** बहुत बड़ा संकट है, बेटे! सचमुच बहुत बड़ा संकट है।...ऐसे संकट की स्थिति का सामना करने के लिए उतना बड़ा साहस भी चाहिए। तू साहस रख बेटे, सब कुछ ठीक हो जाएगा। तेरी चिन्ताएँ अपने ऊपर लेने के लिए मैं जो हूँ।...मैं कल ही जाकर डॉक्टर खोसला से बात करूँगा।...डॉक्टर खोसला तो अपने घर

के-से ही आदमी हैं।...उनसे आगे किसी के कानों तक बात नहीं जाएगी।...मैं उनके पाँव पकड़ लूँगा कि जैसे भी हो मेरी बच्ची को इस मुसीबत से छुटकारा दिलाओ।...वह ज़रूर कोई-न-कोई उपाय करके इस सबका निपटारा...।

**रजनी :** नहीं, पिताजी, नहीं। यह सब नहीं होगा।...आप जो कहते हैं, मैं वह बात ध्यान में भी नहीं ला सकती। कभी नहीं, कभी भी नहीं।

**रामचरण :** *(ज़रा कठोर स्वर में)* रजनी! दिमाग़ ख़राब हो रहा है तेरा? तेरे आगे सारी ज़िन्दगी पड़ी है। तुझे अपनी ज़िन्दगी में पढ़ना-लिखना है, अपना घर बनाना है। अभी से तू ज़िन्दगी में घुन लगाकर बैठ जाएगी तो...।

**रजनी :** नहीं, पिताजी, नहीं। पढ़ने-लिखने और घर बनाने का मोह उस जीव के मोह से बड़ा नहीं है। उस जीव के मोह में पड़कर ही मैंने इस स्थिति में अब तक अपने प्राणों की रक्षा की है।

**रामचरण :** रजनी!

**रजनी :** मैं जानती हूँ, पिताजी, आप कितने उदार हैं और आपकी उदारता मेरा कितना हित चाहती है। परन्तु...परन्तु, मैं भी उसका हित चाहती हूँ, पिताजी! उसके लिए अपना दिल छोटा नहीं करना चाहती। परिस्थितियों की क्रूरता उसका अपराध तो नहीं है। वह तो फिर भी मेरे तन-मन का वैसा ही अंश है...।

**रामचरण :** मैं यह सब कुछ समझता हूँ, बेटे!...परन्तु, जीवन का यथार्थ तेरी इस भावुकता की अपेक्षा कहीं बड़ा और कहीं रूखा है। हर समाज की कुछ लकीरें होती हैं, जिनसे वह हटते-हटते ही हटता है। अगर तुम एक ही दिन में उसे उसकी लकीरों से दूर ले जाना चाहो तो वह तुम्हें ठुकरा देता है। तूने अभी ज़िन्दगी देखी नहीं है।...और हर बात में मैंने जो तूने चाहा, वही किया है। पर आज बरसों के बाद मुझे आदेश देकर तुझसे कुछ कराना होगा। रजनी की माँ, इसे ऊपर ले जाओ और आराम से सुला दो। बहुत बातें की हैं इसने, इसलिए थक गई है। मुझे कल जल्दी उठा देना। मैं सुबह-सुबह ही डॉक्टर खोसला के यहाँ इसे ले जाऊँगा...।

**अन्तराल में कुछ देर सस्पेंस का संगीत। बहुत दूर कुत्तों के भौंकने की और पहरेदार की 'जागते रहो' की आवाज़।**

**रजनी :** *(आत्मगत)* नहीं, यह नहीं होगा, कभी नहीं होगा। कहते हैं, किसी भी जीव के लिए माँ बड़ी चीज़ होती है। और मैं उस

सत्य को झुठला दूँगी? कभी नहीं।...मैं इस गहरी रात में घर छोड़कर चली जाऊँगी।...परन्तु कहाँ? कहीं भी तो जा सकती हूँ, जहाँ ऐसी विवशता नहीं होगी।...घर से बिछुड़ने में कितनी पीड़ा होती है? घर की एक-एक चीज़ से कितना अपनापा हो जाता है!...परन्तु, कोई उपाय भी तो नहीं है। घर छोड़ना ही होगा। सुनते हैं, लड़कियाँ ऐसी स्थिति में गंगा की शरण ले लेती हैं!...यह कैसी विडम्बना है? मृत्यु ही तो एकमात्र उपाय नहीं है। नहीं, मैं उस उपाय की शरण नहीं लूँगी। कभी नहीं। यूँ गंगा-तट पर जा सकूँ तो शायद वह जलधारा मेरे अन्तर को और पवित्र कर दे। माँ बहुत रोएँगी।...परन्तु, मेरा भी तो दिल रोता है! पत्र की ये पंक्तियाँ उन्हें और पिताजी को बता देंगी कि मैं जीवित हूँ, जीवित रहूँगी। मेरे कारण से उन्हें जो दुख और ग्लानि होगी उसके लिए वे मुझे क्षमा कर देंगे, अवश्य कर देंगे। विदा दो, मेरी सोई हुई माँ, सोए हुए पिता! अपने चरणों में मेरा नमस्कार स्वीकार करो...।

**दरवाज़े के खुलने और बन्द होने का शब्द। सीढ़ियों पर हलकी-हल्की पैरों की आवाज़। फिर एक दरवाज़े के चिरमिराने का शब्द। कुत्तों के भौंकने और पहरेदार की आवाज़ें पास आ जाती हैं।**

**अन्तराल संगीत।**

**एक गाड़ी के स्टेशन पर आकर रुकने का शब्द और प्लेटफ़ार्म की आवाज़ें : 'पान-बीड़ी सिगरेट!' 'चिया गरेम!' 'पूरी, गरम पूरी!' 'अख़बार पढ़िए, अख़बार!' इत्यादि।**

**फिर बहुत-सी मिली-जुली आवाज़ें :**

**—जय गंगा मैया की!**

**—कहाँ के बासी, बाबूजी, कहाँ के बासी?**

**—भगतजी, जय गंगा मैया की!...भगतजी, कहाँ के बासी?**

**—भगतजी बिस्वेस्वर की धरमशाला में चलोगे?**

**—माईजी, जय गंगा मैया की!**

**फ़ेड-आउट।**

**विलोचन :** अरे त्रिलोचन भाई, कोई जजमान हाथ नहीं लगा?

**त्रिलोचन :** जजमान की भली कही, विलोचन भाई! आज के काल में भगवान चाहे मिल जाएँ, पर जजमान का मिलना बहुत कठिन हो गया है। तीन दिन से त्रिलोचन के तीनों लोचन इसी काम में लगे हैं, पर नहीं।

**विलोचन :** अच्छा तो तू दक्षिण की ओर देख।

**त्रिलोचन :** क्यों?

**विलोचन :** अरे, देख तो सही।

**त्रिलोचन :** यह ले, देख लिया। गाड़ी का इंजन धुआँ छोड़ रहा है।

**विलोचन :** अब दक्षिण से दक्षिण की ओर देख।

**त्रिलोचन :** क्यों?

**विलोचन :** अरे, देख तो सही।

**त्रिलोचन :** देख लिया। मालगाड़ी में लादने की टोकरियाँ पड़ी हैं।

**विलोचन :** और कुछ नहीं है?

**त्रिलोचन :** है। एक बिलाव दूध के कुल्लढ़ में मुँह मार रहा है।

**विलोचन :** और बिलाव से साढ़े तीन हाथ दूर?

**त्रिलोचन :** साढ़े तीन हाथ? दो और एक तीन और आधा साढ़े तीन...ए! वहाँ तो एक लड़की खड़ी है। ब्राह्मण होकर लड़की को देखता है? छिः-छिः!

**विलोचन :** अरे, ब्राह्मण लड़की को लड़की के रूप में नहीं देखता।

**त्रिलोचन :** तो किस रूप में देखता है?

**विलोचन :** भगवान की माया के रूप में।

**त्रिलोचन :** क्या कहा?

**विलोचन :** अरे, कहा कि भगवान की माया के रूप में। अब बता कि यह भगवान की माया है कि नहीं, वह लड़की गाड़ी से उतरकर वहाँ अकेली खड़ी है। उसके साथ माँ-बाप-भाई या पति-परमेसर कोई नहीं है, कोई और पंडा उसके पास नहीं गया है, यहाँ तक कि तेरी भी दृष्टि उस पर नहीं पड़ी। दृष्टि पड़ी तो केवल विलोचन पंडा की। इसलिए विलोचन पंडा उससे बात करने जाता है। नमस्कार!

**त्रिलोचन :** अरे विलोचन भाई, सुन तो सही...।

**विलोचन :** भाई, तुझे नमस्कार कह चुके हैं। नमस्कार के बाद कोई बात नहीं की जाती।

**क्षण-भर का व्यवधान।**

: *(ज़रा-ज़रा खाँसकर)* अ...अ...देखिए बहनजी, धृष्टता क्षमा कीजिए...आप...अ...अ...यहाँ गंगा मैया के दर्शन करने के लिए आई हैं?

**रजनी** : जी, मैं यहाँ कुछ दिन रहने के लिए आई हूँ। किसी धर्मशाला में रहूँगी, या...।

**विलोचन** : अहा-हा-हा! बहुत सुन्दर-सुन्दर धर्मशालाएँ हैं यहाँ पै? बिस्वेस्वरजी की धरमसाला है, तारकेस्वरजी की धरमसाला है, महाबलेस्वरजी की धरमसाला है।...परन्तु, धरमसाला में आप... अ...अ...मेरा मतलब है कि धरमसाला में आप क्या अकेली ही रहेंगी या...?

**रजनी** : जी, मुझे अकेली रहने में डर नहीं लगता। देखूँगी, धर्मशाला में सुविधा न हुई तो किसी छोटे-मोटे होटल में...।

**विलोचन** : शिव शिव शिव! गंगा मैया के तट का वास और होटल में? यूँ आप जिस धरमसाला में कहें, वहाँ आपका प्रबन्ध करा दूँ। पर क्योंकि आप अकेली हैं इसलिए किसी घर-परिवार के साथ रहें तो अधिक अच्छा है। मेरा नाम विलोचन पंडा है। गंगातट पर ही मेरा घर है। आपकी सेवा के लिए मेरी पत्नी है, बहन है। और सब जन जानते हैं कि कितने सस्ते में विलोचन पंडा गोदान, पिंडदान कराता है, कोई पंडा नहीं कराता। घर बैठे नित्यप्रति गंगाजी की आरती देखिए।...सामान बस इतना ही है या और भी है?

**रजनी** : सामान?...सामान कुछ भी नहीं है, बस यही है।

**विलोचन** : *(निराश स्वर में)* हूँ!...अ...और आपके खान-पान का साधन?

**रजनी** : उसकी चिन्ता मत कीजिए। मेरे पास इतना कुछ है कि मैं उससे यहाँ तीन-चार महीने रह सकती हूँ।

**विलोचन** : शुभ बात है। तो पहले धरमसाला ले चलूँ या पहले घर दिखा दूँ...?

**रजनी** : चलिए, पहले घर ही देख लूँ।

**अन्तराल संगीत।**

: गंगा की बहती धारा को देखकर मन-प्राण पुलकित हो उठते हैं। इतना शुभ्र आकाश है! इतना निर्मल पानी है! और दूर-दूर तक इतना कोमल हरियाली का विस्तार है! कभी-कभी मेघ घिरते हैं और आकाश को धूमिल कर देते हैं। मेंह का पानी गंगाजल को गन्दला कर देता है। हरियाली के प्रदेश कीचड़ से भर जाते हैं।

परन्तु, बाद में सब कुछ और निखर जाता है। जीवन में भी कभी बादल घिर आते हैं, मेंह बरसता है, कभी कीचड़ हो जाता है...और उसके बाद? उसके बाद फिर सब कुछ निर्मल हो जाना चाहिए....। धरती तो सदा कुमारी है। उसे मैला करके देखनेवाली आँख ही तो मैली होती है। पर ज्यों-ज्यों दिन पास आते जाते हैं, मन में हलका-हलका भय-सा घिरा जाता है। आस-पास लोगों की दृष्टियों में सन्देह के बीज फूटने लगे हैं। विलोचन पंडा भला आदमी है। पर उतना ही डरपोक भी है। और उसकी पत्नी...।

**सितार के तारों की हलका कम्पन।**

**राधिका** : न भइया, न? हमसे रोज़-रोज़ लोगों की बात नहीं सुनी जाती। कोई कहे कि विलोचन पंडा की सगी बहन है और कहीं से पाप का पेट ले आई है। कोई कहे है कि विलोचन पंडा ऐसा-वैसा रोज़गार करता है। अब हम रात-दिन कथा-कीर्तन में बैठनेवाली, किस-किस का मुँह पकड़ें? किस-किस को जवाब दें? सौ-सौ बात की एक बात, तुमसे जहाँ बने, तुम अपना प्रबन्ध कर लो। हमारे घर में अब तुम्हारा ठिकाना नहीं है। हमें इतनी जगह अपने लिए भी तंग पड़ती है।

**रजनी** : मैं जानती हूँ, राधिका बहन! दो महीने से तुम्हारे पास रह रही हूँ, तुम्हारा उपकार क्या कभी भूल सकती हूँ? पर देखो, जहाँ तुमने इतने दिन मेरे कारण से सब कुछ सहा है वहाँ कुछ दिन और सह लो। मैं एक दिन के लिए भी तुम पर अपना बोझ न डालती, पर देख रही हो कि कहीं इधर-उधर जाने की स्थिति में अब मैं नहीं हूँ...।

**राधिका** : न भइया, न! मेरा छह बच्चों का परिवार है। ऐसी बदनामी से तो पहले ही इनकी पंडा-वृत्ति ख़राब हो रही है। जिसके घर में ऐसा अधरम हो रहा हो, उससे लोग धरम का कारज क्यों कराएँगे?

**रजनी** : तुम मुझे इतनी गिरी हुई क्यों समझती हो, बहन?...मेरी कुछ परिस्थितियाँ हैं, जो मुझे यहाँ ले आई हैं। नहीं तो...।

**राधिका** : ऐसी ही सतवन्ती हो तो क्यों नहीं अपने घरवालों को तीन पैसे का कारड लिखकर बुला लेतीं? तुम्हारे घरवाले आ जाएँ तो हमारे या किसी के कहने की कोई बात नहीं रह जाती। पर आगे-पीछे कोई हो तो...।

**रजनी :** ऐसी बात न कहो, राधिका बहन!...मेरे कारण घरवालों की क्या दशा हो रही होगी, उसका अनुमान मैं ही लगा सकती हूँ। फिर भी मैं उन्हें अपनी सूचना नहीं दे सकती। केवल कुछ दिनों की ही तो बात है। उतने दिन मुझे यहाँ काट लेने दो, बहन! उसके बाद मैं स्वयं ही...।

**राधिका :** अजी, सुन रहे हो?

**विलोचन :** *(दूर से)* अभी आ रहा हूँ, राजीव की माँ! ज़रा सन्ध्या-वन्दन कर लूँ।

**राधिका :** तुम अपना सन्ध्या-वन्दन करते रहना, घर का चाहे सत्यानाश हो जाए! मैं कहती हूँ, पहले इधर आओ!

**विलोचन :** *(आता हुआ)* आया, आया, महादेवी! कहो, क्या आज्ञा है?

**राधिका :** मुझसे कहते थे कि मैं उससे नहीं कह सकता तुम कह दो, सो मैंने कह दिया है। आज और कल में ये देवीजी अपने लिए दूसरा ठौर देख लें। कल संझा तक ये यहाँ से नहीं गईं तो मैं जाकर गंगा में कूद जाऊँगी।...ऐसा पाप मुझसे अपने घर में नहीं देखा जाता।

**विलोचन :** नहीं, नहीं, नहीं, वह बेचारी क्या कहती है कि मैं नहीं जाती? तुम कह रही हो तो वह चली ही जाएगी।

**रजनी :** मैं कुछ दिन के लिए तुमसे और दया चाहती हूँ, विलोचन भैया! जाने कौन-सी प्रेरणा से तुम मुझे अपने घर ले आए थे! आज मुझे इस अवस्था में घर से निकाल दोगे?

**विलोचन :** नहीं, नहीं, नहीं,। मैंने तुमसे निकलने के लिए कब कहा है? मैं तो...।

**राधिका :** देखो, यह 'मैं तो वैं तो' आज नहीं चलने दूँगी। तुम जाओ और जाकर अपना सन्ध्या-वन्दन करो। ये देवीजी कल संझा के बाद यहाँ नहीं रहेंगी।

**सितार का अत्यन्त करुण स्वर।**

**चम्पा :** *(दबे हुए स्वर में)* रजनी बहन! रजनी बहन!

**रजनी :** आ चम्पा!

**चम्पा :** क्या कह रही थी तुमसे भाभी कि घर छोड़कर चली जाओ?

**रजनी :** हाँ, चम्पा! तुम्हारी भाभी ने कहा है कि कल सन्ध्या तक मैं यहाँ से चली जाऊँ।

**चम्पा :** और तुमने क्या सोचा है?

**रजनी :** मेरे सोचने का इसमें क्या है, चम्पा?...तुम्हारी भाभी का घर है, वे नहीं चाहतीं तो मैं किस अधिकार से यहाँ रह सकती हूँ?

**चम्पा :** तो तुम कल कहाँ जाओगी?

**रजनी :** यही जानती तो क्या बात थी? यह तो यहाँ से निकलकर ही सोचना होगा कि कहाँ जाऊँगी। और नहीं तो गंगा मैया की शरण तो है ही।

**चम्पा :** न, न, बहन! तुम ऐसी बात मत सोचो। *(और भी दबे स्वर में)* कहो, मैं कहीं तुम्हारा प्रबन्ध कर दूँ...?

**रजनी :** तुम? तुम मेरा कहाँ प्रबन्ध कर दोगी, चम्पा? तुम तो आप यहाँ अपने भैया और भाभी पर निर्भर हो।

**चम्पा :** अरी रजनी बहन, तुमसे काहे का संकोच? तुम हमको सिर्फ़ घर में ही घुसकर बैठने वाली मत समझो *(कुछ रसिकतापूर्ण स्वर में)* हमने भी तुम्हारी तरह दुनिया देखी है। *(ज़रा हँसकर)* रात को गंगाजी की आरती पर जाते हैं कि नहीं?...मेरी जान-पहचान के एक वह हैं। कहो तो मैं तुम्हें उनके घर में रखवा दूँ!...बस अपने जैसे एक ही हैं वह!

**रजनी :** कौन हैं वह?

**चम्पा :** तुमसे कहा न कि मेरी जान-पहचान के हैं। तुम्हें फूल की तरह सँभालकर रखेंगे। उन्होंने कितनी ही बार तुम्हें गंगातट पर देखा है। मुझसे कहते थे कि तू एक बार उसे ले आ...।

**रजनी :** *(भर्त्सनापूर्ण स्वर में)* चम्पा!

**चम्पा :** इस झंझट से छूटने के बाद तुमको वे ऐसे सुख से रखेंगे...।

**रजनी :** चम्पा!...ईश्वर के लिए तुम यहाँ से चली जाओ।...मैं तुम्हें अपनी छोटी बहन की तरह समझती हूँ। तुम्हारे मुँह से ऐसी अपवित्र बातें...!

**चम्पा व्यंग्यपूर्ण हँसी हँसती है।**

**चम्पा :** मेरी बातें आपको अपवित्र लगती हैं? और अपनी करनी...? *(फिर हँसकर)* मान गए तुम्हें? हमारी बला से!...हम तो तुम्हारे ही हित के लिए कह रहे थे। तुम्हारा मन दर-दर की ठोकरें ख़ाने को करता है तो तुम जानो। हमारे दिल में रह जाती, इसलिए हमने कह दी।

**सितार के तारों के छेड़े जाने का स्वर निरन्तर चलता है।**

**रजनी :** *(आत्मगत)* यह घर भी छोड़कर जाना ही होगा! लेकिन कहाँ...? जिस नन्हे प्राण की रक्षा के लिए यह सब सहा है, गंगा में डूबकर उसका अन्त अपने-आप? नहीं, यह नहीं होगा! कोई छत न होगी? तो भी क्या जिया न जाएगा? जैसे भी होगा, उस नन्हे प्राण की रक्षा करनी होगी। कल तक यहाँ प्रतीक्षा करके भी क्या होगा? घर छोड़ना ही है तो क्यों न आज ही छोड़ दिया जाए? भटकते हुए चरण जहाँ भी मार्ग ढूँढ़ सकें, ढूँढ़ लें।

**सितार का स्वर अधिक ऊँचा और अधिक करुण हो जाता है। अन्तराल और केवल सितार का स्वर।**

: गंगा की प्रशान्त धारा! और गंगातट की ये ध्वनियाँ!

**दूर से 'जय गोविन्द! जय गोपाल!' का कीर्तन सुनाई देने लगता है जो क्रमशः पास की ओर आता है।**

: इस विस्तार और इन ध्वनियों में मन डूब जाता है। परन्तु, चारों ओर इतना कलुष क्यों है? हृदय इतने बन्द क्यों हैं? सब लोग इतने बेगाने क्यों हैं?...यदि आज अपने घर जा सकती!...माँ की गोद में सिर रखकर रो सकती!...और एक बार...एक बार...उन्हें देख सकती!

**कीर्तन का शब्द बहुत पास आ जाता है और सहसा रुक जाता है। उसके साथ ही गीत सुनाई देने लगता है। गीत की आरम्भिक पंक्तियों के बीच रजनी के शब्द सुनाई देते रहते हैं। 'मीरा मन-मानी! मीरा की भावना अपवित्र नहीं थी।...गंगा मैया का प्रेम भी अपवित्र नहीं था। फिर...फिर मैं क्यों अपवित्र हूँ? मेरा प्रेम क्यों अपवित्र है?'**

**गीत अपने पूरे आरोह पर आ जाता है।**
**—मीरा मनमानी!—सुरत सैल असमानी।**
**जब जब सुरत लगै वा घर की पल-पल नैनन पानी!**
**मीरा ख़ाक खलक सिर डाली, मैं अपना घर जानी!**
**फिर 'जय गोविन्द, जय गोपाल' का कीर्तन आरम्भ होकर दूर चला जाता है।**

**रजनी :** कीर्तनियाँ कीर्तन में मग्न हैं। हर व्यक्ति अपनी जगह व्यस्त है, उलझा हुआ है। गंगा का पानी अविराम बहे जाता है।...लोगों ने लहरों पर दीपक जला दिए हैं। ये दीपक न जाने कहाँ तक बहते

जाएँगे, बहते जाएँगे और अन्त में किसी लहर की गोद में अर्पित हो जाएँगे। गंगा की धारा अपने प्रखर वेग से बहती जाएगी।...तट की रेखा कितनी दूर तक चली गई है? जैसे इसका कोई अन्त ही नहीं है! तट के साथ-साथ कितनी कोमल दूब फैली है! भारी पैर चलते-चलते कितना थक गए हैं! यह दूब इन्हें विश्राम दे देगी! *(थककर बैठने के स्वर में)* ओह!

**तेज़ हवा। बादलों का गर्जन।**

: यह घटा घिरी आती है! ये आकाश में कैसे-कैसे चित्र बन रहे हैं! ये धुआँले चित्र अभी पानी बनकर बरस जाएँगे। हर चीज़ भीग जाएगी। और कीचड़ से लथपथ धरती नन्हे अंकुरों को जन्म देगी...।

**बादलों के गर्जन के साथ तेज़ वर्षा का शब्द। एक बार बादल के गर्जन के तुरन्त बाद बच्चे के रोने का शब्द सुनाई देता है। फिर बादलों का शब्द उसे छा लेता है। इन सब ध्वनियों के ऊपर रजनी के शब्द उभरते हैं।**

: लोग गंगा की लहरों पर दीपक बहाते हैं। मेरा अन्तर भी आज दीपक की तरह आलोकित है। यह दीपक...यह दीपक... एक और दीपक को अपनी ज्योति देकर...आज...गंगा की लहरों पर...!

**नदी में गिरने का शब्द।**

**वर्षा और बादलों का शब्द सहसा ऊँचा उठकर फ़ेड-आउट हो जाता है।**

**बच्चे के रोने का शब्द सुनाई देता है। दूर पृष्ठभूमि में वही कीर्तन।**

**एक पुरुष-स्वर** : हरि हरि हरि!...न जाने कौन पातकिन गंगा-तट पर अपना यह पातक फेंक गई है!

**स्त्री-स्वर** : शिव शिव शिव! न जाने कैसी-कैसी हत्यारिन माँएँ होती हैं! अब संसार में पाप का भार इतना बढ़ रहा है कि अवश्य भगवान का अवतार होगा...!

**पुरुष-स्वर** : इसमें क्या सन्देह है? छिः छिः छिः! ऐसा घोर पातक!

**बच्चे के रोने का स्वर फिर उभरता है और फ़ेड-आउट हो जाता है।**

# उसकी रोटी

**चुल्लू से पानी पीने का शब्द। बालो पानी पीकर ज़रा आराम की साँस लेती है।**

**चन्दन :** आँखों पर भी छींटे मार ले, बालो! धूप में कोस-भर आते-आते तो तेरा हाल बेहाल हो जाता है। और आँखें तो जैसे सूज गई हों...!

**बालो :** *(मुरझाई हुई आवाज़ में)* कोई बात नहीं, वीरा! अभी हवा लगेगी तो सब ठीक हो जाएगा। अभी तो चलकर आई ही हूँ न...।

**चन्दन :** यहाँ इस कड़कती धूप में तुझे हवा लगेगी? कैसी भोली बातें करती है, बालो! आस-पास कोई पेड़ भी तो नहीं जिसकी छाया में तू खड़ी हो ले। रोज़ तेरा यही हाल होता है। मैं यहाँ खोखे में बैठता हूँ। पास भरे मटके रखे रहते हैं। फिर भी शरीर पिलपिला हो जाता है। और तू है कि रोज़ खुली धूप सहती है। ले, आँखों पर मार ले छींटे!

**एक क्षण का विराम।**

**बालो :** वीरा, सुच्चासिंह की बस को गए कितनी देर हुई है? वह बहुत नाराज़ तो नहीं था?

**चन्दन :** उसकी नाराज़गी की भली पूछी। कोई ऐसा भी दिन जाता है जिस दिन वह नाराज़ नहीं होता। आज तो ख़ैर उसकी रोटी बख़्त पर नहीं पहुँची थी। मैंने उसे समझाया भी कि इतना क्यों बिगड़ता है। उसके पास कौन घड़ी रखी है, कभी देर हो ही जाती है। मगर सुच्चासिंह क्या और बात समझता है क्या! वही अंट-शंट गाली बकता रहा। अब दो घंटे तो हो ही गए होंगे बस को गए।...और भी इतने ड्राइवर हैं मगर सुच्चासिंह सुच्चासिंह ही है।

**बालो :** अभी तो बस नकोदर से होकर देर में वापस आएगी...?

**चन्दन :** और क्या? अभी तो काफ़ी देर में आएगी।...मगर बालो, आज तुझे रोटी लाने में इतनी देर कैसे हो गई? कहाँ डेढ़-दो बजे आती थी और कहाँ साढ़े तीन-चार बजा दिए!

**बालो :** क्या बताऊँ, वीरा! बस ऐसे ही देर हो गई।

**चन्दन :** तुझे ऐसे ही तो देर नहीं होती। कोई ख़ास बात हुई होगी?

**बालो :** नहीं, बात-वात कुछ नहीं हुई। बस ऐसे ही देर हो गई।

**कुत्ते के गुर्राने का शब्द।**

: हट-हट, दुरे।...यह कुत्ता रोज़ यहीं मरता रहता है।...हाँ!...अच्छा, मैं उधर जाकर खड़ी होती हूँ। यह मुआ तो हटता ही नहीं।

**चन्दन :** उधर वह भिक्खू बैठा है। उसकी नज़र भी कुत्ते की नज़र से कम नहीं है।

**क्षण-भर का विराम।**

**बालो :** *(स्वगत)* कैसी बद नज़र से यह रोटी की तरफ़ देखता है! जैसे सारी ज़िन्दगी रोटी नसीब ही न हुई हो। अपाहिज होकर भी इसे पेट का कितना मोह है!

**ठंडी साँस लेती है।**

: आज सचमुच सुच्चासिंह ने बहुत ग़ुस्सा किया होगा। वैसे ही रोज़ उसे नकोदर पहुँचकर रोटी ख़ाने में तीन-साढ़े तीन बज जाते हैं। सात दिन में एक दिन कहीं उसे घर में गरम रोटी खाना नसीब होता है।...उसने दोपहर की रोटी किसी तन्दूर में खा तो ली होगी, मगर उसे रात की रोटी भी तो देनी है। साथ ही जब तक उसे सारी बात का पता नहीं चलेगा, उसका ग़ुस्सा कैसे ठंडा होगा? मगर बात सुनकर सुच्चासिंह तैश में ही न आ जाए! सुच्चासिंह का ग़ुस्सा बहुत बुरा है...और मुआ जंगी भी तो बात-बात पर गंडासा निकाल लेता है।...मुझे पहले पता होता तो मैं जिन्दाँ को नन्ती के घर से उपले लाने के लिए क्यों भेजती? जिन्दाँ जब ख़ाली हाथ लौटकर आई तो उसका क्या हाल हो रहा था? बेचारी का चेहरा हल्दी की तरह पीला पड़ गया था, होंठ काँप रहे थे और आँखें रोई-रोई-सी हो रही थीं। उसके मुँह से ठीक बात भी नहीं निकलती थी...।

**[दृश्यान्तर]**

**जिन्दाँ के सिसकने का शब्द**

**बालो :** *(उद्विग्न स्वर में)* जिन्दो!...क्या हुआ है, जिन्दो?

**जिन्दाँ उसी तरह सिसकती रहती है।**

: हाय री, बता तो सही। क्या बात हुई है? तू ऐसे क्यों हो रही है? किसी ने तुझसे कुछ कहा है? तू उपले भी नहीं लेकर आई, मुझे सुच्चासिंह की रोटी वक़्त पर ले जानी है। जल्दी बता, क्या बात हुई है?

**जिन्दाँ फिर कुछ न कहकर चुपचाप सिसकती रहती है।**

: खसमखानी, कुछ बताएगी भी या नहीं कि क्या बात हुई है?

**जिन्दाँ** : *(सिसकियों के बीच)* जब...जब...जब मैं...।

**फिर बोल नहीं पाती और सिसकती रहती है।**

**बालो** : *(नरम स्वर में)* हाँ-हाँ, बता रानी, किसके साथ बात हुई है?

**जिन्दाँ** : *(सिसकियों के बीच)* तू...तू मुझे उपले-वुपले लाने मत भेजा कर। मैं जब भी उधर से गुज़रती हूँ तो जंगी चाचा अपने कुएँ पर आकर खड़ा हो जाता है और मुझे आवाज़ें देने लगता है। आज मुझे कहता था...।

**फिर आवाज़ रुँध जाती है।**

**बालो** : *(उद्विग्न स्वर में)* क्या कहता था जंगी? बता...!

**जिन्दाँ सिसकती रहती है।**

: खसमखानी, बोलती क्यों नहीं?

**जिन्दाँ** : कहता था–जिन्दाँ, आज तू बहुत सोहणी लग रही है। अन्दर कोठरी में आ, तुझे शरबत पिलाऊँ।

**बालो** : *(आवेशपूर्ण स्वर में)* मुआ कमज़ात! मुए को अपनी माँ रंडी नहीं सोहणी लगती? मुए, तेरी नज़र में कीड़े पड़ें! निपूते, तेरे घर में लड़की होती तो इससे बड़ी होती, तेरे दीदे फटें!...फिर तूने क्या कहा?

**जिन्दाँ** : *(कुछ स्वस्थ होती हुई)* मैंने कहा चाचा, मुझे प्यास नहीं है।

**बालो** : फिर?

**जिन्दाँ** : फिर मेरे पास आकर बोला, प्यास नहीं है तो भी एक घूँट पी जा। चाचा का शरबत पीएगी तो याद करेगी। और मेरी बाँह पकड़कर खींचने लगा।

**बालो** : हाय रे, बेमौत मरे, तेरा कुछ न रहे, तेरे घर में आग लगे। सुच्चासिंह को घर आने दे। मैं तेरी हड्डी-हड्डी न नुचवाऊँ तो तू कहना जलमरे!...हाँ, फिर?

**जिन्दाँ** : मैं बाँह छुड़ाने लगी तो मुझे मिठाई का लालच देने लगा। मेरे हाथ से उपले वहीं गिर गए। मैंने वे वहीं पड़े रहने दिए और बाँह छुड़ाकर भाग आई।

**बालो :** वह तेरे पीछे तो नहीं आया?

**जिन्दाँ :** नहीं, पीछे नहीं आया। जब मैं थोड़ा आगे निकल आई तो पीछे से ही-ही करके बोला–जिन्दाँ रानी, उपले-वुपले तो ले जा। मैं तो तेरे साथ हँसी कर रहा था, तू बुरा मान गई? तू इतनी-सी बात भी नहीं समझती? इधर आ, उपले ले जा...।

**बालो :** फिर?

**जिन्दाँ :** मैं लौटकर नहीं गई तो पीछे से बोला–अच्छा नहीं आती तो न आ। मैं तेरे घर आकर आज तेरी बहन से शिकायत करूँगा कि जिन्दाँ बहुत ग़ुस्ताख़ हो गई है, बड़ों का कहा नहीं मानती। मगर मैंने न तो उसे जवाब ही दिया और न मुड़कर उसकी तरफ़ देखा ही। मैं वहाँ से सीधी घर आ गई।

**बालो :** अच्छा किया। मैं मुए की हड्डी-पसली एक कराकर छोड़ूँगी। तू सुच्चासिंह को घर आ लेने दे। मैं अभी रोटी देने जाऊँगी तो उससे बात करूँगी। इसे यह भूल गया है कि जिन्दाँ सुच्चासिंह ड्राइवर की साली है। इसे ज़रा सोच-समझकर हाथ लगाऊँ।... वहाँ उसके पास खड़े किसी और ने तो नहीं तुझे देखा?

**जिन्दाँ :** नहीं, वहाँ कोई नहीं था। उसके खेत के इस तरफ़ आम के पेड़ के नीचे राधू चाचा बैठा हुक्का पी रहा था। उसने मुझसे पूछा कि बेटी इस बख्त धूप में कहाँ से आ रही है तो मैंने कहा कि बहन के पेट में दर्द था, हकीमजी से चूरन लेने गई थी।

**बालो :** अच्छा किया। मुआ जंगी तो शोहदा है। उसके साथ जिसका नाम लग जाए उसी की इज़्ज़त जाएगी, उस सिर जले का क्या जाना है? लोगों को तो करने के लिए बात मिलनी चाहिए। अब तू बैठ, मैं उपले लाकर अभी रोटी बना लेती हूँ।

**[दृश्यान्तर समाप्त]**

: *(स्वगत)* मगर कब उपले लाती और कब खाना बनाती? बहुत जल्दी-जल्दी करके भी देर हो ही गई। सुच्चासिंह कितनी देर बस रोक सकता था? वह दस-पाँच मिनट देखकर चला गया होगा। उधर घर में जिन्दाँ को अकेली छोड़ आई हूँ। जब मैं चलने लगी थी तो वह कितना डर रही थी!

**[दृश्यान्तर]**

**जिन्दाँ :** बहन, तू कितनी देर तक वापस आ जाएगी?

**बालो** : मैं सूरज छिपने से पहले-पहले ही लौट आऊँगी। क्यों, तुझे डर लग रहा है?

**जिन्दाँ** : मैं घर में अकेली हूँ, बहन। मुझे आज बहुत डर लग रहा है। हमारा घर खेतों के एक तरफ़ है और वह कह रहा था कि मैं तेरी बहन से तेरी शिकायत करने आऊँगा। तेरे पीछे अगर कहीं वह आ गया तो...?

**बालो** : तू डरती क्यों है, जिन्दो? किसकी हिम्मत है जो तेरी तरफ़ आँख उठाकर भी देखे? सुच्चासिंह को पता चलेगा तो वह उसे कच्चा ही नहीं चबा जाएगा?

**जिन्दाँ** : नहीं बहन, तू आज के दिन न जा। जीजा पूछेगा तो मैं उससे कह दूँगी...।

**बालो** : *(बात काटकर)* तू पागल हुई है, जिन्दो? उसकी दिन की रोटी तो गई, मगर उसे रात की रोटी तो दे आऊँ...।

**जिन्दाँ** : मगर बहन, तुझे लौटने में अँधेरा हो जाएगा और जितनी देर तू नहीं आएगी, उतनी देर मेरी जान निकली रहेगी।

**बालो** : *(चुमकारकर)* नहीं रानो, मुझे ज़्यादा देर नहीं लगेगी। मैं साँझ होने से पहले ही घर पहुँच जाऊँगी। अच्छा...!

**जिन्दाँ** : बहन, ज़रा ठहरा जा। अगर तेरे पीछे वह सचमुच आ गया तो?

**बालो** : तू ऐसा कर कि अन्दर से साँकल लगा ले। कोई आकर दरवाज़ा खटखटाए तो पहले पूछ लेना कि कौन है।

**जिन्दाँ** : पर अगर वह हुआ तो?

**बालो** : तो तू दरवाज़ा नहीं खोलना। अन्दर से ही कह देना कि बहन घर पर नहीं है, सुच्चासिंह को बुलाने गई है। समझी?

**जिन्दाँ** : हाय, मैं उससे कह दूँ कि बहन घर पर नहीं है और कूदकर अन्दर आ जाए तो...?

**बालो** : अच्छा, तू अन्दर से कुछ नहीं कहना। कोई भी आए, तू अन्दर से जवाब नहीं देना। वैसे उसकी हिम्मत नहीं कि वह हमारे घर पर आए। पर तू होशियारी से रहना, मैं जितनी भी जल्दी हो सकेगा, उतनी जल्दी आ जाऊँगी।

**जिन्दाँ** : बहन, तू मेरे दिल को हाथ लगाकर देख, किस तरह धड़क रहा है!

**बालो** : तू मुटियार होकर इस तरह हौसला छोड़ती है? साथ ही गाँव है, फिर तुझे किस बात का डर है?

**जिन्दाँ :** तू पास में हो तो मुझे कोई डर नहीं है। मगर तू घर पर नहीं होगी और अँधेरा हो जाएगा तो फिर...?

**[दृश्यान्तर समाप्त]**

**बालो :** *(स्वगत)* कितनी वीरान सड़क है! चारों तरफ़ बस मिट्टी-ही-मिट्टी दिखाई देती है! इस मिट्टी में जगह-जगह दुनियाएँ बसी हुई हैं। सुच्चासिंह की बस रोज़ इस सड़क पर धूल उड़ाती हुई आती है। रोज़ कितनी मिट्टी उसके अन्दर जाती होगी! सचमुच उसका कितना मेहनत का काम है!

**दूर से एक बस के आने का शब्द।**

: वह एक बस आ रही है!...मगर सुच्चासिंह की बस इतनी जल्दी कैसे आ सकती है? यह कोई दूसरी बस होगी। नहीं, यह उसकी बस नहीं है।

**बस के पास आकर रुकने का शब्द। बस का दरवाज़ा खुलता और बन्द होता है और बस चल देती है।**

**चन्दन :** सुना सुजान स्याँ, सुना है आज प्याज और शलजम का भाव नकोदर में बहुत मन्दा हो रहा है?

**सुजान :** मन्दा ही है, चन्दन। ला, थोड़ा पानी पिला।

**चुल्लू से पानी पीकर तृप्ति की साँस लेता है।**

: वह उधर कौन खड़ी है, चन्दन?

**चन्दन :** एक ड्राइवर की घरवाली है। उसकी रोटी लेकर आई है।

**बालो :** *(पास आती हुई)* वीरा, नकोदर से अगली बस कितनी देर तक आएगी?

**सुजान :** घंटे-घंटे के बाद बस चलती है, माई! अब से, समझ ले, एक घंटे के बाद दूसरी बस आएगी। तुझे किसकी बस देखनी है?

**बालो :** सुच्चासिंह की। वह मेरा घरवाला है। मैं उसकी रोटी लेकर आई हूँ।

**सुजान :** अच्छा, तू सूच्चासिंह की घरवाली है?

**बालो :** तू उसे जानता है?

**सुजान :** उसे नकोदर को कौन नहीं जानता? तू उसके लिए इस तरह धूप में सड़ती है और वह वहाँ...तुझे पता है, उसके वहाँ क्या लच्छन हैं? उसने वहाँ एक चमारी रख रखी है। ऐसा नामुराद आदमी है! बीवी बेचारी उसके लिए जान घोलती है और वह...!

**बालो :** *(चिढ़े हुए स्वर में उसकी बात काटकर)* चल वीरा, अपनी राह चल। मैं जान घोलती हूँ तो अपने घरवाले के लिए ही घोलती हूँ। तुझे

बीच में बोलने की क्या ज़रूरत है? आज मुझे रोटी लाने में देर हो गई थी जिससे उसकी बस निकलकर चली गई और मैं खड़ी हूँ। वह बेचारा सबेरे से अब तक भूखा बैठा होगा।

**सुजान** : भूखा, कौन सुच्चा स्याँ? *(थोड़ा हँसकर)* अच्छा माई!...या साईं सच्चे!

**बालो** : *(स्वगत)* सब लोग उससे जलते हैं। जब मैं उसकी घरवाली होकर उसकी किसी बात का बुरा नहीं मानती तो और लोगों के क्यों कलेजे में तीर चुभते हैं? वह आप कमाता है, अपनी कमाई से जो जी चाहे करता है? लोगों को उससे मतलब? देवी भी तो एक दिन यही कहता था।...वह चमारी कौन है? उस औरत में सुच्चासिंह को क्या मिलता है जो अपनी घर की औरतों में उसे नहीं मिलता? सुच्चासिंह एक बार नकोदर ले चले तो मैं एक बार देखूँ तो सही...। मगर पहले ही जब उससे कहा था तो उसने कितनी बुरी बात कही थी? कहता था कि शहर में घूमने का शौक है तो दूसरा खसम कर ले। छिः-छिः! सुच्चासिंह ऐसी बात ज़बान पर कैसे ले आता है? वह जानता है कि मेरे लिए वही सब कुछ है। वह ज़बान का कड़वा है, मगर दिल का बुरा नहीं है। वह मुझे लाख बुरी कह ले, मगर दिल से कभी मुझे बुरी नहीं समझता। हर महीने तनख़्वाह मिलने पर बीस रुपए घर दे जाता है। अभी पिछले महीने ही जिन्दाँ के लिए काँच की चूड़ियाँ और अढ़ाई गज़ मलमल लेकर आया था।...मैं आज रोटी कुछ और देर से बनाकर लाती तो अच्छा था। सुच्चासिंह को कड़ाह प्रशाद का इतना शौक है! आज देर हो गई थी तो उसके लिए थोड़ा कड़ाह प्रशाद ही बना लाती! अच्छा, कल गुरु-परव है। कल ज़रूर उसके लिए कड़ाह प्रशाद बनाकर लाऊँगी...। धीरे-धीरे शाम हो रही है। सुच्चासिंह की बस अब जल्दी ही आ जाए तो अच्छा है। वह दूर फिर धूल का बवंडर उठ रहा है।...शायद वह सुच्चासिंह की बस ही हो!

**दूर से बस के आने का शब्द सुनाई देने लगता है।**

: *(स्वगत)* उसी की बस है।...सुच्चासिंह आज बहुत नाराज़ होगा!...हे करतार!

**बस पास आकर रुक जाती है।**

: सुच्चा स्याँ!...सुच्चा स्याँ, मैं दो घंटे से रोटी लेकर खड़ी हूँ। यह ले, रख ले।

**सुच्चा :** हट जा, मुझे फ़ुर्सत नहीं है।...दरशनसिंह, जल्दी से पेटी और साइकिल उतार दे।

**बस की छत से साइकिल उतारने का शब्द।**

**बालो :** सुच्चा स्याँ, एक मिनट नीचे उतरकर मेरी बात सुन ले। आज ख़ास बात हो गई थी जो मैं तेरी रोटी वक़्त पर नहीं ला सकी। मैंने जानकर देर नहीं की।

**सुच्चा :** बक नहीं, हट जा यहाँ से!...दरशनसिंह, उतर गया सारा सामान कि नहीं?

**दरशन :** साइकिल उतर गई है, पेटी उतार रहा हूँ।

**सुच्चा :** जल्दी कर। आगे गाड़ी दस मिनट लेट है।

**बस की छत से पेटी उतारने का शब्द।**

**बालो :** *(मिन्नत के लहजे में)* सुच्चा स्याँ, मैं दो घंटे से खड़ी हूँ। तू नीचे उतरकर मेरी बात तो सुन ले। बेड़ा ग़रक हो मुए जंगी का! मुए की वजह से तेरी रोटी भी ख़राब हुई और मुझे भी इतनी मुसीबत झोंकनी पड़ी।...अगर बात सुनने का वक़्त नहीं तो तू रोटी रख ले, मैं तुझे बात फिर बता दूँगी।

**सुच्चा :** दरशनसिंह, उतर गई पेटी?

**दरशन :** उतर गई, चलो।

**बालो :** सुच्चा स्याँ, रोटी तो पकड़ ले।

**सुच्चा :** तुझे कहा है हट जा, मैं गाड़ी स्टार्ट कर रहा हूँ।

**बालो :** सुच्चा स्याँ, तू मुझ पर नाराज़ हो ले, पर रोटी तो रख ले। तू बुधवार को घर आएगा तो मैं तुझे सारी बात बताऊँगी।

**सुच्चा :** मेरा कोई घर नहीं है। बुधवार को घर आएगा तेरा...!

**बस के स्टार्ट होने का शब्द।**

**बालो :** हाय, सुच्चा स्याँ, सुन तो सही...।

**बस स्टार्ट होकर दूर चली जाती है।**

: *(स्वगत। ठंडी साँस लेकर)* बस ग़ुस्सा चढ़ा हो तो सुच्चासिंह कुछ सोचता-समझता नहीं। अब यह बस जालन्धर से आठ-नौ से पहले नहीं लौटेगी। सुच्चासिंह को ऐसे नहीं करना चाहिए था। कम-से-कम मेरी बात तो सुन लेता। घर में जिन्दाँ अकेली डर रही होगी। सुच्चासिंह रोटी ले लेता तो घंटे-भर में घर पहुँच जाती। रोटी दिए बग़ैर घर चली जाऊँ तो सुच्चासिंह का ग़ुस्सा किस तरह दूर होगा? उसका ग़ुस्सा ठीक भी है। उसे क्या पता

कि क्यों रोटी में देर हुई है? उसका मेहनती शरीर है और उसे कसकर भूख लगती है। वह अगर ग़ुस्से का मारा सचमुच ही बुधवार को घर नहीं आया तो? सूरज ढलने लगा है। अब थोड़ी देर में तो गाँव की बाट भी अँधेरे में डूब जाएगी।

**चन्दन :** क्यों बालो, अब किसलिए खड़ी है? सूरज ढल रहा है, अब घर जा। मैं भी प्याऊ बन्द करके जा रहा हूँ।

**बालो :** वीरा, यह बस जालन्धर से कब तक लौटकर आएगी?

**चन्दन :** क्या पता है, कब तक आए? तू उतनी देर यहाँ पर खड़ी रहेगी?

**बालो :** वीरा, उसने रोटी जो नहीं ली। रोटी ले लेता तो मैं चली जाती।

**चन्दन :** मैंने तुझसे कहा था कि उसका दिमाग़ आसमान पर चढ़ा हुआ है। आदमी होता तो तेरा हाल देखता। और इसी बार रोटी लेकर जाता। मगर वह आदमी थोड़े ही है! वह तो जानवर है, जानवर!

**बालो :** वीरा, मरद कभी नाराज़ हो ही जाता है, इसमें ऐसी क्या बात है?

**चन्दन :** अच्छा, तेरी मर्ज़ी। बस अब उधर से आठ-नौ से पहले क्या आएगी? तुझे ठहरना है तो खड़ी नहीं रह। प्याऊ के तख़्ते पर बैठ जा।

**बालो :** अच्छा, वीरा! पर तू इस कुत्ते को यहाँ से हटा दे। मुझे इससे डर लगता है।

**चन्दन :** तू डर नहीं, यह कुछ नहीं कहता। बहुत सीधा कुत्ता है।...अच्छा, मैं चला।

**बालो :** *(स्वगत)* खड़े-खड़े भी शरीर कितना थक जाता है! चन्दन चला गया। भिक्खू भी चला गया। साँझ इतनी सुन्दर है, आसमान में कितने रंग फैले हैं और दाना चुगकर लौटती हुई चिड़ियाँ सुनहरे पंख फड़फड़ाती हुई आ रही हैं, फिर भी अपने अकेलेपन से डर क्यों लगता है? दिल बैठता क्यों जाता है? वे भी तो दिन थे...वे बीते दिन...जब ऐसी ही साँझ होती थी, ऐसे ही चिड़ियाँ लौटकर आया करती थी, सुक्खू का रहट चल रहा होता था, पानी की मोटी धार के नीचे बैठकर लाली कान पर हाथ रखे हुए माहिया गाया करता था–

**जैसे बहुत दूर से माहिया की आवाज़ सुनाई देने लगती है।**

तब यह साँझ कितनी अच्छी लगती थी! मन होता था कि सारी साँझ पीपल के पास खड़े-खड़े ही बीत जाए, बल्कि रात हो जाए, गहरी रात हो जाए, मगर वह आवाज़ आती रहे—

**माहिया का स्वर इन शब्दों के साथ धीरे-धीरे पास आ जाता है :**

**बौलण दी थाँ कोई नाँ!**
**जिहड़ा सानूँ ला वे दित्ता,**
**ओस रोग दा नाँ कोई नाँ!**

: मगर माँ मना करती थी कि पीपल के नीचे मत खड़ी रहो, वहाँ से बगलीवाला बाबा पकड़कर ले जाता है। मेरी माँ बहुत भोली थी। नहीं, मैं ही भोली थी जो माँ की बात नहीं समझती थी। माँ बार-बार कहती थी कि मुटियार लड़कियाँ रात-रात तक पीपल के नीचे खड़ी नहीं रहतीं। मेरी समझ में बात उस दिन आई जिस दिन से मुझे पास बैठाकर पारो ब्याह के ढोलक के साथ आधी-आधी रात तक गाने लगी :

**माहिया का स्वर फ़ेड-आउट होने के साथ-साथ ढोलक के साथ गीत का स्वर फ़ेड-इन करता है :**

**बीबी, चंनण दे ओहले-ओहले क्यों खड़ी,**
**नीं लाडो, क्यों खड़ी?**
**मैं ताँ खड़ी साँ बाँबल जी दे बार,**
**मैं कंनिआ क्वार,**
**बाबल वर लोड़िए।**
**नीं जाइए, किहो जिहा वर लोड़िए?**
**जिऊँ तारियाँ विचों चन्द,**
**चन्दाँ विचों नन्द,**
**नन्दा विचों कान्ह-कन्हैया वर लोड़िए...**

**बालो के शब्द आरम्भ होने के साथ गीत का स्वर धीमा पड़ जाता है।**

: *(स्वगत)* जिऊँ तारियाँ विचों चन्द, चन्दाँ विचों नन्द, नन्दा विचों कान्ह-कन्हैया वर लोड़िए...और जब सुच्चासिंह ने चेहरे से घूँघट हटाकर मेरा चेहरा देखना चाहा था तो मुझे लगा था कि गीत की कड़ियाँ किसी ने मेरे ही सुहाग को देखकर लिखी हैं। सुच्चासिंह के हाथ का वह पहला स्पर्श! न जाने कितनी लहरें

सिर से उठकर शरीर में से होती हुईं पैरों के नाखूनों में जा समाई थीं? वह स्पर्श चाँद और चन्दन के स्पर्श से कहीं अधिक ठंडा और सिहरा देनेवाला था। उस पल लगा था कि ज़िन्दगी न जाने ऐसी कितनी सिहरनों से भरी हुई है, जिन्हें मैं अपनी याद में सँजोकर रखती जाऊँगी! सुच्चासिंह ने कहा था :

**[दृश्यान्तर]**

**सुच्चा :** तू हीरे की कणी है, हीरे की कणी! तुझे मैं अपनी छाती पर सजाकर रखूँगा, बालो! तूने तो मेरी आँखों को चकाचौंध कर दिया है। तुझे देखकर तो मुझे आस-पास कुछ सूझता ही नहीं। सच बालो, मैंने सोचा भी नहीं था कि मेरे भाग में ऐसी चाँद की टुकड़ी लिखी है। मुझे तुझ पर तरस आता है जो तुझे मेरे जैसा मुच्चर मिला है...।

**[दृश्यान्तर समाप्त]**

**बालो :** *(स्वगत)* और मैं होंठों पर आई हुई बात भी उससे न कह सकी कि चन्न, यह हीरे की कणी तेरे पैर की धूल के बराबर भी नहीं है।...आज इस कहानी पर कितनी धूल की परतें जम गई हैं? आज बस चारों तरफ़ फैली हुई मिट्टी-ही-मिट्टी है और धूल के बवंडर...। शायद सुच्चासिंह का दिल मेरी ही वजह से बेमना रहता है। मैं उसे ख़ामख़ाह घर के झंझटों में घसीटती रहती हूँ। आज यह बात, कल वह बात। *(स्वर कुछ रुआँसा-सा हो उठता है।)* क्यों मैं उसकी ज़िन्दगी को तकलीफ़ों से भरे दे रही हूँ? नहीं, नहीं, मैं उसे कभी किसी झंझट में नहीं डालूँगी!...मगर जंगी? नहीं, जंगी की अब कुछ कहने की हिम्मत नहीं पड़ेगी। आख़िर गाँव की पंचायत भी तो कोई चीज़ है? मामला पंचों तक पहुँचाकर उसे सीधा कराया जा सकता है। दूसरे की बहन-बेटी पर नज़र रखकर वह गाँव में रह सकता है?...नहीं, सुच्चासिंह को इस मामले में नहीं लाना चाहिए। सुच्चासिंह के साथ घर की बरकत है। वह घर आता रहे, इतना ही बहुत है।...शरीर कितना थक गया है! अंग-अंग टूट रहा है! टेक लगाकर बैठने से आँखों में नींद भरने लगती है। *(जम्हाई लेकर निंदियाई आवाज़ में)* नहीं, मैं सुच्चासिंह से कभी कुछ नहीं कहूँगी, कभी कुछ नहीं कहूँगी।

**धीरे-धीरे किवाड़ खटखटाने का शब्द और जिन्दाँ के सिसकने की आवाज़। साथ जिन्दाँ के शब्द—"तूने इतनी देर क्यों लगा दी, बहन? इतनी देर क्यों लगा दी तूने?"**

**बालो** : *(जैसे नींद से चौंककर, स्वगत)* जिन्दो!...मगर जिन्दाँ कहाँ है? यहाँ तो अँधेरा-ही-अँधेरा और झींगुरों की आवाज़!

**झींगुरों का शब्द।**

: बस शायद अभी बहुत देर से आएगी! *(फिर जम्हाई लेकर निंदियाई आवाज़ में)* आँखें तो जैसे खुलती ही नहीं। मगर अभी उसकी बस के आने में भी तो देर है...काफ़ी देर है!

**हलका-सा खर्राटा भरने की आवाज़। फिर लाली के गले से माहिया की आवाज़ आने लगती है।**

: *(जैसे नींद में)* नहीं लाली, माँ मना करती है कि पीपल के पेड़ के नीचे मत जाया करो। आज रहट की घंटियाँ क्यों नहीं बजतीं, लाली? सुक्खू के बैलों को क्या हुआ है? आज कुएँ का पानी सूख गया है?...मेरे पैरों में बिवाइयाँ फूटी हैं, लाली! देख, मुझसे चला नहीं जाता।

**फिर माहिया का स्वर मन्द पड़कर जिन्दाँ के रोने का शब्द सुनाई देने लगता है।**

: *(उसी स्वर में)* तू फिर रो रही है, जिन्दो?

**दूर से बस के आने का शब्द सुनाई देने लगता है। बालो उसी तरह बोलती रहती है।**

: तूने अपने बाल क्यों खोल लिए हैं? तुझे क्या हुआ है, रानो? हाय, तेरे चेहरे पर किसने हल्दी फेर दी है?

**इस बीच बस पास आकर खड़ी हो जाती है। बस का दरवाज़ा खुलता और बन्द होता है। बालो बोलती रहती है।**

: न जिन्दो, न रो बीबी रानी! आगे कभी मैं तुझे छोड़कर नहीं जाऊँगी। तू अपने बालों की चोटी बाँध ले। उठ जिन्दो, उठ रानी...!

**सुच्चा** : बालो! बालो! यह क्या, तू सोई-सोई बड़बड़ा रही है? तू उस वक़्त से अब तक घर नहीं गई?

**बालो** : *(जैसे हड़बड़ाहट के साथ उठकर)* सुच्चा स्याँ! तेरी बस आ गई?...और मैं यहाँ पड़ी सो रही हूँ?

**सुच्चा :** तेरे जैसी मूरख औरत मैंने नहीं देखी। मैंने रोटी नहीं ली थी तो इसका यह मतलब था कि तू रात तक यहाँ पड़ी रहती?

**बालो :** मैंने कहा था कि रोटी देकर ही घर जाऊँगी...और बैठे-बैठे झपकी आ गई। तुझे बहुत देर तो नहीं हुई?

**सुच्चा :** नहीं, अभी बस खड़ी ही की है। अच्छा, अब ला, दे रोटी, घर जा। जिन्दो अकेली डर रही होगी।

**बालो :** हाय, मेरा कटोरा ख़ाली है। इसमें से तेरी रोटी कहाँ गई?... हाय मुए...!

**कुत्ते को ठोकर मारती है। कुत्ता बिलबिला उठता है।**

**सुच्चा :** कुत्ता खा गया? सत्त नाम सिरी वाह गुरू!...चल, अब खड़ी क्या है, घर जा। रोटी के लिए तन्दूर बहुतेरे हैं। और मैंने दोपहर को महाप्रशाद छक लिया था, इसलिए भूख भी नहीं है।

**बालो :** सुच्चा स्याँ, तू बुधवार को घर आएगा न ?

**सुच्चा :** हाँ, आऊँगा। किसी चीज़ की ज़रूरत हो तो बता दे।

**बालो :** नहीं, किसी चीज़ की ज़रूरत नहीं है।

**सुच्चा :** अच्छा, तू उस वक़्त जंगी की क्या बात कह रही थी?

**बालो :** नहीं, कोई ऐसी बात नहीं थी। वह...वह रास्ते में बात करने लगा था, इसलिए मुझे देर हो गई...।

**सुच्चा :** अच्छा, अब जल्दी से चली जा, देर न कर, एक कोस बाट है...।

**बालो :** सुच्चा स्याँ, कल गुरु-परव का दिन है। कल मैं तेरे लिए कड़ाह प्रशाद बनाकर लाऊँगी...।

**सुच्चा :** अच्छा!

**बस का दरवाज़ा खुलता और बन्द होता है और बस स्टार्ट होकर चल पड़ती है।**

**बालो :** *(स्वगत)* अच्छा ही है जो उसने उस वक़्त मेरी बात नहीं सुनी। मैं उसे कभी कोई परेशानी की ख़बर नहीं दूँगी, कभी नहीं...।

# आषाढ़ का एक दिन

**वर्षा और मेघगर्जन का शब्द।**

**उद्घोषक :** आज से चौदह सौ बरस पहले...हिमालय का एक छोटा-सा गाँव...एक छोटा-सा टूटा-फूटा घर...।

**वर्षा और मेघगर्जन का शब्द धीरे-धीरे विलीन हो जाता है, छाज में धान फटकने का शब्द।**

**मल्लिका :** *(आती हुई)* आषाढ़ का पहला दिन और ऐसी वर्षा, माँ!...ऐसी वर्षा! दूर-दूर तक की घाटियाँ भीग गईं।...और मैं भी तो! देखो न माँ, कैसे भीग गई हूँ? गई थी दक्षिण से उड़कर आती हुई बकुल-पंक्तियों को देखूँगी और देखो सब वस्त्र भिगो आई हूँ। *(क्षण-भर रुककर)* सूखे वस्त्र कहाँ हैं, माँ? इस तरह खड़ी रही तो जुड़ा जाऊँगी।...तुम बोलतीं क्यों नहीं?

**अम्बिका :** सूखे वस्त्र सामने रखे हैं।

**मल्लिका :** तुमने पहले से ही निकालकर रख दिए? तुम्हें पता था, मैं भीग जाऊँगी। और मैं जानती थी, तुम चिन्तित होगी। परन्तु, माँ, मुझे भीगने का तनिक खेद नहीं। भीगती नहीं तो आज मैं वंचित रह जाती। *(जैसे अपने से बात कर रही हो)* चारों ओर धुआँरे मेघ घिर आए थे। मैं जानती थी, वर्षा होगी। फिर भी मैं घाटी की पगडंडी पर नीचे-नीचे उतरती गई। एक बार मेरा अंशुक भी हवा ने उड़ा दिया। फिर बूँदें पड़ने लगीं। *(सहसा अपने से बाहर निकलकर)* वस्त्र बदल लूँ, फिर आकर तुम्हें बताती हूँ। वह बहुत अद्भुत अनुभव था, माँ, बहुत अद्भुत!

**स्वर कुछ दूर चला जाता है।**

**:** नील कमल की तरह कोमल, वायु की तरह हलका और स्वप्न की तरह चित्रमय!...मैं चाहती थी, उसे अपने में भर लूँ और आँखें मूँद लूँ।...मेरा तो शरीर भी निचुड़ रहा है, माँ! कितना पानी इन वस्त्रों ने पिया है...ओह!

**गुनगुनाने लगती है।**

: कुवलयदलनीलैरुन्नतैस्तोयनमै...गीले वस्त्र कहाँ डाल दूँ, माँ? यहीं रहने दूँ?

**स्वर फिर पास आ जाता है और अधिक भावुकतापूर्ण हो उठता है।**

: माँ, आज के वे क्षण मैं कभी नहीं भूल सकती। सौन्दर्य का ऐसा साक्षात्कार मैंने कभी नहीं किया। मैं उसे छू सकती थी, देख सकती थी, पी सकती थी। तभी मुझे अनुभव हुआ कि वह क्या है जो भावना को कविता का रूप देता है! मैं जीवन में पहली बार समझ पाई कि क्यों कोई पर्वत-शिखरों को सहलाती हुई मेघ-मालाओं में खो जाता है, क्यों किसी को अपने तन-मन की अपेक्षा आकाश में बनते-मिटते चित्रों का इतना मोह हो रहता है?...*(सहसा जैसे सचेत होकर)* क्या बात है, माँ? इस तरह चुप क्यों हो?

**अम्बिका :** देख रही हो, मैं काम कर रही हूँ।

**मल्लिका :** काम तो तुम हर समय करती हो, माँ! परन्तु, हर समय इस तरह चुप नहीं रहतीं। मैं तुम्हें काम नहीं करने दूँगी।...मुझसे बात करो।

**छाज में धान फटकने का शब्द रुक जाता है।**

**अम्बिका :** क्या बात करूँ?

**मल्लिका :** कुछ भी कहो। मुझे डाँटो कि भीगकर क्यों आई हूँ। या कहो कि तुम थक गई हो, इसलिए शेष धान मैं फटक दूँ। या कहो कि तुम घर में अकेली थीं, इसलिए तुम्हें अच्छा नहीं लग रहा था।

**अम्बिका :** मुझे सब अच्छा लगता है। और मैं घर में दुकेली कब होती हूँ? तुम्हारे यहाँ रहने पर मैं अकेली नहीं होती?

**मल्लिका :** मैं तुम्हें काम नहीं करने दूँगी। मेरे घर में रहने पर भी तुम अकेली होती हो?...कभी तो मुझे डाँटती हो कि मैं घर में रहकर तुम्हारे सब कामों में बाधा डालती हूँ और कभी कहती हो...मुझे बताओ, तुम इतनी गम्भीर क्यों हो?

**अम्बिका :** दूध औटा दिया है। शक्कर मिला लो और पी लो।

**मल्लिका :** नहीं, तुम पहले बताओ।

**अम्बिका :** और जाकर थोड़ी देर विश्राम कर लो। मुझे अभी...।

**मल्लिका :** नहीं माँ, मुझे विश्राम नहीं करना है। थकी कहाँ हूँ जो विश्राम करूँ? मुझे तो अब भी अपने में बरसती बूँदों के पुलक का अनुभव होता है। रोम अभी तक सीज रहे हैं।...तुम बताती क्यों नहीं हो? ऐसे करोगी तो मैं भी तुमसे बात नहीं करूँगी।... क्या हुआ है, माँ? तुम रो क्यों रही हो?

**अम्बिका :** कुछ नहीं, मल्लिका! कभी बैठे-बैठे मन उदास हो जाता है।

**मल्लिका :** बैठे-बैठे मन उदास हो जाता है, परन्तु, बैठे-बैठे रोया तो नहीं जाता।...तुम्हें मेरी सौगन्ध है, माँ, जो मुझे नहीं बताओ।

**दूर कुछ कोलाहल और घोड़े की टापों का शब्द सुनाई देता है।**

: ये कौन लोग हैं, माँ? यहाँ झरोखे के पास आकर देखो...।

**अम्बिका :** सम्भवतः राज्य के कर्मचारी हैं।

**मल्लिका :** ये यहाँ क्या कर रहे हैं?

**अम्बिका :** जाने क्या कर रहे हैं?...कभी वर्षों में ये आकृतियाँ यहाँ दिखाई देती हैं। और जब भी दिखाई देती हैं, कोई अनिष्ट होता है। कभी युद्ध की सूचना आती है, कभी महामारी की। *(लम्बी साँस लेती है।)* पिछली महामारी में जब तुम्हारे पिता की मृत्यु हुई, तब मैंने ये आकृतियाँ यहाँ देखी थीं।

**मल्लिका :** परन्तु, आज ये लोग यहाँ किसलिए आए हैं?

**अम्बिका :** कौन जाने?

**कोलाहल और टापों का शब्द विलीन हो जाता है।**

**मल्लिका :** माँ, तुमने बात नहीं बताई।

**अम्बिका :** अग्निमित्र आज लौट आया है।

**मल्लिका :** लौट आया है? कहाँ से?

**अम्बिका :** जहाँ मैंने उसे भेजा था।

**मल्लिका :** तुमने भेजा था? *(कुछ आवेश के साथ)* किन्तु, मैंने तुमसे कहा था, अग्निमित्र को कहीं भेजने की आवश्यकता नहीं है। *(क्रमशः स्वर में और उत्तेजना आ जाती है।)* तुम जानती हो मैं विवाह नहीं करना चाहती। फिर उसके लिए प्रयत्न क्यों करती हो? तुम समझती हो, मैं निरर्थक प्रलाप करती हूँ?

**अम्बिका :** देख रही हूँ कि तुम्हारी बात ही सार्थक होने जा रही है। अग्निमित्र यही सन्देश लाया है कि वे लोग इस सम्बन्ध के लिए प्रस्तुत नहीं हैं। वे कहते हैं...।

**मल्लिका :** क्या कहते हैं वे! क्या अधिकार है उन्हें कुछ भी कहने का? मल्लिका का जीवन उसकी अपनी सम्पत्ति है। वह उसे नष्ट करना चाहती है तो किसी को उस पर आलोचना करने का क्या अधिकार है?

**अम्बिका :** मैं कब कहती हूँ कि मुझे अधिकार है?

**मल्लिका :** मैं तुम्हारे अधिकार की बात नहीं कह रही थी।

**अम्बिका :** तुम न कहो, मैं तो कह रही हूँ। आज तुम्हारा जीवन तुम्हारी सम्पत्ति है। मेरा तुम पर कोई अधिकार नहीं है।

**मल्लिका :** ऐसा क्यों कहती हो?...तुम मुझे समझने का प्रयत्न क्यों नहीं करती?

**अम्बिका :** मैं जानती हूँ कि तुम पर आज अपना अधिकार भी नहीं है। किन्तु...इतना बड़ा अपवाद मुझसे नहीं सहा जाता।

**मल्लिका :** मैं जानती हूँ, माँ, कि अपवाद होता है। तुम्हारे दुख को भी जानती हूँ, फिर भी मुझे अपराध का अनुभव नहीं होता। मैंने भावना में एक भावना का वरण किया है। मेरे लिए वह सम्बन्ध और सब सम्बन्धों से बड़ा है। मैं वास्तव में अपनी भावना से ही प्रेम करती हूँ जो पवित्र है, कोमल है, अनश्वर हं...!

**अम्बिका :** और मुझे ऐसी भावना से वितृष्णा होती है। पवित्र, कोमल और अनश्वर! हं!

**मल्लिका :** माँ, तुम मुझ पर विश्वास क्यों नहीं करती?

**अम्बिका :** तुम जिसे भावना कहती हो वह केवल छलना है।...भावना में भावना का वरण किया है!...मैं पूछती हूँ, भावना में भावना का वरण क्या होता है? उससे जीवन की आवश्यकताएँ किस तरह पूरी होती हैं?...भावना में भावना का वरण! हँ!

**मल्लिका :** जीवन की स्थूल आवश्यकताएँ ही तो सब कुछ नहीं हैं, माँ! उनके अतिरिक्त भी तो बहुत कुछ है।

**अम्बिका :** होगा। मैं नहीं जानती।

**मल्लिका :** सच तो यह है, माँ, कि गाँव के और लोगों की तरह तुम भी कालिदास को सन्देह की दृष्टि से देखती हो।

**अम्बिका :** गाँव के और लोग उसे उतना नहीं जानते जितना मैं जानती हूँ। मैं उससे घृणा करती हूँ।

**मल्लिका :** माँ!

**अम्बिका :** और लोगों को उससे क्या प्रयोजन है? किन्तु, मुझे है। उसके प्रभाव से मेरा घर नष्ट हो रहा है।

**कुछ दूर से हरिण को पुचकारते हुए कालिदास के शब्द सुनाई देते हैं।**

**मल्लिका** : ठहरो, माँ, तुम चल क्यों दीं?

**अम्बिका** : माँ का जीवन भावना नहीं, कर्म है। उसे घर में बहुत कुछ करना है।

**कालिदास के शब्द पास आ जाते हैं।**

**कालिदास** : हम जिएँगे, हरिणशावक! जिएँगे न? एक बाण से आहत होकर हम प्राण नहीं देंगे। हमारा शरीर कोमल है तो क्या हुआ? हम पीड़ा सह सकते हैं। एक बाण प्राण ले सकता है तो उँगलियों का कोमल स्पर्श प्राण दे भी सकता है। हमें नए प्राण मिल जाएँगे। हम कोमल शय्या पर विश्राम करेंगे। हमारे अंगों पर घी का लेप होगा। कल फिर हम वनों में घूमेंगे। कोमल दूध खाएँगे।

**मल्लिका** : आओ, कालिदास! परन्तु, तुम्हारी बाँहों में यह आहत हरिणशावक?... यहाँ ऐसा कौन है जिसने इसे आहत किया? क्या दक्षिण की तरह यहाँ भी...?

**कालिदास** : आज इस प्रदेश में कई नई आकृतियाँ देख रहा हूँ। सम्भवतः राज्य के कुछ कर्मचारी आए हैं। *(हरिणशावक को थपथपाता हुआ)* हम सोएँगे? हाँ, हम थोड़ी देर सो लेंगे तो हमारी पीड़ा दूर हो जाएगी। परन्तु, उससे पहले हमें थोड़ा दूध पी लेना है।

**मल्लिका** : माँ ने दूध औटाकर रखा है। अभी लेकर आती हूँ। *(कुछ दूर से)* अभी-अभी दो-तीन राजकर्मचारियों को हमने घोड़ों पर जाते देखा था। माँ कहती थीं कि जब भी ये लोग आते हैं, कोई-न-कोई अनिष्ट होता है। वर्षा के रोमांच के बाद मुझे यह सब बहुत विचित्र लगा। *(दूध उँड़ेलने का शब्द)* माँ, आज मुझसे बहुत रुष्ट हैं।

**कालिदास** : अब हम पहले से सुखी हैं। हमारी पीड़ा धीरे-धीरे दूर हो रही है। हम स्वस्थ हो रहे हैं।...न जाने इसके रुई जैसे कोमल शरीर पर उससे बाण छोड़ते बना कैसे? यह कुलाँच भरता हुआ मेरी गोद में आ गया। मैंने कहा, तुझे वहाँ ले चलता हूँ जहाँ तुझे अपनी माँ की-सी आँखें और उसका-सा ही स्नेह मिलेगा।

**मल्लिका** : *(पास आती हुई)* सच, माँ आज बहुत रुष्ट हैं। माँ को अनुमान हो गया होगा कि मैं तुम्हारे साथ थी, अन्यथा इस तरह भीगकर न आती। माँ को अपवाद की बहुत चिन्ता रहती है...।

**कालिदास** : दूध मुझे दे दो और इसे बाँहों में ले लो। हम दूध नहीं पिएँगे, शावक? नहीं, हम ऐसा हठ नहीं करेंगे। हम दूध अवश्य पिएँगे। ऐसे...ऐसे।

**दन्तुल की हँसी का शब्द कुछ दूर से पास आता है।**

**दन्तुल** : दूध पिलाकर इसके कोमल मांस को और कोमल कर लेना चाहते हो?

**कालिदास** : *(जैसे चौंककर)* तुम कौन हो? जहाँ तक मैं जानता हूँ, हम लोग परिचित नहीं हैं। तुम्हारा एक अपरिचित घर में आने का साहस कैसे हुआ?

**दन्तुल** : कैसी आकस्मिक बात है कि ऐसा ही प्रश्न मैं तुमसे पूछना चाहता था। हमारा कभी का परिचय नहीं, फिर भी मेरे बाण से आहत हरिण को उठा ले आने में तुम्हें संकोच नहीं हुआ? यह तो कहो कि द्वार तक रक्त-बिन्दुओं के चिह्न बने हैं, अन्यथा इस बादलों से घिरे दिन में मैं तुम्हारा अनुसरण कर पाता?

**कालिदास** : देख रहा हूँ कि तुम इस प्रदेश के निवासी नहीं हो।

**दन्तुल व्यंग्यात्मक हँसी हँसता है।**

**दन्तुल** : मैं तुम्हारी दृष्टि की प्रशंसा करता हूँ। मेरी वेशभूषा ही इस बात का परिचय देती है कि मैं यहाँ का निवासी नहीं हूँ।

**कालिदास** : मैं तुम्हारी वेशभूषा को देखकर नहीं कह रहा।

**दन्तुल** : तो क्या मेरे ललाट की रेखाओं को देखकर? जान पड़ता है कि चोरी के अतिरिक्त रेखाएँ पढ़ने का भी अभ्यास करते हो?

**मल्लिका** : तुम्हें ऐसा लाँछन लगाते लज्जा नहीं आती?

**दन्तुल** : क्षमा चाहता हूँ, देवि! परन्तु, यह शावक, जिसे आप बाँहों में लिए हैं, मेरे बाण से आहत हुआ है। इसलिए इस समय यह मेरी सम्पत्ति है। मेरी सम्पत्ति मुझे लौटा तो देंगी?

**कालिदास** : इस प्रदेश में हरिणों का आखेट नहीं होता, राजपुरुष! तुम बाहर से आए हो, इसलिए इतना ही पर्याप्त है कि हम इसके लिए तुम्हें अपराधी न मानें।

**दन्तुल फिर व्यंग्यात्मक हँसी हँसता है।**

**दन्तुल** : तो राजपुरुष के अपराध का निर्णय ग्रामवासी करेंगे! ग्रामीण युवक, अपराध और न्याय का शब्दार्थ भी जानते हो?

**कालिदास** : शब्द और अर्थ राजपुरुषों की सम्पत्ति है, यह जानकर आश्चर्य हुआ।

**दन्तुल :** समझदार व्यक्ति जान पड़ते हो। फिर भी यह नहीं जानते कि राजपुरुषों के अधिकार बहुत दूर तक जाते हैं। मुझे देर हो रही है। यह हरिणशावक मुझे दे दो।

**कालिदास :** यह हरिणशावक इस पार्वत्य भूमि की सम्पत्ति है, राजपुरुष! और इसी पार्वत्य भूमि के निवासी हम इसके सजातीय हैं। तुम यह सोचकर भूल कर रहे हो कि हम इसे तुम्हारे हाथ में सौंप देंगे।...मल्लिका, इसे अन्दर ले जाकर कुछ देर शय्या पर...।

**अम्बिका :** *(आती हुई)* इस घर की शय्याएँ पशुओं के सोने के लिए नहीं हैं।

**मल्लिका :** तुम देख रही हो, माँ...।

**अम्बिका :** हाँ, देख रही हूँ। इसीलिए तो कह रही हूँ। मनुष्यों के सोने के लिए शय्या होती है, पशुओं के लिए नहीं।

**कालिदास :** इसे मुझे दे दो, मल्लिका! इसके लिए मेरी बाँहों की शय्या पर्याप्त होगी। मैं इसे घर ले जाऊँगा।

**दन्तुल :** और राजपुरुष दन्तुल तुम्हें ले जाते देखता रहेगा!

**कालिदास :** यह राजपुरुष की रुचि पर निर्भर करता है।

**दन्तुल :** राजपुरुष की रुचि-अरुचि क्या होती है, सम्भवतः इसका परिचय तुम्हें देना आवश्यक होगा।

**कालिदास :** *(जाते हुए)* सम्भवतः!

**दन्तुल :** सम्भवतः?

**मल्लिका :** ठहरो, राजपुरुष! हरिणशावक के लिए हठ मत करो। तुम्हारे लिए प्रश्न अधिकार का है, उनके लिए संवेदना का। कालिदास निःशस्त्र होते हुए भी तुम्हारे शस्त्र की चिन्ता नहीं करेंगे।

**दन्तुल :** कालिदास?...तुम्हारा अभिप्राय है कि जिनसे मैं अभी बात कर रहा था, वे कवि कालिदास हैं?

**मल्लिका :** हाँ, हाँ। किन्तु, तुम कैसे जानते हो कि कालिदास कवि हैं?

**दन्तुल :** कैसे जानता हूँ? उज्जयिनी की राज्यसभा से सम्बद्ध प्रत्येक 'ऋतुसंहार' के लेखक कवि कालिदास को जानता है।

**मल्लिका :** उज्जयिनी की राज्यसभा से सम्बद्ध प्रत्येक व्यक्ति उन्हें जानता है?

**दन्तुल :** सम्राट् ने स्वयं 'ऋतुसंहार' पढ़ा और उसकी प्रशंसा की है। इसलिए आज उज्जयिनी का राज्य 'ऋतुसंहार' के लेखक का सम्मान और उन्हें राजकवि का आसन देना चाहता है। आचार्य वररुचि आज इसी उद्देश्य से उज्जयिनी से यहाँ आए हैं।

**मल्लिका :** *(स्तम्भित-सी)* उज्जयिनी का राज्य उन्हें सम्मान देना चाहता है? राजकवि का आसन...?

**दन्तुल :** मुझे खेद है कि मैंने उनके साथ अशिष्ट व्यवहार किया। मुझे जाकर उनसे क्षमा माँगनी चाहिए।

**चला जाता है।**

**मल्लिका :** *(आत्मविस्मृत-सी)* तुमने सुना, माँ...राज्य उन्हें राजकवि का आसन देना चाहता है!

**अम्बिका :** तुम्हारे गीले वस्त्र मैंने सूखने के लिए फैला दिए हैं। वह थोड़ा-सा दूध शेष है, इसमें शक्कर मिला दी है।

**मल्लिका :** तुमने सुना नहीं माँ, राजपुरुष क्या कह रहा था?

**अम्बिका :** दूध पी लो। आशा करती हूँ कि अब यहाँ किसी और अतिथि को नहीं आना है।

**मल्लिका :** अतिथि?...मैं चाहती हूँ, आज इस घर में सारा संसार मेरा अतिथि होकर आए और मैं उसका सत्कार करूँ। तुम्हें इस दूध से नहला दूँ, माँ?

**अम्बिका :** मैं दूध से बहुत नहा चुकी हूँ।

**मल्लिका :** तुम कितनी निष्ठुर हो, माँ! तुमने सुना नहीं, राज्य उन्हें सम्मान दे रहा है? फिर भी तुम...।

**अम्बिका :** दूध पी लो। और फिर वर्षा में भीगने का मोह न हो तो मैं तुम्हारे लिए शय्या ठीक कर दूँ?...मैं जैसी निष्ठुर हूँ, रहने दो।

**मल्लिका :** नहीं, तुम निष्ठुर नहीं हो। मैंने कब कहा है कि तुम निष्ठुर हो?

**अम्बिका :** नहीं, तुमने नहीं कहा। दूध पी लो।

**मल्लिका एक घूँट में दूध पीकर पात्र रख देती है।**

**मल्लिका :** माँ, तुम सोच सकती हो मैं आज कितनी प्रसन्न हूँ?

**अम्बिका :** मेरे पास कुछ भी सोचने की शक्ति नहीं है। अब उठ जाने दो, मुझे बहुत काम करना है।

**मल्लिका :** नहीं, उठो नहीं। इसी तरह बैठी रहो।...राज्य उन्हें सम्मान दे रहा है, माँ! उन्हें राजकवि का आसन प्राप्त होगा। *(फिर जैसे अपने में खोकर)* उस व्यक्ति को, जिसे उसके निकट के लोगों ने आज तक समझने का प्रयत्न नहीं किया, जिसे घर में और घर से बाहर केवल लांछना ही मिली है।...अब तो तुम विश्वास करती हो, माँ, कि मेरी भावना निराधार नहीं है?

**अम्बिका :** मैं कह चुकी हूँ कि मेरी सोचने-समझने की शक्ति जड़ हो चुकी है।

**मल्लिका :** क्यों, माँ? क्यों तुम्हारे मन में ऐसी गाँठ? क्यों तुम उनके सम्बन्ध में उदारतापूर्वक नहीं सोच पाती?

**अम्बिका :** मेरी वह अवस्था बीत चुकी है, जब यथार्थ से आँखें मूँदकर जिया जाता है।

**मल्लिका :** और तुम्हारी आँखें केवल दोष-ही-दोष देखती हैं?

**अम्बिका :** जहाँ दोष है, वहाँ अवश्य वे दोष देखती हैं।

**मल्लिका :** उनमें तुम्हें क्या दोष दिखाई देता है?

**अम्बिका :** उस व्यक्ति को संसार में अपने अतिरिक्त और किसी से मोह नहीं है।

**मल्लिका :** इसलिए कि वे मातुल की गौएँ न हाँककर बादलों में खो रहते हैं?

**अम्बिका :** मेरा मातुल से और उसकी गौओं से कोई प्रयोजन नहीं है। मैं केवल अपने घर को देखकर कहती हूँ।

**मल्लिका :** बैठ जाओ, माँ!...मैं तुम्हारी बात समझना चाहती हूँ।

**अम्बिका :** मैं भी चाहती हूँ कि तुम आज समझ लो।...तुम कहती हो कि तुम्हारा उससे भावना का सम्बन्ध है। वह भावना क्या है?

**मल्लिका :** मैं उसे कोई नाम नहीं देती।

**अम्बिका :** परन्तु, लोग उसे नाम देते हैं।...यदि वास्तव में उसका तुमसे भावना का सम्बन्ध है तो वह क्यों तुमसे विवाह नहीं करना चाहता?

**मल्लिका :** तुम उनके प्रति सदा अनुदार रही हो, माँ! तुम जानती हो, उनका जीवन कैसी परिस्थितियों में बीता है। मातुल के घर में उनकी क्या दशा रही है? उस साधनहीन जीवन में विवाह की कल्पना ही क्योंकर की जा सकती थी?

**अम्बिका :** और अब जब कि उसका जीवन साधनहीन नहीं रहेगा? किसी सम्बन्ध से बचने के लिए अभाव जितना बड़ा कारण होता है, अभाव की पूर्ति उससे बड़ा कारण बन जाती है।

**मल्लिका :** यह तुम्हारी नहीं, विलोम की भाषा है।

**अम्बिका :** मैं ऐसे व्यक्ति को अच्छी तरह समझती हूँ। तुम्हारे साथ उसका इतना ही सम्बन्ध है कि तुम एक साधन हो, जिसके आश्रय से वह अपने से प्रेम कर सकता है, अपने पर गर्व कर सकता है। परन्तु, तुम क्या सजीव व्यक्ति नहीं हो? तुम्हारे प्रति उसका या तुम्हारा कोई कर्तव्य नहीं? कल जब तुम्हारी माँ का शरीर नहीं रहेगा और घर में एक समय के भोजन की व्यवस्था भी न होगी,

तब जो प्रश्न तुम्हारे सामने उपस्थित होगा, उसका तुम क्या उत्तर दोगी? फिर कह दो कि यह मेरी नहीं, विलोम की भाषा है।

**मल्लिका** : माँ, आज तक का जीवन जिस-किसी तरह बीता ही है। आगे भी बीत जाएगा। आज जब उनका जीवन एक नई दिशा ग्रहण कर रहा है, मैं उनके सामने अपने स्वार्थ का उद्घोष नहीं करना चाहती।

**दूर मातुल के शब्द सुनाई देने लगते हैं।**

**मातुल** : अम्बिका!...अम्बिका!...घर में हो कि नहीं?
*(पास आता हुआ)* हो, हो, हो, घर में ही हो। मैं आज सारे गाँव में घोषणा करने जा रहा हूँ कि मेरा इस कालिदास नामधारी जीव से कोई सम्बन्ध नहीं है।

**मल्लिका** : क्या हुआ है, आर्य मातुल?

**मातुल** : मैंने इसे पाला-पोसा, बड़ा किया। क्या इस दिन के लिए कि यह इस तरह कुलद्रोही बने?

**मल्लिका** : परन्तु, उन्हें तो, सुना है, राज्य की ओर से सम्मान दिया जा रहा है। उज्जयिनी से कोई आचार्य आए हैं।

**मातुल** : यही तो कह रहा हूँ। उज्जयिनी से बहुत बड़े आचार्य आए हुए हैं।

**मल्लिका** : परन्तु, आप तो कह रहे हैं...।

**मातुल** : मैं ठीक कह रहा हूँ। आचार्य कल ही इसे अपने साथ उज्जयिनी ले जाना चाहते हैं।

**मल्लिका** : किन्तु...।

**मातुल** : दो रथ, दो रथवाह और चार अश्वारोही उनके साथ हैं। मैं तुमसे नहीं कहता था, अम्बिका, कि हमारे पितामह-के-पितामह के नाती का पोता गुप्त राज्य की ओर से शकों से युद्ध कर चुका है?

**अम्बिका** : तुम अपने भानजे की बात कर रहे थे।

**मातुल** : उसी की बात कर रहा हूँ, अम्बिका! तुम समझो कि एक तरह से यह राज्य की ओर से हमारे वंश का सम्मान किया जा रहा है। और ये वंशावतंस कहते हैं कि मुझे यह सम्मान नहीं चाहिए...

**मल्लिका सहसा उठकर खड़ी हो जाती है।**

: मैं राज्य की मुद्राओं के बदले बिकने के लिए नहीं हूँ।

**मल्लिका** : वे राज्य के सम्मान को स्वीकार नहीं करना चाहते हैं?

**मातुल** : मेरी समझ में नहीं आता कि इसमें बिकने-बिकाने की क्या बात है? सम्मान मिलता है, ग्रहण करो। नहीं, कविता का मूल्य ही क्या है?

**मल्लिका :** कविता का कुछ मूल्य है, आर्य मातुल, तभी तो सम्मान का भी मूल्य है।...मैं समझ सकती हूँ कि उनके हृदय में यह सम्मान कहाँ चुभता है।

**अम्बिका :** मैं तुम्हें विश्वास दिलाती हूँ, मातुल, कि वह उज्जयिनी अवश्य जाएगा।

**मातुल :** अवश्य जाएगा! वे लोग इसके अनुचर हैं जो हाथ जोड़कर इसे ले जाएँगे! *(जैसे टहलता हुआ)* जो व्यक्ति कुछ देता है, धन हो या सम्मान हो, वह अपना मन बदल भी सकता है। और मन बदल गया तो बदल गया। तुम सोचो कि सम्राट रुष्ट भी तो हो सकते हैं कि एक साधारण कवि ने उनका सम्मान स्वीकार नहीं किया।

**निक्षेप :** *(आता हुआ)* मातुल, आप अभी तक यहाँ हैं और आचार्य आपकी प्रतीक्षा कर रहे हैं।

**मातुल :** निक्षेप!...परन्तु, तुम यहाँ क्या कर रहे हो? मैंने तुमसे नहीं कहा था कि जब तक मैं लौटकर न आऊँ, तुम आचार्य के पास रहना?

**निक्षेप :** परन्तु, यह भी तो कहा था कि आचार्य विश्राम कर चुकें तो तुरन्त आपको सूचना दूँ।

**मातुल :** यह भी कहा था। किन्तु वह भी तो कहा था। यह कहा तुम्हारी समझ में आ गया, वह नहीं आया?

**निक्षेप :** किन्तु, मातुल...!

**मातुल :** किन्तु मातुल क्या? मातुल मूर्ख है? बताओ, तुम मुझे मूर्ख समझते हो?

**निक्षेप :** नहीं, मातुल...!

**मातुल :** मैं मूर्ख नहीं तो निश्चित रूप से तुम मूर्ख हो।...आचार्य ने क्या कहा है?

**निक्षेप :** उन्होंने कहा है कि वे आपके साथ इस सारे ग्राम प्रदेश में घूमना चाहते हैं–जिस प्रदेश ने कालिदास की कविता को जन्म दिया है।

**मातुल :** कालिदास की कविता! न जाने इतने बड़े आचार्य को इसकी कविता में क्या दिखाई देता है! और यह व्यक्ति है कि इसे लोक-व्यवहार तक का पता नहीं। अभी-अभी आप एक हरिणशावक को गोदी में लिए घर की ओर आ रहे थे। सौभाग्यवश मैंने बाहर ही देख लिया। मैंने प्रार्थना की कि कविकुलगुरु, यह समय इस रूप में घर जाने का नहीं है। उज्जयिनी से एक बहुत

बड़े आचार्य आए हैं। आप यह सुनते ही लौट पड़े, जैसे रास्ते में साँप देख लिया हो।

**अम्बिका :** मल्लिका, मातुल के लिए अन्दर से आसन ला दो।

**मातुल :** नहीं, मुझे आसन नहीं चाहिए। आचार्य मेरी प्रतीक्षा कर रहे हैं। मैंने कहा कविवर्य, आचार्य आपको साथ उज्जयिनी ले जाने के लिए आए हैं। राज्य की ओर से आपका सम्मान होगा। सुनकर रुके। रुककर जलते अंगारे की-सी दृष्टि से मुझे देखा।...'मैं राज्य की मुद्राओं के बदले बिकने के लिए नहीं हूँ।' ऐसे कहा जैसे राज्य की मुद्राएँ आपके विरह में घुली जाती हों और चल दिए...मेरे लिए धर्मसंकट खड़ा हो गया कि प्रार्थना करता हुआ आपके पीछे-पीछे जाऊँ या अतिथियों को देखूँ। अब इस निक्षेप से आचार्य के पास बैठने को कहकर आया था और यह धुरी से निकले चक्र की तरह मेरे पीछे-पीछे चला आया है।

**निक्षेप :** किन्तु, मातुल, मैं तो समाचार देने आया था कि...।

**मातुल :** और मैं समाचार देने के लिए तुमसे धन्यवाद कहता हूँ। बहुत अच्छा किया! अभ्यागत वहाँ बैठे हैं और समाचार देने यहाँ चले आए हैं!...अब इतना कीजिए कि वे कविकुल-शिरोमणि जहाँ भी हों, उन्हें ढूँढ़कर लाइए। *(चलते हुए)* मेरा कर्तव्य कहता है, जैसे भी हो उसे आचार्य के सामने प्रस्तुत करूँ...और मेरा मन कहता है कि उसे जहाँ देखूँ वहीं शिखा से पकड़कर, बस हाँ...।

**चला जाता है।**

**निक्षेप :** मातुल का तीसरा नेत्र हर समय खुला रहता है।

**मल्लिका :** परन्तु, कालिदास इस समय हैं कहाँ?

**निक्षेप :** कालिदास इस समय जगदम्बा के मन्दिर में हैं।

**मल्लिका :** आपने उन्हें देखा है?

**निक्षेप :** देखा है।

**मल्लिका :** परन्तु, आपने मातुल से नहीं कहा?

**निक्षेप :** मैं नहीं चाहता था कि मातुल इस समय वहाँ जाएँ।

**मल्लिका :** क्यों? क्या आप भी नहीं चाहते कि कालिदास...?

**निक्षेप :** मैं चाहता हूँ कि कालिदास उज्जयिनी अवश्य जाएँ। इसीलिए मैंने मातुल का इस समय उनके पास जाना उचित नहीं समझा।...मातुल को अपने मुख से निकले शब्दों को सुनने में ऐसा रस प्राप्त होता है कि वे बोलते ही जाते हैं, परिस्थिति को

समझना नहीं चाहते।...कालिदास हठ कर रहे हैं कि जब तक उज्जयिनी से आए हुए अतिथि लौट नहीं जाते, वे जगदम्बा के मन्दिर में ही रहेंगे, घर नहीं जाएँगे।

**अम्बिका :** कैसी चतुराई है!

**निक्षेप :** चतुराई?

**अम्बिका :** चतुराई ही तो है।

**निक्षेप :** इसमें चतुराई क्या है, अम्बिका?

**अम्बिका :** राज्य कवि का सम्मान करना चाहता है। कवि सम्मान के प्रति उदासीन जगदम्बा के मन्दिर में साधना कर रहा है। राज्य के प्रतिनिधि मन्दिर में जाकर कवि की अभ्यर्थना करते हैं। कवि धीरे-धीरे आँखें खोलता है।...इतना बड़ा नाटक खेलना चतुराई नहीं है?

**निक्षेप :** कालिदास नाटक नहीं खेल रहे, अम्बिका! मुझे विश्वास है कि उन्हें सम्मान का मोह नहीं है। वह सचमुच इस पर्वतभूमि को छोड़कर नहीं जाना चाहते।

**अम्बिका :** नहीं चाहता!...हाँ!

**निक्षेप :** मातुल का या किसी का भी आग्रह उनका हठ नहीं छुड़ा सकता। केवल एक व्यक्ति है, जिसके अनुरोध से सम्भव है वह यह हठ छोड़ दें।

**अम्बिका :** हमारे घर में किसी को उसके हठ छोड़ने या न छोड़ने से कोई प्रयोजन नहीं है।

**निक्षेप :** कालिदास अपनी भावुकता में यह भूल रहे हैं कि इस अवसर का तिरस्कार करके वह बहुत कुछ खो बैठेंगे। योग्यता एक चौथाई व्यक्तित्व का निर्माण करती है। शेष पूर्ति प्रतिष्ठा द्वारा होती है। कालिदास को राजधानी अवश्य जाना चाहिए।

**अम्बिका :** तो उसमें बाधा क्या है?

**निक्षेप :** मैंने अनुभव किया है कि उनके हठ के मूल में कहीं बहुत गहरी कटुता की रेखा है।

**मल्लिका :** मैं जानती हूँ, वह कटुता की रेखा कहाँ है।...कुछ समय पहले एक राजपुरुष से उनका साक्षात्कार हो चुका है।

**निक्षेप :** उस कटुता को केवल तुम्हीं दूर कर सकती हो, मल्लिका! अवसर किसी की प्रतीक्षा नहीं करता। कालिदास यहाँ से नहीं जाते हैं तो राज्य की कोई हानि न होगी। राजकवि का आसन रिक्त नहीं रहेगा।

परन्तु, कालिदास जो आज हैं, जीवन-भर वही रहेंगे...केवल एक स्थानीय कवि! जो लोग आज 'ऋतु संहार' की प्रशंसा कर रहे हैं, वे भी कुछ दिनों में उन्हें भूल जाएँगे।

**मल्लिका :** नहीं, उन्हें इस सम्मान का तिरस्कार नहीं करना चाहिए। यह सम्मान उनके व्यक्तित्व का है। उन्हें अपने व्यक्तित्व को उसके अधिकार से वंचित नहीं करना चाहिए। चलिए, मैं आपके साथ जगदम्बा के मन्दिर में चलती हूँ।

**अम्बिका :** मल्लिका!

**मल्लिका :** माँ!

**अम्बिका :** मुझे एक बाहर के व्यक्ति के सामने कहना होगा कि मैं इस समय तुम्हारे वहाँ जाने के पक्ष में नहीं हूँ?

**निक्षेप :** निक्षेप बाहर का व्यक्ति नहीं है, अम्बिका!

**मल्लिका :** *(जाती हुई)* यह एक महत्त्वपूर्ण क्षण है, माँ! मुझे इस समय अवश्य जाना चाहिए। आर्य निक्षेप, आप आइए।

**निक्षेप :** *(जाते हुए)* क्षमा चाहता हूँ, अम्बिका!

**करुण वाद्य-स्वर।**

**अम्बिका :** *(गीले स्वर में)* भावना!...ओह!

**विलोम की हलकी व्यंग्यपूर्ण हँसी का स्वर।**

: तुम, विलोम!

**विलोम :** घिरे हुए मेघों ने आज असमय अन्धकार कर दिया है अम्बिका, या तुम्हें समय का ध्यान नहीं रहा? आश्चर्य है तुमने दीपक नहीं जलाया?

**अम्बिका :** तुम यहाँ क्यों आए हो, विलोम?

**विलोम :** दीपक जला दूँ? विलोम का आना ऐसे आश्चर्य का विषय नहीं है।

**अम्बिका :** तुम चले जाओ, विलोम! तुम जानते हो कि तुम्हारा यहाँ आना...।

**विलोम :** मल्लिका को सह्य नहीं है। मैं जानता हूँ, अम्बिका! मल्लिका बहुत भोली है। वह लोक और जीवन के सम्बन्ध में कुछ नहीं जानती। वह नहीं चाहती कि मैं इस घर में आऊँ, क्योंकि कालिदास नहीं चाहता। और कालिदास क्यों नहीं चाहता? क्योंकि मेरी आँखों में उसे अपने हृदय का सत्य झाँकता दिखाई देता है। उसे उलझन होती है!...किन्तु, तुम तो जानती हो, अम्बिका! मेरा एकमात्र दोष यह है कि मैं जो अनुभव करता हूँ, स्पष्ट कह देता हूँ।

**अम्बिका :** मैं इस समय तुम्हारे दोष-अदोष का विवेचन नहीं करना चाहती।

**विलोम :** देख रहा हूँ कि इस समय तुम बहुत दुखी हो।...और तुम कब दुखी नहीं रहीं, अम्बिका? तुम्हारा तो जीवन ही पीड़ा का इतिहास है। पहले से कहीं दुबली हो गई हो!...सुना है कालिदास उज्जयिनी जा रहा है!

**अम्बिका :** मैं नहीं जानती।

**विलोम :** राज्य की ओर से उसका सम्मान होगा। कालिदास राजकवि के रूप में उज्जयिनी में रहेगा। मैं समझता हूँ कि उसके जाने से पूर्व ही उसका और मल्लिका का विवाह हो जाना चाहिए। इस सम्बन्ध में तुमने सोचा तो होगा?

**अम्बिका :** मैं इस समय कुछ भी नहीं सोचना चाहती।

**विलोम :** तुम, मल्लिका की माँ, इस विषय में सोचना नहीं चाहतीं? आश्चर्य है!

**अम्बिका :** मैंने तुमसे कहा है, विलोम, तुम चले जाओ।

**विलोम :** कालिदास उज्जयिनी चला जाएगा! और मल्लिका, जिसका नाम उसके कारण सारे प्रदेश में अपवाद का विषय बना है, पीछे यहाँ पड़ी रहेगी? क्यों, अम्बिका? क्यों? तुमने इतने वर्ष यह सब पीड़ा क्या इसी दिन के लिए सही है? दूर से देखनेवाला ही अनुभव कर सकता है कि इन वर्षों में तुम्हारे साथ क्या-क्या बीता है! समय ने तुम्हारे मन, शरीर और आत्मा की इकाई को तोड़कर रख दिया है। तुमने तिल-तिल करके अपने को गलाया है कि मल्लिका को किसी अभाव का अनुभव न हो। और आज जबकि उसके लिए जीवन-भर के अभाव का प्रश्न सामने है, तुम कुछ सोचना नहीं चाहतीं?

**अम्बिका :** तुम यह सब कहकर मेरा दुख कम नहीं कर रहे हो, विलोम! मैं अनुरोध करती हूँ कि तुम इस समय मुझे अकेली रहने दो।

**विलोम :** इस समय मैं अपना तुम्हारे पास होना बहुत आवश्यक समझता हूँ, अम्बिका! मैं ये सब बातें तुम्हें नहीं, उसे सुनाने के लिए आया हूँ। मैं आशा कर रहा हूँ कि वह मल्लिका के साथ अभी यहाँ आएगा। मैंने मल्लिका को जगदम्बा के मन्दिर की ओर जाते देखा है। मैं यहीं पर उसकी प्रतीक्षा करना चाहता हूँ।

**कालिदास :** *(आता हुआ)* अधिक प्रतीक्षा नहीं करनी पड़ेगी, विलोम!

**मल्लिका :** आर्य विलोम, आप इस समय यहाँ...!

**कालिदास :** मैं जानता हूँ, विलोम, कि तुम कहाँ, किस समय और क्यों मेरे साक्षात्कार के लिए उत्सुक होते हो।...कहो, आजकल किसी नए छन्द का अभ्यास कर रहे हो?

**विलोम :** छन्दों का अभ्यास मेरी वृत्ति नहीं है।

**कालिदास :** मैं जानता हूँ कि तुम्हारी वृत्ति दूसरी है। इस वृत्ति ने सम्भवतः छन्दों का अभ्यास छुड़ा दिया है।

**विलोम :** आज निस्सन्देह तुम छन्दों के अभ्यास पर गर्व कर सकते हो। सुना है, राजधानी से निमन्त्रण आया है।

**कालिदास :** सुना मैंने भी है। तुम्हें दुख हुआ?

**विलोम :** दुख? हाँ-हाँ, बहुत। एक मित्र के बिछुड़ने का किसे दुख नहीं होता?...कल सूर्योदय से पहले ही चले जाओगे?

**कालिदास :** यह मैं नहीं जानता।

**विलोम :** मैं जानता हूँ। आचार्य कल सूर्योदय से पहले ही लौट जाना चाहते हैं। राजधानी के वैभव में जाकर इस प्रदेश को भूल तो नहीं जाओगे? सुना है, वहाँ जाकर व्यक्ति बहुत व्यस्त हो जाता है। वहाँ जीवन में कई तरह के आकर्षण हैं—रंगशालाएँ, मदिरालय और विलास-भूमियाँ!

**मल्लिका :** आर्य विलोम, यह समय और स्थान निस्सन्देह इन बातों के लिए नहीं है। मैं इस समय आपको यहाँ देखने की आशा नहीं कर रही थी।

**विलोम :** मैं जानता हूँ कि तुम इस समय मुझे यहाँ देखकर प्रसन्न नहीं हो। परन्तु, मैं अम्बिका से मिलने आया था। बहुत दिनों से भेंट नहीं हुई थी। यह कोई ऐसी अस्वाभाविक बात नहीं है।

**कालिदास :** विलोम का कुछ भी करना अस्वाभाविक नहीं है। हाँ, कुछ न करना अस्वाभाविक हो सकता है।

**विलोम :** यह वास्तव में प्रसन्नता का विषय है, कालिदास, कि हम दोनों एक-दूसरे को इतनी अच्छी तरह समझते हैं। निस्सन्देह मेरे स्वभाव में ऐसा कुछ नहीं है, जो तुमसे छिपा हो।

**कालिदास :** निस्सन्देह! सभी विपरीत एक-दूसरे के बहुत निकट पड़ते हैं।

**विलोम :** अच्छा है, तुम इस सत्य को स्वीकार करते हो। मैं उस निकटता के अधिकार से एक प्रश्न पूछ सकता हूँ...सम्भवतः फिर कभी तुमसे बात करने का अवसर प्राप्त न हो। एक दिन का व्यवधान तुम्हें हमसे बहुत दूर कर देगा न!

**कालिदास** : वर्षों का व्यवधान भी विपरीत को विपरीत से दूर नहीं करता।... मैं तुम्हारा प्रश्न सुनने के लिए उत्सुक हूँ।

**विलोम** : मैं जानना चाहता हूँ कि तुम अभी तक वही कालिदास हो न?

**कालिदास** : मैंने तुम्हारा अभिप्राय नहीं समझा।

**विलोम** : मेरा अभिप्राय है कि तुम अभी तक वही व्यक्ति हो न जो कल तक थे?

**मल्लिका** : आर्य विलोम, मैं इस तरह की बातों को क्षम्य नहीं समझती।

**विलोम** : परन्तु, मैं तो बहुत सार्थक प्रश्न पूछ रहा हूँ। क्यों, कालिदास? मेरा प्रश्न सार्थक नहीं है?...क्यों, अम्बिका?

**अम्बिका** : *(जाती हुई)* मैं इस सम्बन्ध में कुछ भी नहीं जानती और न ही जानना चाहती हूँ।

**विलोम** : ठहरो, अम्बिका! कल तक इस प्रदेश में कालिदास और मल्लिका के सम्बन्ध को लेकर बहुत कुछ सुना जाता रहा है।

**मल्लिका** : आर्य विलोम, आप...?

**विलोम** : उसे दृष्टि में रखते हुए क्या यह उचित नहीं है कि कालिदास यह स्पष्ट कर दे कि उसे उज्जयिनी अकेले ही जाना है या...?

**मल्लिका** : कालिदास आपके किसी भी प्रश्न का उत्तर देने के लिए बाध्य नहीं हैं।

**विलोम** : मैं कब कहता हूँ कि बाध्य हैं? परन्तु, सम्भव है कि कालिदास का हृदय उसे उत्तर देने के लिए बाध्य करे। क्यों, कालिदास?

**कालिदास** : मैं तुम्हारी प्रशंसा करने के लिए अवश्य बाध्य हूँ। तुम दूसरों के घर में ही नहीं, उनके जीवन में भी अनधिकार प्रवेश कर जाते हो।

**विलोम** : अनधिकार प्रवेश...? मैं? क्यों, अम्बिका! तुम्हें कालिदास की यह बात कहाँ तक संगत प्रतीत होती है कि मैं, विलोम, दूसरों के जीवन में अनधिकार प्रवेश करता हूँ?

**अम्बिका** : मैं कह चुकी हूँ कि मुझे इस सम्बन्ध में कुछ नहीं कहना है।

**चली जाती है।**

**विलोम** : बस, चल ही दी...? अच्छा कालिदास, तुम्हीं बताओ, तुम्हें अपनी यह बात कहाँ तक संगत प्रतीत होती है? मैंने किसके जीवन में अनधिकार प्रवेश किया है? चलो, गाँव में चलकर किसी से पूछ लें...*(क्षण-भर रुककर)* तो तुम अपने हृदय से भी उत्तर देने के लिए बाध्य नहीं! सम्भवतः प्रश्न ही ऐसा है...!

**कालिदास** : तुम कुछ भी अनुमान लगाने के लिए स्वतन्त्र हो। मैं अभी इतना

ही जानता हूँ कि मुझे इस प्रदेश को छोड़कर उज्जयिनी जाने का तनिक भी मोह नहीं है।

**विलोम :** निस्सन्देह! तुम्हें ऐसा मोह क्यों होगा? साधारण व्यक्ति को हो सकता है, तुम्हें क्यों होगा? परन्तु, मैं केवल इतना जानना चाहता था कि यदि ऐसा हो...क्षण-भर के लिए स्वीकार कर लिया जाए कि तुम जाने का निश्चय कर लो...तो उस स्थिति में क्या यह उचित नहीं है कि...।

**मल्लिका :** आर्य विलोम, आप अपनी सीमा से बाहर जाकर बात कर रहे हैं। मैं बालिका नहीं हूँ, अपना शुभ-अशुभ सब समझती हूँ।... आप सम्भवतः यह अनुभव नहीं कर रहे कि आप यहाँ एक अनचाहे अतिथि के रूप में उपस्थित हैं।

**विलोम :** यह अनुभव करने की मैंने आवश्यकता नहीं समझी। तुम मुझसे घृणा करती हो, मैं जानता हूँ। परन्तु, मैं तुमसे घृणा नहीं करता। मेरे यहाँ होने के लिए इतना ही कारण पर्याप्त है। और एक बात कालिदास से भी करना चाहता था। तुम कालिदास के बहुत निकट हो, परन्तु, मैं कालिदास को तुमसे अधिक जानता हूँ। *(चलते हुए)* अच्छा...तुम्हारी यात्रा शुभ हो, कालिदास! तुम जानते हो, विलोम तुम्हारा भी हितचिन्तक है।

**कालिदास :** मुझसे अधिक कौन जान सकता है?

**विलोम के कंठ से तिरस्कारपूर्ण हँसी का स्वर निकलता है।**

**विलोम :** अनचाहा अतिथि सम्भवतः फिर भी कभी आ पहुँचे, मल्लिका, तब तक के लिए भी क्षमा चाहते हुए... *(चला जाता है।)*

**मन्द वाद्य-संगीत।**

**मल्लिका :** फिर उदास हो गए?...देखो, तुम मुझे वचन दे चुके हो।

**कालिदास :** तुम फिर एक बार सोचो, मल्लिका! प्रश्न सम्मान और राज्याश्रय स्वीकार करने का ही नहीं है। उससे कहीं बड़ा प्रश्न मेरे सामने है।

**मल्लिका :** और वह प्रश्न मैं हूँ। हूँ न? यहाँ बैठो। तुम मुझे जानते हो। हो न? तुम समझते हो कि तुम इस अवसर को ठुकराकर यहाँ रह जाओगे तो मुझे सुख होगा? मैं जानती हूँ कि तुम्हारे चले जाने पर मेरे अन्तर को एक सूनापन छा लेगा और बाहर भी सम्भवतः बहुत सूना प्रतीत होगा। फिर भी मैं अपने साथ छल नहीं कर रही।...मैं हृदय से कहती हूँ कि तुम्हें जाना चाहिए।

**कालिदास :** चाहता हूँ कि तुम इस समय अपनी आँखें देख सकतीं!

**मल्लिका** : मेरी आँखें इसलिए गीली हैं कि तुम मेरी बात नहीं समझते। तुम वहाँ जाकर भी मुझसे दूर हो सकते हो?...यहाँ तुम्हारी प्रतिभा को विकसित होने का अवकाश कहाँ मिलेगा? यहाँ लोग तुम्हें समझ नहीं पाते हैं। वे सामान्य की कसौटी पर ही तुम्हारी परीक्षा करना चाहते हैं। विश्वास करते हो न कि मैं तुम्हें जानती हूँ? जानती हूँ कि कोई भी रेखा तुम्हें घेर ले तो तुम घिर जाओगे। मैं तुम्हें घेरना नहीं चाहती। इसीलिए कहती हूँ कि तुम जाओ।

**कालिदास** : तुम मुझे पूरी तरह नहीं समझ रही हो, मल्लिका! प्रश्न तुम्हारे घेरने का भी नहीं है। मैं अनुभव करता हूँ कि यह प्रदेश ही मेरी वास्तविक भूमि है। मैं कई सूत्रों से इस भूमि से जुड़ा हूँ। उन सूत्रों में तुम हो, यह आकाश और ये मेघ हैं, यहाँ की हरियावल है, हरिणों के बच्चे हैं, पशुपाल हैं। यहाँ से जाकर मैं अपनी भूमि से उखड़ जाऊँगा।

**मल्लिका** : यह क्यों नहीं सोचते कि नई भूमि यहाँ से अधिक सम्पन्न और उपजाऊ होगी! इस भूमि से तुम जो कुछ ग्रहण कर सकते थे, कर चुके हो। तुम्हें आज नई भूमि की आवश्यकता है, जो तुम्हारे व्यक्तित्व को और भी पूर्ण बना दे।

**कालिदास** : नई भूमि ऐसी नहीं जिसके अन्तर में कहीं कोमलता भी स्पर्श अवश्य पा लेगी। *(कुछ रुककर)*

: और उस जीवन की अपनी अपेक्षाएँ भी होंगी।

**मल्लिका** : यह क्यों आवश्यक है कि तुम उन सब अपेक्षाओं का निर्वाह करो? तुम दूसरों के लिए नई अपेक्षाओं की सृष्टि कर सकते हो।

**कालिदास** : फिर भी कई-कई आशंकाएँ उठती हैं। मुझे हृदय में उत्साह का अनुभव नहीं होता।

**मल्लिका** : मेरी ओर देखो। अब भी उत्साह का अनुभव नहीं होता...? विश्वास करो, तुम यहाँ से जाकर भी यहाँ से विलग नहीं होओगे। यहाँ की वायु, यहाँ के मेघ और यहाँ के हरिण—इन सबको तुम साथ ले जाओगे...। और मैं भी तुमसे दूर नहीं रहूँगी। जब भी तुम्हारे निकट होना चाहूँगी, पर्वत-शिखर पर चली जाऊँगी और उड़कर आते हुए मेघों में घिर जाया करूँगी।

**हलके मेघ-गर्जन के साथ वर्षा का शब्द सुनाई देने लगता है।**

: सम्भवतः फिर वर्षा होगी। यों भी बहुत अँधेरा हो गया है। आचार्य तुम्हारी प्रतीक्षा कर रहे होंगे।

**कालिदास** : मुझे जाने के लिए कह रही हो?

**मल्लिका** : हाँ! देखना, मैं तुम्हारे पीछे प्रसन्न रहूँगी, बहुत घूमूँगी और हर सन्ध्या को जगदम्बा के मन्दिर में सूर्यास्त देखने जाया करूँगी।

**कालिदास** : इसका अर्थ है, तुमसे विदा लूँ?

**मल्लिका** : नहीं! विदा तुम्हें नहीं दूँगी। जा रहे हो, इसलिए केवल प्रार्थना करूँगी कि तुम्हारा पथ प्रशस्त हो। *(बैठते-से स्वर में)*...जाओ...! *(मेघ-गर्जन और वर्षा का शब्द और उभरता है।)*...जाओ...!

**करुण वाद्य-संगीत। मल्लिका के सिसकने का शब्द।**

**अम्बिका** : *(पास आती हुई)* तो वह चला गया?...और तुम रो रही हो? उठो, तुम स्वस्थ नहीं हो। चलो, अन्दर चलकर विश्राम करो।

**मल्लिका** : *(सिसकती हुई)* मुझे अभी यहीं रहने दो, माँ! मैं अस्वस्थ नहीं हूँ...। देखो, माँ, चारों ओर कितने गहरे मेघ घिरे हैं! कल ये मेघ उज्जयिनी की ओर उड़ जाएँगे।

**अम्बिका** : रोओ नहीं, मल्लिका!

**मल्लिका** : मैं रो नहीं रही हूँ, माँ! मेरी आँखों से जो बरस रहा है, यह दुख नहीं है। यह सुख है माँ, सुख।

**मेघ-गर्जन तीव्र होकर विलीन हो जाता है।**

**[अन्तराल संगीत]**

**पुरुष-स्वर** : ...और कुछ वर्षों के अनन्तर...वही गाँव...वही घर...।

**खरल में औषध पीसने का शब्द। कुछ दूरी पर अम्बिका के खाँसने का शब्द।**

**निक्षेप** : *(आता हुआ)* मल्लिका!

**मल्लिका** : आइए, आर्य निक्षेप! यह आसन ले लीजिए।

**निक्षेप** : अब अम्बिका का स्वास्थ्य कैसा है?

**मल्लिका** : अभी वैसे ही ज्वर आता है।

**निक्षेप** : पहले से कुछ भी अन्तर नहीं पड़ा?

**मल्लिका** : लगता तो नहीं।

**निक्षेप** : निरन्तर दो वर्ष से एक-सा ज्वर! वास्तव में अम्बिका चिन्ता बहुत करती है।

**मल्लिका** : औषध भी तो ठीक से नहीं खातीं।

**निक्षेप** : तुम्हारा स्वास्थ्य कैसा है?

**मल्लिका** : ठीक है।

**निक्षेप :** दुबली हो गई हो।...बहुत दिनों से राजधानी की ओर से कोई व्यक्ति नहीं आया। कई बार सोचता हूँ कि स्वयं उज्जयिनी जाकर एक बार उनसे मिल आऊँ।

**मल्लिका :** क्यों?

**निक्षेप :** कई-कई बातें करना चाहता हूँ। कई-कई बार मुझे लगता है कि मेरा भी कुछ अपराध है।

**मल्लिका :** किस बात में?

**निक्षेप :** बात तुम समझती हो।...मैंने आशा नहीं की थी कि उज्जयिनी जाकर कालिदास इस प्रकार वहाँ के ही हो जाएँगे।

**मल्लिका :** मुझे तो प्रसन्नता है कि वे वहाँ जाकर इतने व्यस्त हैं। यहाँ उन्होंने केवल 'ऋतुसंहार' की ही रचना की थी। वहाँ रहकर उन्होंने कई नए काव्यों की रचना की है। दो वर्ष पूर्व जो व्यवसायी आए थे, उन्होंने 'कुमारसम्भव' और 'मेघदूत' की प्रतियाँ मुझे ला दी थीं। वे कहते थे, उनके एक और बड़े काव्य की बहुत चर्चा है, परन्तु, उसकी प्रति उन्हें नहीं मिल सकी।

**निक्षेप :** यों तो सुना है, उन्होंने कुछ नाटकों की भी रचना की है जो उज्जयिनी की रंगशालाओं में खेले गए हैं। फिर भी...।

**मल्लिका :** फिर भी क्या?

**निक्षेप :** मुझे दुख होता है। इन सबके अतिरिक्त उन्हीं व्यवसायियों के मुख से और भी तो कई बातें सुनी थीं...।

**मल्लिका :** कोई व्यक्ति उन्नति करता है तो उसके नाम के साथ कई तरह के अपवाद अनायास जुड़ने लगते हैं।

**निक्षेप :** मैं अपवाद की बात नहीं कहता। परन्तु, यह भी तो सुना था कि गुप्त-वंश की राजदुहिता से उनका विवाह हो गया है।

**मल्लिका :** तो उसमें दोष क्या है?

**निक्षेप :** एक दृष्टि से देखें तो दोष नहीं भी है। परन्तु, यहाँ रहते हुए उनका यह आग्रह था कि वे जीवन-भर विवाह नहीं करेंगे। उस आग्रह का क्या हुआ? उन्होंने यह नहीं सोचा कि उनके इस आग्रह की रक्षा के लिए तुमने...?

**मल्लिका :** उनके प्रसंग में मेरी बात कहीं नहीं आती। मैं अनेकानेक साधारण प्राणियों में से हूँ। वह असाधारण हैं। उन्हें जीवन में असाधारण का ही संसर्ग चाहिए था।...सुना था, राजदुहिता बहुत विदुषी हैं।

**निक्षेप :** हाँ, सुना था। बहुत शास्त्र-दर्शन पढ़ी हैं। मैंने कहा न कि एक

दृष्टि से देखें तो इसमें कोई दोष नहीं। परन्तु दूसरी दृष्टि से देखता हूँ तो बहुत ग्लानि होती है।

**मल्लिका :** इसके विपरीत मुझे अपने से ग्लानि होती है कि, यह ऐसी मैं, उनकी प्रगति में बाधा भी बन सकती थी। आपके कहने से मैं उन्हें जाने के लिए प्रेरित न करती तो कितनी बड़ी हानि होती!

**निक्षेप :** यही तो सोचता हूँ कि मेरे कहने से तुम ऐसा न करतीं तो आज तुम्हारा जीवन यह न होता।

**मल्लिका :** मेरे जीवन में पहले से क्या अन्तर आया है? इतना ही कि पहले माँ काम करती थीं। अब वह अस्वस्थ हैं, मैं काम करती हूँ।

**निक्षेप :** बाहर से तो इतना ही अन्तर है।

**मल्लिका :** केवल यही अन्तर है। मैं माँ को औषध दे दूँ, अभी आती हूँ।

**घोड़ों की टापों का शब्द दूर से पास आता और फिर दूर चला जाता है।**

**मल्लिका :** *(कुछ दूर से)* माँ, तुम्हें ठंड लगेगी, इसलिए किवाड़ बन्द किए देती हूँ।...आर्य निक्षेप, वहाँ झरोखे के पास क्यों खड़े हैं?

**निक्षेप :** लगता है, आज फिर कुछ लोग बाहर से आए हैं।

**मल्लिका :** कौन लोग?

**निक्षेप :** सम्भवतः राज्य के कर्मचारी हैं। दो वैसी ही आकृतियाँ अभी मैंने देखी हैं, जैसी तब देखी थीं, जब आचार्य कालिदास को लेने आए थे।

**मल्लिका :** *(सिहरकर)* वैसी आकृतियाँ? *(अपने भाव को दबाती हुई थोड़ा हँसने का प्रयत्न करती है।)* जानते हैं, माँ इनके सम्बन्ध में क्या कहती हैं? वे कहती हैं कि जब भी यहाँ ये आकृतियाँ दिखाई देती हैं, कोई-न-कोई अनिष्ट होता है। कभी युद्ध, कभी महामारी।... परन्तु, पिछली बार तो कुछ नहीं हुआ।

**निक्षेप :** नहीं हुआ?

**मल्लिका :** क्या हुआ?...और जो हुआ वह तो अच्छा ही था। वायु में आजकल इतनी नमी रहती है कि गीले वस्त्र घंटों तक नहीं सूखते।

**फिर टापों का शब्द सुनाई देने लगता है।**

**निक्षेप :** हैं, हैं?...नहीं...परन्तु, नहीं कैसे?

**टापों का शब्द दूर चला जाता है।**

**मल्लिका :** सहसा उत्तेजित क्यों हो उठे, आर्य निक्षेप?

**निक्षेप :** *(उत्तेजित स्वर में)* मल्लिका, मैंने अभी-अभी एक और आकृति को घोड़े पर जाते देखा है।

**मल्लिका** : तो क्या हुआ? आप भी माँ की तरह व्यर्थ में आशंका करने लगे?

**निक्षेप** : परन्तु, वह बहुत पहचानी हुई आकृति है, मल्लिका? मुझे विश्वास है कि वे स्वयं कालिदास हैं।

**मल्लिका** : *(स्तम्भित-सी)* कालिदास!...यह कैसे सम्भव है?

**निक्षेप** : परन्तु, मैंने अपनी आँखों से देखा है। वे घोड़ा दौड़ाते हुए पर्वत-शिखर की ओर गए हैं। इस राजसी वेशभूषा में कोई और उन्हें न पहचान पाए, मेरी आँखों को भ्रम नहीं हो सकता।...मैं अभी जाकर देखता हूँ। वे राज्य-कर्मचारी भी अवश्य उन्हीं के साथ आए होंगे। *(चला जाता है।)*

**मल्लिका** : *(अपने में खोई-सी)* तो आज वर्षों के अनन्तर तुम लौटकर आए हो! सोचती थी कि तुम आओगे तो उसी तरह मेघ घिरे होंगे, वैसा ही अँधेरा-सा दिन होगा, वैसे ही एक बार मैं वर्षा में भीगूँगी और फिर तुमसे कहूँगी कि देखो मैंने तुम्हारी सब रचनाएँ पढ़ी हैं...। उज्जयिनी की ओर जानेवाले व्यापारियों से कितना-कितना अनुरोध करके मैंने तुम्हारी रचनाएँ मँगवाई हैं।...सोचती थी मैं तुम्हें 'मेघदूत' की पंक्तियाँ गा-गाकर सुनाऊँगी। किसी पर्वत-शिखर से घंटा-ध्वनियाँ गूँज उठेंगी और मैं अपनी यह भेंट तुम्हारे हाथों में रख दूँगी...। कहूँगी कि देखो, यह तुम्हारी नई रचना के लिए है। ये कोरे पृष्ठ मैंने अपने हाथों से बनाकर सिए हैं। इन पर तुम जब जो भी लिखोगे, उसमें मुझे अनुभव होगा कि मैं भी कहीं हूँ, मेरा भी कुछ है। परन्तु, तुम आए हो तो सारा वातावरण और है। और...और नहीं सोच पाती कि तुम भी वही हो या...?

**किवाड़ थपथपाने का शब्द।**

**अनुस्वार** : हमें विश्वास है कि हम इस समय देवी मल्लिका के सम्मुख खड़े हैं?

**मल्लिका** : आइए। आप?

**अनुस्वार** : देव मातृगुप्त के अनुचरों, अनुस्वार और अनुनासिक का अभिवादन स्वीकार कीजिए।

**मल्लिका** : देव मातृगुप्त? देव मातृगुप्त कौन हैं?

**अनुस्वार** : 'ऋतुसंहार', 'कुमारसम्भव' एवं 'मेघदूत' के प्रणेता कवीन्द्र, राजनीति-निष्पात आचार्य तथा कश्मीर के भावी शासक। देव मातृगुप्त की राजमहिषी गुप्तवंशदुहिता परम विदुषी देवी, प्रियंगुमंजरी आपके साक्षात्कार के लिए उत्सुक हैं और शीघ्र ही यहाँ आना

चाहती हैं। हम उनके अनुचर आपको इसकी पूर्व-सूचना देने के लिए उपस्थित हैं।

**मल्लिका** : 'ऋतुसंहार' और 'मेघदूत' आदि के प्रणेता कालिदास हैं और आप कह रहे हैं...।

**अनुस्वार** : वे गुप्त राज्य की ओर से कश्मीर का शासन सँभालने जा रहे हैं। मातृगुप्त उन्हीं का नया नाम है।

**मल्लिका** : वे कश्मीर का शासन सँभालने जा रहे हैं? और...और उनकी राजमहिषी मुझसे मिलने के लिए यहाँ आ रही हैं?

**अनुस्वार** : मुझे विश्वास है कि इस गौरवपूर्ण अवसर पर आप अपने घर में कुछ परिवर्तन आवश्यक समझेंगी। हम आपका आदेश समझते हुए इस कार्य को अभी अपने हाथों किए देते हैं। आओ, अनुनासिक।

**दोनों प्रकोष्ठ में आकर निरीक्षणात्मक दृष्टि से सब वस्तुओं को देखने लगते हैं। मल्लिका इस तरह एक कोने में हट जाती है जैसे वह उस घर में आगन्तुक हो। अनुनासिक आसन के निकट चला जाता है।**

**अनुनासिक** : मैं समझता हूँ कि यह आसन द्वार के निकट होना चाहिए।

**अनुस्वार** : देवी द्वार से यहाँ प्रवेश करेंगी और आसन द्वार के निकट होगा?

**अनुनासिक** : तो इसे इसकी वर्तमान स्थिति से सात अँगुल दक्षिण की ओर हटा दिया जाए।

**अनुस्वार** : दक्षिण की ओर? मैं समझता हूँ कि इसकी स्थिति पाँच अँगुल उत्तर की ओर होनी चाहिए। झरोखे से सूर्य की किरणें सीधी इस पर पड़ती हैं।

**अनुनासिक** : मैं तुमसे सहमत नहीं हूँ।

**अनुस्वार** : मैं तुमसे सहमत नहीं हूँ।

**अनुनासिक** : तो?

**अनुस्वार** : तो विवाद का विषय होने के कारण आसन को रहने दिया जाए।

**अनुनासिक** : अच्छी बात है, इसे रहने दिया जाए। और ये कुम्भ?

**कुम्भों के निकट चला जाता है।**

**अनुस्वार** : मैं समझता हूँ कि एक कुम्भ इस कोने में और दूसरा दूसरे कोने में होना चाहिए।

**अनुनासिक** : मैं समझता हूँ कि कुम्भ यहाँ पर होने ही नहीं चाहिए।

**अनुस्वार** : क्यों?

**अनुनासिक** : क्यों का कोई उत्तर नहीं।

**अनुस्वार** : मैं तुमसे सहमत नहीं हूँ।
**अनुनासिक** : मैं तुमसे सहमत नहीं हूँ।
**अनुस्वार** : तो?
**अनुनासिक** : तो कुम्भों को भी रहने दिया जाए।
**अनुस्वार** : और ये वस्त्र?
**अनुनासिक** : वस्त्र अभी गीले हैं इसलिए इन्हें नहीं हटाना चाहिए।
**अनुस्वार** : क्यों?
**अनुनासिक** : शास्त्रीय प्रमाण ऐसा है।
**अनुस्वार** : कौन-सा प्रमाण है?
**अनुनासिक** : यह तो मुझे स्मरण नहीं।
**अनुस्वार** : यह स्मरण है कि ऐसा प्रमाण है?
**अनुनासिक** : हाँ।
**अनुस्वार** : तो?
**अनुनासिक** : तो संदिग्ध विषय है।
**अनुस्वार** : हाँ, तब तो संदिग्ध विषय है।
**अनुनासिक** : तो संदिग्ध विषय होने से वस्त्रों को भी रहने दिया जाए?
**अनुस्वार** : अच्छी बात है, वस्त्रों को भी रहने दिया जाए।
**अनुनासिक** : किन्तु, यह चूल्हा अवश्य यहाँ से हटा दिया जाना चाहिए।
**अनुस्वार** : चूल्हा हटाने का अर्थ है, आसपास की सब वस्तुओं को हटाया जाए। इसके लिए बहुत समय चाहिए।
**अनुनासिक** : और समय के अतिरिक्त बहुत धैर्य चाहिए।
**अनुस्वार** : और धैर्य के अतिरिक्त बहुत परिश्रम चाहिए।
**अनुनासिक** : और मैं समझता हूँ कि जूठे भोजनों को हाथ लगाना हमारी स्थिति के अनुकूल नहीं है।
**अनुस्वार** : मैं भी यही समझता हूँ।
**अनुनासिक** : तो इस बात में हम दोनों सहमत हैं कि चूल्हे को न हटाया जाए?
**अनुस्वार** : मैं समझता हूँ कि हम दोनों सहमत हैं।
**अनुनासिक** : और तो कुछ शेष नहीं।
**अनुस्वार** : मेरे विचार में कुछ भी शेष नहीं।
**अनुनासिक** : नहीं, अभी शेष है।
**अनुस्वार** : क्या?
**अनुनासिक** : यह चौकी यहाँ रास्ते में पड़ी है। यह यहाँ से हटा देनी चाहिए।
**अनुस्वार** : मैं इससे सहमत हूँ।

**अनुनासिक** : तो?

**अनुस्वार** : तो?

**अनुनासिक** : तो इसे हटा देना चाहिए।

**अनुस्वार** : हाँ, अवश्य हटा देना चाहिए।

**अनुनासिक** : तो?

**अनुस्वार** : तो?

**अनुनासिक** : हटा दो।

**अनुस्वार** : मैं?

**अनुनासिक** : हाँ।

**अनुस्वार** : तुम नहीं?

**अनुनासिक** : नहीं।

**अनुस्वार** : क्यों?

**अनुनासिक** : क्यों का कोई उत्तर नहीं।

**अनुस्वार** : फिर भी?

**अनुनासिक** : पहले मैंने तुमसे कहा है।

**अनुस्वार** : किन्तु, चौकी पहले देखी तुमने है।

**अनुनासिक** : तो?

**अनुस्वार** : तो?

**अनुनासिक** : हटा दो।

**अनुस्वार** : तुम्हीं हटा दो।

**अनुनासिक** : तो रहने दो।

**अनुस्वार** : रहने दो।

**अनुनासिक** : अब?

**अनुस्वार** : हाँ, अब?

**अनुनासिक** : एक बार फिर चारों ओर दृष्टि डाल लें।

**अनुस्वार** : हाँ, एक बार फिर चारों ओर दृष्टि डाल लें।

**मातुल** : अधिकारी वर्ग, आपका कार्य यहाँ पूरा हो गया?

**अनुनासिक** : क्यों, अनुस्वार?

**अनुस्वार** : हाँ, पूरा हो गया। हो गया न? क्यों, अनुनासिक?

**अनुनासिक** : हाँ, हो गया, केवल एक दृष्टि डालना शेष है।

**अनुस्वार** : हाँ, केवल एक दृष्टि डालना शेष है।

**मातुल** : तो वह दृष्टि कृपया रहने दीजिए। देवी प्रियंगुमंजरी बाहर पहुँच गई हैं।

**अनुनासिक** : देवी बाहर पहुँच गई हैं? तो चलो, अनुस्वार!

**अनुस्वार** : चलो।

**मातुल** : *(दूर से आते हुए)* वह सारे प्रदेश में सबसे सुशील, सबसे विनीत और सबसे भोली लड़की है। *(पास आकर)* यह रही हमारी मल्लिका! मल्लिका, मैं देवी के सामने तुम्हारी ही प्रशंसा कर रहा था। देवी जबसे आई हैं तुम्हारे सम्बन्ध में ही पूछ रही हैं। तो देख लीजिए...यही है हमारी मल्लिका, इस प्रदेश की राजहंसिनी।...अ...अ...अ मल्लिका, देवी के लिए कौन-सा आसन निश्चित है?

**प्रियंगु** : आर्य मातुल, आप जाकर विश्राम कीजिए। अनुचर मेरे लौटने तक बाहर प्रतीक्षा करेंगे।

**मातुल** : परन्तु, आपके लिए आसन...?

**प्रियंगु** : चिन्ता मत कीजिए। मुझे कोई असुविधा न होगी।

**मातुल** : असुविधा तो होगी, परन्तु, आप असुविधा को असुविधा न समझें यह और बात है। और वास्तव में कुलीनता इसी को कहते हैं। बड़े कुल की यही विशेषता होती है कि...।

**प्रियंगु** : आप जाकर विश्राम कीजिए। मैंने पहले ही आपको बहुत थकाया है।

**मातुल** : मुझे थकाया है? आपने? आपके कारण मैं थकूँगा? मुझे आप दिन-भर पर्वतशिखर से खाई में और खाई से पर्वत-शिखर पर जाने को कहती रहें, मैं तब भी नहीं थकूँगा। मातुल का शरीर लोहे का बना है, लोहे का। आत्मश्लाघा नहीं करता, किन्तु, हमारे वंश में केवल प्रतिभा ही नहीं, शरीर-शक्ति भी बहुत है। मैं पशुओं के पीछे एक दिन में दस-दस योजन घूमा हूँ। मैं कहता हूँ, संसार में सबसे कठिन काम है तो वह है पशु-पाल का। एक पशु मार्ग से भटक जाए...।

**प्रियंगु** : देखिए, आज भी आपके पशु भटक रहे होंगे, उन्हें जाकर एक बार देख लीजिए।

**मातुल** : अब मैं पशुओं को देखता हूँ? गुप्त वंश के साथ सम्बन्ध और पशुओं की देख-रेख? मैंने अपने सब पशु वर्षों पूर्व ही बेच दिए। और सच कहूँ तो उसमें भी मुझे लाभ ही रहा क्योंकि...।

**प्रियंगु** : तुम सचमुच वैसी ही हो जैसी मैंने कल्पना की थी।

**मातुल** : क्योंकि...अ...अ...अच्छा तो मुझे अनुमति दीजिए। घर में

कई-कुछ बिखरा पड़ा है। कई बातों की व्यवस्था करना शेष है। तो...अनुचर आपकी प्रतीक्षा करेंगे।...मेरे लिए कोई आदेश हो तो कहला दीजिएगा।...मल्लिका, देवी के बैठने की व्यवस्था कर दो, नहीं तो ये खड़ी ही रहेंगी। अच्छा, तो मैं चल रहा हूँ। कोई आदेश हो तो कहला दीजिएगा।

**प्रियंगु** : आप चलें। यहाँ के लिए कोई चिन्ता करने की आवश्यकता नहीं।

**मातुल** : अच्छा-अच्छा...। *(जाते हुए)* मुझे चिन्ता की क्या आवश्यकता है? चिन्ता करने के लिए यहाँ मल्लिका है, अम्बिका है...। फिर भी कोई बात हो, तो कहला दीजिएगा। *(चला जाता है।)*

**प्रियंगु** : सचमुच बहुत सुन्दर हो! जानती हो, अपरिचित होते हुए भी तुम अपरिचित नहीं लग रहीं?

**मल्लिका** : आप बैठ जाइए।

**प्रियंगु** : नहीं, बैठना नहीं चाहती। मैं तुम्हें और तुम्हारे घर को देखना चाहती हूँ। उन्होंने बहुत बार तुम्हारी और इस घर की चर्चा की है। जिन दिनों 'मेघदूत' लिख रहे थे, उन दिनों प्रायः यहाँ का स्मरण किया करते थे। आज इस भूमि का आकर्षण ही हमें यहाँ ले आया है; अन्यथा दूसरे मार्ग से हम अधिक सुविधापूर्वक कश्मीर की राजधानी में पहुँच सकते थे।

**मल्लिका** : मैं समझ नहीं पा रही कि किस रूप में मुझे आपका आतिथ्य करना चाहिए। आप आसन ग्रहण कर लें तो मैं आपके लिए...।

**प्रियंगु** : मेरा आतिथ्य करने की बात मत सोचो। मैं तुम्हारे पास अतिथि के रूप में नहीं आई हूँ।...सम्भव था, ये यहाँ न भी आते परन्तु, मैं इन्हें विशेष आग्रह के साथ लाई हूँ। मैं स्वयं एक बार इस प्रदेश को देखना चाहती थी। और इसके अतिरिक्त...।

**कंठ से हलका-सा विदग्धतापूर्ण स्वर निकल पड़ता है।**

: इसके अतिरिक्त एक और कारण भी था। चाहती थी कि सम्भव हो तो इस प्रदेश का कुछ वातावरण साथ ले जाऊँ।

**मल्लिका** : इस प्रदेश का वातावरण?

**प्रियंगु** : यहाँ से बहुत दूर तक की पर्वत-शृंखलाएँ दिखाई देती हैं।...कितनी निर्व्याज सुन्दरता है! मुझे यहाँ आकर तुमसे स्पर्द्धा होती है।

**मल्लिका** : यह हमारा सौभाग्य होगा कि आप कुछ दिनों के लिए इस प्रदेश में रह जाएँ। यहाँ आपको असुविधा तो होगी, फिर भी...।

**प्रियंगु** : इस सौन्दर्य के सामने जीवन की सुविधाएँ कुछ नहीं। इसे आँखों में व्याप्त करने के लिए जीवन-भर का समय भी पर्याप्त नहीं। परन्तु, इतना अवकाश कहाँ है? कश्मीर की राजनीति इतनी अस्थिर है कि हमारा एक-एक दिन वहाँ से दूर रहना कई-कई समस्याओं को जन्म दे सकता है। एक प्रदेश का शासन बहुत बड़ा उत्तरदायित्व है। और हम पर तो और भी बड़ा उत्तरदायित्व है क्योंकि कश्मीर की स्थिति इस समय बहुत संकटपूर्ण है। यों वहाँ के सौन्दर्य की ही इतनी चर्चा है, परन्तु, हमें उसे देखने का अवकाश कहाँ रहेगा? इसीलिए तुमसे स्पर्द्धा होती है कि सौन्दर्य का यह सहज उपभोग हमारे लिए केवल एक स्वप्न है।...बैठ जाओ। यहाँ बैठो।

**मल्लिका** : मैं दूसरा आसन ले लेती हूँ।

**प्रियंगु** : ये भोजपत्र कैसे हैं? लगता है, ग्राम प्रदेश में रहकर भी तुम्हें साहित्य से अनुराग है। किसकी रचनाएँ हैं ये?

**मल्लिका** : कालिदास की।

**प्रियंगु** : इनकी! हाँ! परन्तु, अब मातृगुप्त के नाम से जाने जाते हैं। तो क्या यहाँ भी उनकी रचनाएँ मिल जाती हैं?

**मल्लिका** : ये प्रतियाँ मैंने उज्जयिनी से आनेवाले व्यवसायियों से प्राप्त की है।

**प्रियंगु** : मैं समझ सकती हूँ। उनसे जान चुकी हूँ कि तुम बाल्यकाल से ही उनकी संगिनी रही हो। उनकी रचनाओं से तुम्हारा मोह होना स्वाभाविक है। *(जैसे कुछ सोचती-सी छत की ओर देखने लगती है।)* वे भी जब-तब यहाँ के जीवन की चर्चा करते हुए खोए-से हो जाते हैं। इसलिए राजनीतिक कार्यों से कई बार उनका मन उखड़ने लगता है। ऐसे अवसरों पर उनके मन को स्थिर रखने के लिए बहुत प्रयत्न करना पड़ता है। राजनीति साहित्य नहीं है। उसमें एक-एक क्षण का महत्व है। कभी एक क्षण भी चूक जाए तो बहुत बड़ा अनिष्ट हो सकता है। राजनीतिक जीवन की धुरी में बने रहने के लिए व्यक्ति को बहुत जागरूक रहना पड़ता है।...साहित्य उनके जीवन का पहला चरण था। अब वे दूसरे चरण पर पहुँच चुके हैं। मेरा समय इसी प्रयत्न में बीतता है कि उनका बढ़ा हुआ चरण पीछे न हट जाए।...बहुत परिश्रम का जीवन है यह! तुम ऐसा नहीं समझतीं?

**मल्लिका** : मैं राजनीतिक जीवन के सम्बन्ध में कुछ भी नहीं जानती।

**प्रियंगु :** क्योंकि तुम ग्राम प्रदेश में ही रही हो। मैंने तुमसे कहा था कि मैं यहाँ का कुछ वातावरण साथ ले जाना चाहती हूँ। यह इसीलिए कि उन्हें अभाव का अनुभव न हो। कई बार बहुत हानि होती है। वह व्यर्थ में धैर्य खो देते हैं जिसमें समय भी जाता है, शक्ति भी। उनके समय का बहुत मूल्य है। मैं चाहती हूँ कि उनका समय नष्ट न हुआ करे। इसलिए मैं यहाँ से कई-कुछ अपने साथ ले जा रही हूँ। कुछ हरिणशावक जाएँगे, जिनका हम अपने उद्यान में पालन करेंगे। यहाँ की औषधियाँ उद्यान में तथा आस-पास के प्रदेश में लगवा दी जाएँगी। हम यहाँ के-से कुछ घरों का भी वहाँ निर्माण करेंगे। मातुल और उनका परिवार भी साथ जाएगा। यहाँ से कुछ अनाथ बच्चों को वहाँ ले जाकर हम शिक्षा देंगे। मैं समझती हूँ, इससे अन्तर पड़ेगा। देख रही हूँ कि तुम्हारा घर बहुत जर्जर अवस्था में है। इसका संस्कार आवश्यक है। तुम चाहो तो मैं इस कार्य के लिए आदेश दे जाऊँगी। उज्जयिनी के दो कुशल भवन-निर्माता हमारे साथ आए हैं। क्यों?

**मल्लिका :** आप बहुत उदार हैं। परन्तु, हमें ऐसे घर में रहने का ही अभ्यास है, इसलिए हमें असुविधा नहीं होती।

**प्रियंगु :** फिर भी मैं चाहूँगी कि इस घर का संस्कार हो जाए। उनके जीवन के आरम्भिक वर्षों का इस घर के साथ भी सम्बन्ध रहा है। मातुल के घर के स्थान पर मैंने नए भवन के निर्माण का आदेश दिया है। मैंने निर्माताओं से कहा है कि वे उज्जयिनी से चिकनी शिलाएँ लाकर उस कार्य को आरम्भ करें। मुझे खेद है कि कार्य के निरीक्षण के लिए मैं स्वयं यहाँ न रह सकूँगी। कल ही हमें आगे यात्रा आरम्भ कर देनी है। और देखो...तुम भी हमारे साथ क्यों नहीं चलतीं?

**मल्लिका :** मैं?

**प्रियंगु :** हाँ! इसमें बाधा क्या है? यहाँ तुम किसी ऐसे सूत्र से तो बँधी नहीं हो कि...।

**मल्लिका :** मेरी माँ यहाँ हैं।

**प्रियंगु :** यह कोई बाधा नहीं है। तुम्हारी माँ के भी साथ जाने की व्यवस्था हो सकती है। तुम्हारे पीछे इस घर का संस्कार होता रहेगा। तुम वहाँ मेरे साथ मेरी संगिनी की तरह रहोगी।

**मल्लिका :** क्षमा चाहती हूँ। मैं अपने को ऐसे गौरव की अधिकारिणी नहीं समझती।

**प्रियंगु :** परन्तु, मैं तुम्हें इससे कहीं अधिक की अधिकारिणी समझती हूँ...मेरे आने से पूर्व राज्य के दो अधिकारी यहाँ आए थे। मैंने उन्हें यूँ ही नहीं भेजा था। तुमने उन्हें अच्छी तरह देखा है? उनमें से तुम जिसे भी अपने योग्य समझो उसी के साथ तुम्हारे विवाह का प्रबन्ध किया जा सकता है। दोनों बहुत योग्य अधिकारी हैं।

**मल्लिका :** देवि!

**प्रियंगु :** सम्भवतः तुम उन दोनों में से किसी को भी अपने योग्य नहीं समझतीं। परन्तु, राज्य में ये दो ही नहीं, और भी बहुत-से अधिकारी हैं। तुम मेरे साथ चलो। तुम जिस किसी से चाहोगी...।

**मल्लिका :** इस विषय की चर्चा छोड़ दीजिए।

**प्रियंगु :** क्यों? तुम्हारे मन में यह कल्पना नहीं है कि तुम्हारा अपना घर-परिवार हो?

**धीरे-धीरे किवाड़ के खुलने का शब्द।**

**अम्बिका :** *(पास आती हुई)* नहीं, इसके मन में यह कल्पना नहीं है।

**मल्लिका :** माँ!

**अम्बिका :** इसके मन में यह कल्पना नहीं है क्योंकि यह भावना के स्तर पर जीती है। इसके लिए जीवन में...।

**मल्लिका :** तुम उठ क्यों आईं, माँ? तुम्हारा स्वास्थ्य ठीक नहीं है। चलो, चलकर लेट जाओ।

**अम्बिका :** मैं किसी अभ्यागत से बात भी नहीं कर सकती? दिन, मास, वर्ष मुझे घुटते हुए बीत जाते हैं। मेरे लिए यह घर अब घर नहीं, एक अँधेरी गुफ़ा है जिसमें मैं हर समय बन्द रहती हूँ। और तुम चाहती हो, मैं किसी से बात भी न करूँ?

**मल्लिका :** परन्तु माँ, तुम स्वस्थ नहीं हो।

**अम्बिका :** तुम्हारी अपेक्षा मैं फिर भी अधिक स्वस्थ हूँ। यह घर सदा से इस अवस्था में नहीं है, राजवधू! जब मेरे हाथ चलते थे, मैं प्रतिदिन इसे लीपती-बुहारती थी। यहाँ की हर वस्तु इस प्रकार गिरी-टूटी नहीं थी। परन्तु, आज तो हम दोनों माँ-बेटी भी यहाँ टूटी-सी पड़ी रहती हैं। यह इसलिए कि...। *(फिर साँस फूल जाने से आगे नहीं बोल पाती।)*

**प्रियंगु :** मैं देख रही हूँ कि घर की अवस्था अच्छी नहीं है। मल्लिका मेरे साथ चल सकती तो समस्या वैसे ही सुलझ जाती। परन्तु, अब...अब भी जो कुछ सम्भव होगा, मैं अवश्य करूँगी। मैं आदेश दूँगी कि इस घर को गिराकर इसके स्थान पर...।

**मल्लिका :** ऐसा मत कीजिए। इस घर को गिराने का आदेश मत दीजिए।

**प्रियंगु :** मैं तुम्हारी सुविधा के लिए कह रही थी। तुम्हें असुविधा हो तो...ठीक है। मैं ऐसा आदेश नहीं दूँगी। फिर भी चाहती हूँ कि तुम्हारे लिए कुछ-न-कुछ अवश्य कर सकूँ...। इस समय और नहीं रुक सकती...। कल की यात्रा से पूर्व कई और आवश्यक कार्य करने हैं। यों तो इस समय भी अवकाश नहीं था। फिर भी मैंने आना आवश्यक समझा। वह पर्वत-शिखर की ओर घूमने चले गए थे, मैं उस बीच इधर चली आई। अच्छा...!

**अम्बिका :** परन्तु राजवधू, मैं तुमसे कुछ कहना चाहती थी। तुम्हें बताना चाहती थी कि हम लोग...हम लोग...। *(खाँसने लगती है और शब्द खाँसी में डूब जाते हैं।)*

**प्रियंगु :** मैं आपके कष्ट को समझ रही हूँ। जो भी सहायता मुझसे बन पड़ेगी, अवश्य करूँगी। बाहर अनुचर मेरी प्रतीक्षा कर रहे हैं, इसलिए...अच्छा!

**क्षण-भर सितार पर आघात का-सा स्वर।**

**अम्बिका :** *(जैसे दाँत पीसती हुई)* लो, मेघदूत की पंक्तियाँ पढ़ो! इन्हीं में न कहती थीं कि उसके हृदय की कोमटलता साकार हो उठी है...? आज उस कोमलता का और भी साकार रूप देख लिया? आज वह तुम्हें तुम्हारी भावना का मूल्य देना चाहता है। क्यों नहीं स्वीकार कर लेतीं? घर का संस्कार हो जाएगा और तुम उनके यहाँ परिचारिका बनकर रह सकोगी। इससे बड़ा सौभाग्य और क्या चाहिए...?

**मल्लिका :** राजकन्या की अपनी दृष्टि है, माँ! उसके लिए और कोई क्योंकर उत्तरदायी है?

**अम्बिका :** किन्तु, उसके यहाँ आने के लिए कौन उत्तरदायी है? निस्सन्देह वह उसकी इच्छा के बिना यहाँ नहीं आई...। आज वह प्रभु है, उसके पास सम्पत्ति है। उस प्रभुता और सम्पत्ति का परिचय देने के लिए इससे अच्छा और क्या उपाय हो सकता था?

**मल्लिका :** परन्तु, माँ...।

**अम्बिका :** माँ कुछ नहीं जानती। कुछ नहीं समझती। माँ भावना की गहराई तक नहीं जाती। माँ...।

**विलोम की हलकी व्यंग्यपूर्ण हँसी का शब्द।**

**विलोम :** इस प्रकार व्याकुल क्यों हो, अम्बिका...? आज तो सारा गाँव तुम्हारे सौभाग्य पर तुमसे ईर्ष्या कर रहा है। राजकीय पगधूलि घर में पड़ती है तो लोग गौरव का अनुभव करते हैं। ऐसा अवसर हर किसी के जीवन में कहाँ आता है?

**अम्बिका :** यह अवसर देखने के लिए ही तो मैंने आज तक का जीवन जिया है। इतना बड़ा सौभाग्य हमारे क्षुद्र जीवन में कहाँ समा सकता है? *(सहसा उठ खड़ी होती है।)* चलो, मैं स्वयं चलकर गाँव भर में इस सौभाग्य की घोषणा करूँगी। हमारे वर्षों के अभाव और दुख कितना बड़ा फल लाए हैं कि राज्य की ओर से हमारे घर का संस्कार किया जाएगा!

**विलोम :** बैठ जाओ, अम्बिका! आज लोगों के पास तुम्हारी बात सुनने का अवकाश नहीं है। लोग आज व्यस्त हैं। उन्हें बाहर से आए अतिथियों के लिए कई तरह की सामग्री जुटानी है। अतिथि यहाँ के पत्थर तक बटोरकर ले जाना चाहते हैं। यहाँ के पत्थर अब बहुत मूल्यवान समझे जाते हैं।

**मल्लिका :** यहाँ के पत्थर पहले भी मूल्यवान थे, आर्य विलोम! यह और बात है कि पहले किसी ने उनका मूल्य समझा न हो।

**अम्बिका :** तो जाकर तुम भी क्यों नहीं बटोर लेतीं? सम्भव है, फिर लोग यहाँ कोई पत्थर शेष न रहने दें और तुम्हारी भावना के लिए कोई आधार न रहे।

**मल्लिका :** बैठ जाओ माँ, तुम्हारा स्वास्थ्य ठीक नहीं है।

**विलोम :** चारों ओर बहुत उत्साह है। यह दिन इस प्रदेश के जीवन का सबसे बड़ा उत्सव है। लोग आज अपने पशुओं की चिन्ता नहीं कर रहे। वे अतिथियों के लिए खाने और पीने की सामग्री जुटाने में व्यस्त हैं। उस सामग्री में सम्भवतः कुछ हरिणशावक भी होंगे जो राजकन्या के विशेष आदेश पर प्राप्त किए जा रहे हैं।

**मल्लिका :** यह सच नहीं है।

**विलोम :** सच नहीं है? परन्तु, इन्द्र वर्मा और विष्णुदत्त को स्वयं राजकन्या ने आदेश दिया है कि...।

**मल्लिका :** उस आदेश का कुछ और अर्थ भी हो सकता है।

**विलोम** : और अर्थ? और अर्थ क्या है? क्या राजकन्या हरिणशावकों से खेला करेगी? या उज्जयिनी के कलाकार उनकी अनुकृतियाँ बनाएँगे...? यह भी एक रोचक विषय है कि राजपरिवार के कलाकार आज यहाँ हर वस्तु की अनुकृतियाँ बनाते घूम रहे हैं। यहाँ का कोई पेड़, कोई पत्ता, कोई तिनका शेष न रहेगा जिसकी वे अनुकृति बनाकर न ले जाएँगे।

**मल्लिका** : इसका भी कुछ अपना अर्थ हो सकता है।

**विलोम** : मैं कब कहता हूँ कि इसका अर्थ नहीं है? अर्थ बहुत स्पष्ट है। वे यहाँ की हर वस्तु को विचित्र के रूप में देखते हैं और उस वैचित्र्य को यहाँ से जाकर दूसरों को दिखाना चाहते हैं। तुम, मैं, यह घर, ये पर्वत—सब उनके लिए विचित्रता के उदाहरण हैं। मैं तो उनकी सूक्ष्म और समर्थ दृष्टि की प्रशंसा करता हूँ जो जहाँ वैचित्र्य नहीं, वहाँ भी वैचित्र्य देख लेती हैं। एक कलाकार को मैंने यहाँ की धूप में अपनी ही छाया की अनुकृति बनाते देखा है।

**अम्बिका** : यहाँ की धूप में उन्हें अपनी छायाएँ अवश्य और-सी लगती होंगी।...वह कौन-सी राक्षसी थी जो जिस किसी जीव की छाया को पकड़ लेती थी?

**बोलते-बोलते फिर हाँफने लगती है।**

: मैं चाहती हूँ, मैं भी वह राक्षसी होती और आज मैं भी...मैं भी...।

**खाँसी उठ आने से शब्द डूब जाते हैं।**

**मल्लिका** : तुमसे मैंने कहा है माँ, तुम विश्राम कर लो। बातें मत करो।... आर्य विलोम, माँ का स्वास्थ्य ठीक नहीं है। इन्हें इस समय विश्राम करने दीजिए।

**विलोम** : हाँ, अम्बिका को अन्दर ले जाओ। मैं तो उत्सव की सूचना मात्र देने के लिए आया था।...आश्चर्य है कि कालिदास ने स्वयं यहाँ आना उचित नहीं समझा। कल तो, सुनते हैं, वे लोग चले भी जाएँगे।

**अम्बिका** : उसने आना उचित नहीं समझा क्योंकि वह जानता है कि अम्बिका अभी जीवित है।

**विलोम** : परन्तु, मैं समझता हूँ कि वह एक बार आएगा अवश्य। उसे आना चाहिए। व्यक्ति किसी सम्बन्ध-सूत्र को ऐसे नहीं तोड़ता। और विशेष रूप से वह, जिसे एक कवि का भावुक हृदय प्राप्त हो। तुम क्या सोचती हो, मल्लिका? उसे एक बार आना नहीं चाहिए?

**मल्लिका :** मैंने आपसे अनुरोध किया है, आर्य विलोम, कि इस समय माँ को विश्राम करने दीजिए। आपकी बातों से माँ का मन अस्थिर होता है।

**विलोम :** मेरी बातों से अम्बिका का मन अस्थिर होता है? मैं समझता हूँ कि वे कारण दूसरे हैं। अम्बिका जानती है कि उसका मन किन कारणों से अस्थिर होता है। मैं भी उन कारणों को समझता हूँ। इसलिए बहुत-सी बातें जो अम्बिका के मन में दबी रहती हैं, मैं मुँह से कर-कह देता हूँ। तुम्हें मेरी उपस्थिति अखर रही है, यह मैं जानता हूँ। यह नई बात नहीं है।...परन्तु मैं कुछ ही देर और यहाँ रुकना चाहता हूँ। पर्वत-शिखर की ओर से एक अश्वारोही को आते देख रहा हूँ। सम्भव है, वह इस बार कुछ क्षणों के लिए यहाँ रुकना चाहे। उस स्थिति में मैं भी उससे कुशल-क्षेम पूछ लूँगा। मेरी उससे बहुत पुरानी मित्रता है।

**मल्लिका :** *(जैसे अपने पर से वश खोकर)* आर्य विलोम, उस स्थिति में आपका यहाँ होना किसी भी दृष्टि से हितकर न होगा। आप उनसे मिलना चाहें तो उसके लिए यही एक स्थान नहीं है।

**विलोम :** परन्तु, यह स्थान ही क्या बुरा है? उसके जाने से पूर्व भी हम इसी स्थान पर मिले थे। वर्षों के अनन्तर उसी स्थान पर मिलने से अन्तराल का अनुभव नहीं होगा।

**मल्लिका :** मैं अनुरोध करती हूँ कि आप इस समय यहाँ ठहरने का हठ न करें।...मैं कह रही हूँ कि आप चले जाइए। यह मेरा घर है। मैं नहीं चाहती कि आप इस समय मेरे घर में हों। माँ, इनसे कहो, यह यहाँ से चले जाएँ। मैं नहीं जानती कि इस समय यहाँ कोई अयाचित स्थिति उत्पन्न हो। तुम स्वस्थ नहीं हो और मैं नहीं चाहती कि कोई ऐसी बात हो, जिसका तुम्हारे स्वास्थ्य पर विपरीत प्रभाव पड़े।

**टापों का शब्द धीरे-धीरे पास आता जाता है।**

: आर्य विलोम, मैंने आपसे कहा है कि आप यहाँ से चले जाएँ। आप...।

**सहसा घोड़ों की टापों का शब्द बहुत पास आकर दूर चला जाता है।**

**विलोम :** *(व्यंग्यपूर्ण हँसी के साथ)* चला जाता हूँ। नहीं चाहता कि मेरे कारण यहाँ कोई अयाचित स्थिति उत्पन्न हो। परन्तु, क्या अयाचित स्थिति

उत्पन्न हो सकती है, यह जान सकता हूँ? क्यों अम्बिका, मेरे यहाँ रहने से क्या अयाचित स्थिति उत्पन्न हो सकती है?

**अम्बिका :** *(विक्षिप्त-से स्वर में)* मैं जानती थी। आज नहीं, तब से ही जानती थी। वह आता तो मुझे आश्चर्य होता। अब मुझे कोई आश्चर्य नहीं है। मुझे कोई आश्चर्य नहीं है। मुझे प्रसन्नता है कि मैं उसके सम्बन्ध में ठीक सोचती थी। जीवन एक भावना है, कोमल भावना, बहुत-बहुत कोमल भावना! *(उन्मादी-सी हँसी हँसती है जिसके साथ ही खाँसी उठ आती है।)*

**विलोम :** किन्तु, मुझे खेद है। वर्षों से इस दिन की प्रतीक्षा थी। अपनी मित्रता पर भरोसा भी था...। परन्तु, अब भरोसा नहीं रहा। सम्भवतः यह मित्रता एक ओर से ही थी। उसने कभी हमें अपनी मित्रता के योग्य नहीं समझा।...और फिर समान की समान से मित्रता होती है...।

**मल्लिका :** आर्य विलोम! मैं फिर कह रही हूँ आप चले जाएँ। अन्यथा वास्तव में यहाँ एक अयाचित स्थिति उत्पन्न हो जाएगी।

**विलोम :** ऐसा?...तब तो मुझे अवश्य चले जाना चाहिए।...अच्छा अम्बिका! तुम्हारे स्वास्थ्य की मुझे बहुत चिन्ता रहती है। जहाँ तक सम्भव हो, घृत और मधु का सेवन करो। मैंने अभी-अभी नया मधु निकाला है। चाहो तो मैं तुम्हारे लिए...।

**मल्लिका :** हमें मधु की आवश्यकता नहीं है। हमारे घर में मधु पर्याप्त मात्रा में है।

**विलोम :** ऐसा?...अच्छा अम्बिका! चल रहा हूँ। *(जाते हुए कुछ दूर से)* परन्तु, कभी मधु की आवश्यकता पड़ ही जाए तो संकोच नहीं करना, हाँ! *(चला जाता है।)*

**क्षण-भर करुण संगीत और मल्लिका की रुलाई का रुका हुआ शब्द।**

**अम्बिका :** मल्लिका!

**मल्लिका :** माँ!

**अम्बिका :** अब भी रोती हो? उसके लिए? उस व्यक्ति के लिए जिसने...?

**मल्लिका :** उनके सम्बन्ध में कुछ मत कहो माँ, कुछ मत कहो, कुछ मत कहो।

**रुलाई का शब्द धीरे-धीरे दूर होता जाता है और करुण वाद्य-संगीत का स्वर अधिक स्पष्ट होकर उभर आता है।**

**[अन्तराल संगीत]**

**पुरुष-स्वर :** और कुछ और वर्षों के अनन्तर...फिर वही गाँव...फिर वही घर...और वैसा ही...आषाढ़ का बरसता हुआ दिन...।

**वर्षा और मेघ-गर्जन का शब्द उभरता और विलीन हो जाता है।**

**मातुल :** *(आते हुए)* मल्लिका! मल्लिका!

**मल्लिका :** *(दूर से)* कौन है?

**मातुल :** मैं हूँ मातुल। यहाँ आओ, वर्षा ने मातुल की क्या गति की है!

**मल्लिका :** *(आती हुई)* आर्य मातुल, आप इस वर्षा में?

**मातुल :** इस वर्षा से बचने के लिए तुम्हारे घर के सिवा कोई शरण नहीं थी। सोचा जो हो, मातुल के लिए आज भी तुम वही मल्लिका हो।...यह आषाढ़ की वर्षा तो मेरे लिए काल हो रही है। पहले जब दो पैरों पर चल लेता था तो मैंने कभी भारी-से-भारी वर्षा की चिन्ता नहीं की। परन्तु, अब यह स्थिति है कि बैसाखी आगे को रखता हूँ तो पैर पीछे को फिसल जाता है और पैर आगे को रखता हूँ तो बैसाखी पीछे को फिसल जाती है। यह जानता कि राज में रहकर पाँव तोड़ बैठूँगा तो कभी गाँव छोड़कर न जाता। अब पीछे से मेरा घर भी उन लोगों ने ऐसा कर दिया है कि कहीं मेरा पैर जमता ही नहीं। इन चिकने शिला-खंडों से तो वह मिट्टी ही अच्छी थी जो पैर को पकड़ती तो थी।

**मल्लिका :** खड़े रहने में आपको कष्ट होगा। आसन ले लीजिए।

**मातुल :** मुझसे कोई पूछे तो मैं कहूँगा कि राजप्रासाद में रहने से अधिक कष्टकर स्थिति संसार में हो ही नहीं सकती। आप आगे देखते हैं तो प्रतिहारी जा रहे हैं। पीछे देखते हैं तो प्रतिहारी आ रहे हैं। सच कहता हूँ मल्लिका, मुझे कभी पता नहीं चल पाया कि प्रतिहारी मेरे पीछे चल रहे हैं या मैं प्रतिहारियों के पीछे चल रहा हूँ।...और इससे भी कष्टकर स्थिति यह थी कि जिन व्यक्तियों को देखकर मेरा आदर से सिर झुकाने को मन होता था, वे मेरे सामने सिर झुका देते थे। मेरे सामने...! बताओ, मातुल में ऐसा क्या है जिसके आगे कोई सिर झुकाएगा? मातुल न देवी है, न देवता है, न पंडित है, न राजा है। क्यों कोई सिर झुकाकर मातुल की वन्दना करे? परन्तु नहीं। लोग मातुल तो क्या, मातुल के शरीर से उतरे हुए वस्त्रों तक की वन्दना करने को प्रस्तुत थे। और मैं बार-बार अपने को छूकर देखता था कि मेरा शरीर

हाड़-मांस का ही है या चिकने पत्थर का हो गया है जैसे मन्दिरों में देवी-देवताओं का होता है।...यहाँ आकर मुझे सबसे बड़ा सुख यही है कि कोई झुककर मेरी वन्दना नहीं करता और न मुझे भ्रम होता है कि मैं आगे चल रहा हूँ कि प्रतिहारी आगे चल रहे हैं। केवल यह वर्षा मुझसे नहीं सही जाती।

**मल्लिका** : आपको वस्त्र सुखाने के लिए आग जला दूँ?

**मातुल** : तुमने घर की यह क्या अवस्था कर रखी है? अम्बिका के न रहने से घर में कोई व्यवस्था नहीं रही। जिधर देखता हूँ, अराजकता दिखाई देती है। यह ठीक है कि प्रियंगुमंजरी ने तुम्हारे लिए कुछ वस्त्र और स्वर्ण-मुद्राएँ भिजवाई थीं जो तुमने लौटा दीं?

**मल्लिका** : मुझे उनकी आवश्यकता नहीं थी।

**मातुल** : और तुम्हारे घर के संस्कार के लिए उसने भवन-निर्माताओं से कहा था...?

**मल्लिका** : मैंने किसी संस्कार की आवश्यकता नहीं समझी। आपके लिए आग जला दूँ?

**मातुल** : नहीं, वर्षा थम रही है। बहुत हलकी-हलकी बूँदें हैं। किसी तरह घिसटता हुआ घर तक पहुँच जाऊँ, वहीं जाकर वस्त्रों को सुखाऊँगा। कहीं फिर धारासार बरसने लगा तो बस...। तुमने कश्मीर का कुछ समाचार सुना है?

**मल्लिका** : मैं घर में रहती हूँ। कहीं के समाचार कैसे सुन सकती हूँ?

**मातुल** : मैंने सुना है। विश्वास तो नहीं होता किन्तु, होता भी है। राजनीति में कुछ भी असम्भव नहीं है। जितना सम्भव है कि ऐसा न हो, उतना ही सम्भव है कि ऐसा हो। और यह भी सम्भव है कि जो हो वह न हो...।

**मल्लिका** : परन्तु, समाचार क्या है?

**मातुल** : समाचार यह है कि सम्राट का निधन हो गया है। कश्मीर में विद्रोही शक्तियाँ सिर उठा रही हैं। वहीं से आए एक आहत सैनिक का कहना है कि...कि कालिदास ने कश्मीर छोड़ दिया।

**मल्लिका** : उन्होंने कश्मीर छोड़ दिया है? और अब वह पुनः उज्जयिनी चले गए हैं?

**मातुल** : नहीं। उज्जयिनी नहीं गया। वहाँ के लोगों का तो विश्वास है कि उसने संन्यास ले लिया है और काशी चला गया है। परन्तु, मुझे विश्वास नहीं होता। उसका राजधानी में इतना मान है...यदि

कश्मीर में रहना सम्भव नहीं था, तो उसे सीधे राजधानी में चले जाना चाहिए था। परन्तु, असम्भव भी नहीं है। एक राजनीतिक जीवन, दूसरे कालिदास! मैं आज तक इन दोनों में से किसी एक की धुरी को नहीं पहचान सका। मैं तो समझता हूँ कि जो कुछ मैं समझ पाता हूँ, सत्य सदा उसके विपरीत होता है। और मैं जब उस विपरीत तक पहुँचने लगता हूँ तो सत्य उस विपरीत से विपरीत हो जाता है। अतः मैं जो कुछ समझ पाता हूँ, वह सदा झूठ होता है। इससे अब तुम निष्कर्ष निकाल लो कि क्या सच हो सकता है कि उसने संन्यास ले लिया है या नहीं लिया। मैं तो यही समझता हूँ कि उसने संन्यास नहीं लिया, इसलिए सच यही होना चाहिए कि उसने संन्यास ले लिया है और काशी चला गया है।

**मल्लिका :** नहीं, यह सच नहीं हो सकता। मेरा हृदय इसे स्वीकार नहीं करता।

**मातुल :** मैंने तुमसे क्या कहा था? कि मैं जो कहूँगा वह कभी सच नहीं हो सकता! इसलिए मैं कुछ भी नहीं कहता। वह काशी गया है तो भी मैं झूठा हूँ। नहीं गया तो भी झूठा हूँ...यह तो ठीक है?

**करुण वाद्य-संगीत जो शब्दों की पृष्ठभूमि में चलता रहता है।**

**मल्लिका :** *(स्वगत)* नहीं, तुम काशी नहीं गए। तुमने संन्यास नहीं लिया। मैंने इसलिए तुमसे यहाँ से जाने के लिए नहीं कहा था।...मैंने इसलिए भी नहीं कहा था कि तुम जाकर कहीं का शासन-भार सँभालो। फिर भी जब तुमने ऐसा किया, मैंने तुम्हें शुभकामनाएँ दीं, यद्यपि प्रत्यक्ष रूप से तुमने वे शुभकामनाएँ ग्रहण नहीं कीं। मैं यद्यपि तुम्हारे जीवन में नहीं रही, परन्तु, तुम मेरे जीवन में सदा वर्तमान रहे हो। मैंने कभी तुम्हें अपने पास से हटने नहीं दिया। तुम रचना करते रहे और मैं समझती रही कि मैं सार्थक हूँ, मेरे जीवन की भी कुछ उपलब्धि है। और आज तुम मेरे जीवन को इस प्रकार सर्वथा निरर्थक कर दोगे? तुम जीवन से तटस्थ हो सकते हो, परन्तु, मैं अब तटस्थ नहीं हो सकती। तुम जीवन को मेरी दृष्टि से क्यों नहीं देखते? जानते हो, मेरे जीवन के ये वर्ष कैसे व्यतीत हुए हैं? मैंने क्या-क्या देखा है? क्या-से-क्या हुई हूँ? इस जीव को देखते हो? *(बच्ची के रोने का*

*शब्द)* पहचान सकते हो? यह मल्लिका है जो धीरे-धीरे बड़ी हो रही है और माँ के स्थान पर मैं अब इसकी सेवा-सुश्रूषा करती हूँ।...यह मेरे अभाव की सन्तान है। जो भाव तुम थे, वह कोई नहीं हो सका और अभाव के कोष्ठ में न जाने कौन-कौन आकृतियाँ हैं? जानते हो, मैंने अपना नाम खोजकर एक विशेषण उपार्जित किया है और अब मैं नाम नहीं, केवल विशेषण हूँ? *(बच्ची के रोने का शब्द रुक जाता है।)* व्यवसायी कहते थे, उज्जयिनी में यह अपवाद है कि तुम्हारा बहुत-सा समय वारांगणाओं के साहचर्य में व्यतीत होता है।...परन्तु, तुमने वारांगणा का यह रूप भी देखा है? आज तुम मुझे पहचान सकते हो? मैं आज भी उसी प्रकार पर्वत-शिखर पर जाकर मेघ-मालाओं को देखती हूँ, उसी प्रकार 'ऋतुसंहार' और 'मेघदूत' की पंक्तियाँ पढ़ती हूँ। मैंने अपने भाव के कोष्ठ को रिक्त नहीं होने दिया। परन्तु, अभाव की पीड़ा का अनुमान लगा सकते हो? नहीं, तुम अनुमान नहीं लगा सकते। तुमने लिखा था कि एक दोष गुणों के समूह में उसी प्रकार छिप जाता है, जैसे इन्दु की किरणों में कलंक, परन्तु, दारिद्रय नहीं छिपता। सौ-सौ गुणों में भी नहीं छिपता। नहीं, छिपता ही नहीं, सौ-सौ गुणों को छा लेता है, एक-एक करके नष्ट कर देता है। परन्तु, मैंने यह सब सह लिया। इसलिए कि मैं अपने को अपने में न देखकर तुममें देखती थी। और आज यह सुन रही हूँ कि तुम सब छोड़कर संन्यास ले रहे हो? तटस्थ हो रहे हो? उदासीन...? मुझे सत्ता के बोध से इस प्रकार वंचित कर दोगे?

**हलका मेघगर्जन सुनाई देता है। वाद्य-संगीत रुक जाता है।**

: वही आषाढ़ का दिन है। उसी प्रकार मेघ गरज रहे हैं। वैसे ही वर्षा हो रही है। वही मैं हूँ। उसी घर में हूँ। परन्तु, फिर भी...।

**धीरे-धीरे किवाड़ के खुलने का शब्द।**

**कालिदास** : *(कुछ दूर से)* सम्भवतः पहचानती नहीं हो। और न पहचानना ही स्वाभाविक है क्योंकि मैं वह व्यक्ति नहीं हूँ जिसे तुम पहले पहचानती रही हो। दूसरा व्यक्ति हूँ। और सच कहूँ तो वह व्यक्ति हूँ जिसे मैं स्वयं भी नहीं पहचानता!...तुम इस प्रकार जड़वत् क्यों खड़ी हो? मुझे देखकर बहुत आश्चर्य हुआ?

**मल्लिका** : *(स्तम्भित-सी)* आश्चर्य?...मुझे यह विश्वास ही नहीं होता कि तुम तुम हो और मैं जो तुम्हें देख रही हूँ वास्तव में मैं ही हूँ...।

**कालिदास** : देख रहा हूँ कि तुम भी वह नहीं हो। सब कुछ परिवर्तित हो गया है। या सम्भव है कि परिवर्तन केवल मेरी दृष्टि में ही हुआ है।

**मल्लिका** : क्या करूँ? मुझे विश्वास नहीं होता है कि यह स्वप्न नहीं है।

**कालिदास** : नहीं, स्वप्न नहीं है। यह यथार्थ है कि मैं यहाँ हूँ, दिनों की यात्रा करके थका, टूटा-हारा हुआ यहाँ आया हूँ कि एक बार यहाँ के यथार्थ को देख लूँ...।

**मल्लिका** : बहुत भीग गए हो। मेरे यहाँ सूखे वस्त्र भी न होंगे, पर मैं...।

**कालिदास** : मेरे भीगने की चिन्ता मत करो।...जानती हो, इस तरह भीगना भी जीवन की एक महत्वाकांक्षा हो सकती है? बहुत वर्षों के बाद भीगा हूँ। अभी सूखना नहीं चाहता। चलते-चलते बहुत थक गया था। कई दिन ज्वर आता रहा। परन्तु, इस वर्षा से जैसे थकान मिट गई है...।

**मल्लिका** : बहुत थक गए हो न?

**कालिदास** : बहुत थक गया था। अब भी थका हूँ, परन्तु, वर्षा ने थकान बहुत कम कर दी है।

**मल्लिका** : तुम सचमुच पहचाने नहीं जाते।

**कालिदास** : और तुम्हीं कहाँ पहचानी जाती हो? यह घर भी कितना बदल गया है! और मैं आशा कर रहा था कि सब-का-सब वैसा ही होगा, ज्यों-का-त्यों, यथास्थान...। परन्तु, कुछ भी तो यथास्थान नहीं है। तुमने सब कुछ बदल दिया है। सभी कुछ बदल दिया है।

**मल्लिका** : नहीं, मैंने नहीं बदला।

**कालिदास** : जानता हूँ, तुमने नहीं बदला। परन्तु मल्लिका...! मैंने यह नहीं सोचा था कि यह घर कभी मुझे अपरिचित भी लग सकता है। यहाँ की प्रत्येक वस्तु का स्थान और विन्यास इतना निश्चित था। परन्तु, आज सब अपरिचित लग रहा है। और...और तुम भी। तुम भी अपरिचित लग रही हो। इसीलिए कहता हूँ कि सम्भव है, दृश्य उतना नहीं बदला जितनी मेरी दृष्टि बदल गई है।

**मल्लिका** : थके हुए हो, बैठ जाओ। तुम्हारी आँखों से लगता है, तुम स्वस्थ नहीं हो।

**कालिदास :** बहुत दिन इधर-उधर घूमने के अनन्तर यहाँ आया हूँ। कश्मीर जाते हुए जिस कारण से नहीं आया, आज उसी कारण से आया हूँ।

**मल्लिका :** आर्य मातुल ने आज ही बताया था कि तुमने कश्मीर छोड़ दिया है।

**कालिदास :** हाँ, क्योंकि सत्ता और प्रभुता का मोह छूट गया है। आज मैं उस सबसे मुक्त हूँ जो वर्षों से मुझे कसता रहा है। कश्मीर में लोग समझते हैं कि मैंने संन्यास ले लिया। परन्तु, मैंने संन्यास नहीं लिया। मैं केवल मातृगुप्त के कलेवर से मुक्त हुआ हूँ जिससे फिर से कालिदास के कलेवर में जी सकूँ। एक आकर्षण सदा मुझे उस सूत्र की ओर खींचता था जिसे तोड़कर मैं यहाँ से गया था। यहाँ की एक-एक वस्तु में जो आत्मीयता थी, वह यहाँ से जाकर मुझे कहीं नहीं मिली। मुझे यहाँ की एक-एक वस्तु के रूप और आकार का स्मरण है। कुम्भ, बाघ छाल, कुशा, दीपक, गेरू की आकृतियाँ...और तुम्हारी आँखें। जाने के दिन तुम्हारी आँखों का जो रूप मैंने देखा था, वह आज तक मेरी स्मृति में अंकित है। मैं अपने को विश्वास दिलाता रहा हूँ कि कभी भी मैं यहाँ लौटकर आऊँ सब कुछ वैसा ही होगा।

**द्वार खटखटाने का शब्द।**

: यह कौन द्वार खटखटा रहा है?

**मल्लिका :** रहने दो। तुम जो बात कर रहे हो, करते जाओ।

**कालिदास :** परन्तु, देख तो लो, कौन आया है।

**मल्लिका :** वर्षा का दिन है, कोई भी हो सकता है। तुम बात करते रहो। वह चला जाएगा।

**बाहर से आगन्तुक मदिरोन्मत्त स्वर में झल्लाता हुआ लौट जाता है..'हर समय द्वार बन्द...हर समय बन्द!'**

**कालिदास :** कौन था यह?

**मल्लिका :** मैंने कहा न, कोई भी हो सकता है। वर्षा के दिन में जिस-किसी को आश्रय की आवश्यकता हो सकती है।

**कालिदास :** परन्तु, मुझे इसका स्वर बहुत विचित्र-सा लगा।

**मल्लिका :** तुम यहाँ के सम्बन्ध में बात कर रहे थे।

**कालिदास :** मुझे लगा जैसे मैं इस स्वर को पहचानता हूँ। जैसे यहाँ की हर

वस्तु की तरह यह भी किसी परिचित स्वर का बदला हुआ रूप है।

**मल्लिका :** तुम थके हुए हो और अस्वस्थ हो। बैठकर बात करो।

**कालिदास :** *(निःश्वास छोड़कर)* मैंने बहुत बार अपने सम्बन्ध में सोचा है मल्लिका और बहुधा इस निष्कर्ष पर पहुँचा हूँ कि अम्बिका ठीक कहती थी। मैं यहाँ से क्यों नहीं जाना चाहता था? एक कारण यह भी था कि मुझे अपने पर विश्वास नहीं था। मैं नहीं जानता था कि अभाव और भर्त्सना का जीवन व्यतीत करने के अनन्तर उस प्रतिष्ठा और सम्मान के वातावरण में जाकर मैं कैसा अनुभव करूँगा। मन में कहीं यह आशंका थी कि वह वातावरण मुझे छा लेगा और मेरे जीवन की दिशा बदल देगा। और यह आशंका निराधार नहीं थी। तुम्हें बहुत आश्चर्य हुआ था कि मैं कश्मीर का शासन सँभालने जा रहा हूँ? तुम्हें यह बहुत अस्वाभाविक लगा होगा। परन्तु, मुझे कुछ भी अस्वाभाविक प्रतीत नहीं होता। अभावपूर्ण जीवन की वह एक स्वाभाविक प्रतिक्रिया थी। सम्भवतः उसमें कहीं उन सबसे प्रतिशोध लेने की भावना भी थी जिन्होंने जब-तब मेरी भर्त्सना की थी, मेरा उपहास उड़ाया था। परन्तु, मैं यह भी जानता था कि मैं सुखी नहीं हो सकता। मैंने बार-बार अपने को विश्वास दिलाना चाहा कि न्यूनता उस वातावरण में नहीं, मुझमें हैं। मैं अपने को बदल लूँ तो सुखी हो सकता हूँ। परन्तु ऐसा नहीं हुआ। न तो मैं बदल सका और न सुखी हो सका। अधिकार मिला, सम्मान बहुत मिला, जो कुछ मैंने लिखा उसकी प्रतिलिपियाँ देश-भर में पहुँच गईं, परन्तु, मैं सुखी नहीं हुआ। किसी और के लिए वही वातावरण और जीवन स्वाभाविक हो सकता था। मेरे लिए नहीं था। एक राज्याधिकारी का कार्यक्षेत्र मेरे कार्यक्षेत्र से भिन्न था। मुझे बार-बार अनुभव होता कि मैंने प्रभुता और सुविधा के मोह से उस क्षेत्र में अनधिकार प्रवेश किया है और जिस विशाल क्षेत्र में मुझे रहना चाहिए था उससे हट आया हूँ। जब भी मेरी आँखें दूर तक फैली हुई क्षितिज-रेखा पर पड़तीं तभी यह अनुभव मुझे चुभता कि मैं उस विशाल से दूर हो गया हूँ। मैं अपने को सहारा देता कि आज नहीं तो कल मैं परिस्थितियों पर वश पा लूँगा और समान रूप से दोनों क्षेत्रों में अपने को बाँट दूँगा, परन्तु,

मैं स्वयं ही परिस्थितियों के हाथों बनता और प्रेरित होता रहा। जिस कल की मुझे प्रतीक्षा थी वह कल कभी नहीं आया और मैं धीरे-धीरे खंडित होता गया, होता गया। और एक दिन...एक दिन मैंने अनुभव किया कि मैं सर्वथा टूट गया हूँ। मैं वह व्यक्ति नहीं हूँ जिसका उस विशाल के साथ कुछ सम्बन्ध था। *(कुछ क्षण मौन रहता है।)* कश्मीर जाते हुए मैं यहाँ से होकर नहीं जाना चाहता था। मुझे लगता था कि यह प्रदेश, यहाँ की पर्वत-शृंखला और घाटियाँ मेरे सामने एक मूक प्रश्न का रूप ले लेंगी, फिर भी लोभ का संवरण नहीं हुआ। परन्तु, उस बार यहाँ आकर मैं सुखी नहीं हुआ। मुझे अपने से वितृष्णा हुई। उनसे भी वितृष्णा हुई, जिन्होंने मेरे आने के दिन को उत्सव की तरह माना। तब पहली बार मेरा मन मुक्ति के लिए व्याकुल था। परन्तु, उस समय मुक्त होना सम्भव नहीं था। मैं तब तुमसे मिलने के लिए नहीं आया, क्योंकि भय था कि तुम्हारी आँखें मेरे अस्थिर मन को और अस्थिर कर देंगी। मैं उनसे बचना चाहता था। उसका कुछ भी परिणाम हो सकता था। मैं जानता था, तुम पर उसकी क्या प्रतिक्रिया होगी, दूसरे तुमसे क्या कहेंगे। फिर भी इस सम्बन्ध में निश्चित था कि तुम्हारे मन में विपरीत भाव नहीं आएगा। और मैं यह आशा लिए हुए चला गया कि एक कल ऐसा आएगा जब मैं तुमसे यह कह सकूँगा और तुम्हें अपने मन के द्वन्द्व का विश्वास दिला सकूँगा।...यह नहीं सोचा कि द्वन्द्व एक ही व्यक्ति तक सीमित नहीं होता, परिवर्तन एक ही दिशा को व्याप्त नहीं करता। इसलिए आज यहाँ आकर बहुत व्यर्थता का बोध होता है। *(पुनः झरोखे के निकट चला जाता है)* लोग सोचते हैं, मैंने इस जीवन और वातावरण में रहकर बहुत कुछ लिखा है। परन्तु, मैं जानता हूँ कि मैंने वहाँ रहकर कुछ नहीं लिखा। जो कुछ लिखा है वह यहाँ के जीवन का ही संचय था। 'कुमारसम्भव' की पृष्ठभूमि यह हिमालय है और तपस्विनी उमा तुम हो। 'मेघदूत' के यक्ष की पीड़ा मेरी पीड़ा है और विरह-विमर्दिता यक्षिणी तुम हो, यद्यपि मैंने स्वयं यहाँ होने और तुम्हें उज्जयिनी में देखने की कल्पना की। 'अभिज्ञान शाकुन्तल' में शाकुन्तल के रूप में तुम्हीं मेरे सामने थीं। मैंने जब-जब लिखने का प्रयत्न किया, तुम्हारे और

अपने जीवन के इतिहास को फिर-फिर दोहराया। और जब उससे हटकर लिखना चाहा तो रचना प्राणवान् नहीं हुई। 'रघुवंश' में अज का विलाप भी मेरी ही वेदना की अभिव्यक्ति थी और...। चाहता था, तुम यह सब पढ़ पातीं, परन्तु, सूत्र कुछ इस रूप से टूटा था कि...।

**मल्लिका :** वह सूत्र कभी नहीं टूटा है।...यह देखो...

**कालिदास :** 'मेघदूत'? तुम्हारे पास 'मेघदूत' की प्रतिलिपि कैसे पहुँच गई?

**मल्लिका :** मेरे पास तुम्हारी सब रचनाएँ हैं। 'रघुवंश' और 'शाकुन्तलम्' की प्रतियाँ कुछ मास पूर्व ही मुझे मिल पाई हैं।

**कालिदास :** तुम्हारे पास मेरी सब रचनाएँ हैं? परन्तु, वे यहाँ कैसे उपलब्ध हुईं? क्या...?

**मल्लिका :** उज्जयिनी के व्यवसायी कभी-कभी इस मार्ग से होकर भी जाते हैं।

**कालिदास :** और उनके पास ये प्रतिलिपियाँ मिल जाती हैं?

**मल्लिका :** मैंने कहकर मँगवाई थीं। वर्ष-दो वर्ष में कहीं एक प्रतिलिपि मिल पाती थी।

**कालिदास :** और इनके लिए धन?

**मल्लिका :** वर्ष-दो वर्ष में एक प्रति मिल पाती थी। धन एकत्रित करने के लिए बहुत समय रहता था।

**कालिदास :** जो अभाव वर्षों से मुझे सालते रहे हैं, वे आज भी बड़े प्रतीत होते हैं, मल्लिका। मुझे वर्षों पहले यहाँ लौट आना चाहिए था कि यहाँ वर्षा में भीगता, भीगकर लिखता...वह कुछ जो मैं अभी तक नहीं लिख पाया और जो आषाढ़ के मेघों की भाँति वर्षों से मेरे अन्तर में घुमड़ रहा है...परन्तु, बरस नहीं पाता। क्योंकि उसे ऋतु नहीं मिलती। वायु नहीं मिलती।...यह कौन-सी रचना है? ये तो केवल कोरे पृष्ठ हैं।

**मल्लिका :** ये पत्र मैंने अपने हाथों से बनाकर सिए थे। सोचा था, तुम राजधानी से आओगे तो मैं तुम्हें यह भेंट दूँगी। कहूँगी कि इन पृष्ठों पर अपने सबसे बड़े महाकाव्य की रचना करना। परन्तु, उस बार तुम आकर भी नहीं आए और यह भेंट यहीं पड़ी रही। अब तो ये पन्ने टूटने भी लगे हैं और मुझे कहते संकोच होता है कि ये तुम्हारी रचना के लिए हैं।

**कालिदास :** *(पन्ने पलटते हुए)* तुमने ये पृष्ठ अपने हाथों से बनाए थे कि इन पर मैं एक महाकाव्य की रचना करूँ! स्थान-स्थान पर इन

पर पानी की बूँदें पड़ी हैं जो निस्सन्देह वर्षा की बूँदें नहीं हैं। लगता है तुमने अपनी आँखों से इन कोरे पृष्ठों पर बहुत कुछ लिखा है। और आँखों से ही नहीं, स्थान-स्थान पर ये पृष्ठ स्वेद-कणों से मैले हुए हैं। स्थान-स्थान पर फूलों की सूखी पत्तियों ने अपने रंग इन पर छोड़ दिए हैं। कई स्थानों पर तुम्हारे नखों ने इन्हें छीला है, तुम्हारे दाँतों ने इन्हें काटा है और ग्रीष्म की धूप के हलके गहरे रंग, हेमन्त की पत्रधूलि और इस घर की सीलन...। ये पृष्ठ अब कोरे कहाँ हैं, मल्लिका? इन पर एक महाकाव्य की रचना हो चुकी है...अनन्त सर्गों के एक महाकाव्य की। इन पृष्ठों पर अब नया कुछ क्या लिखा जा सकता है? *(हलका-सा मेघगर्जन)* परन्तु नहीं, इससे आगे भी तो जीवन शेष है। हम फिर अथ से आरम्भ कर सकते हैं...।

**अन्दर से बच्ची के कुनमुनाने और रोने का शब्द सुनाई देता है।**

: मल्लिका! किसके रोने का शब्द है यह?

**मल्लिका** : यह मेरा वर्तमान है।...मैं अभी आती हूँ।

**कालिदास** : तुम्हारा वर्तमान?

**द्वार खटखटाने और बुदबुदाने का शब्द। 'खोलो...द्वार बन्द क्यों है? खोलो...!' फिर तीव्र आघात से द्वार अपने-आप खुल जाता है।**

**विलोम** : *(मदिरोन्मत्त स्वर में)* भीगे दिन में फिसलकर गिरे और गिरे खाई में।...कितनी बार कहा है भैया विलोम, बहुत ऊँचे मत चढ़ा करो। परन्तु, भैया विलोम क्यों मानने लगे? पहले आए तो द्वार बन्द। लौटकर गए और फिसल गए। फिर आए तो फिर द्वार बन्द। फिर लौटकर जाते तो क्या होता? आज का दिन ही है ऐसा कि...। *(जैसे चौंककर)* अरे, जाने आँखों को क्या हो गया है? कभी अपरिचित आकृतियाँ बहुत परिचित जान पड़ती हैं और कभी परिचित आकृतियाँ भी परिचित नहीं लगतीं।...अब यह इतनी परिचित आकृति है और मैं इसे पहचान ही नहीं रहा। आकृति जानी हुई है और व्यक्ति नया-सा लगता है।...क्यों बन्धु, तुम मुझे पहचानते हो?

**मल्लिका** : *(आती हुई)* आर्य विलोम!

**कालिदास** : आकृति बहुत बदल गई है, परन्तु, व्यक्ति आज भी वही है।

**विलोम** : स्वर भी परिचित है और शब्द भी। *(सहसा अट्टहास कर उठता है।)* तो तुम हो, तुम?...गिरने और चोट ख़ाने का सारा कष्ट दूर हो गया।...कितने दिनों से तुम्हें देखने की लालसा थी। आओ...। गले नहीं मिलोगे? मेरा शरीर मैला है इसलिए? या मुझी से घृणा है? परन्तु, इस तरह मेरा-तुम्हारा सम्बन्ध नहीं टूट सकता। तुमने कहा था न कि हम एक-दूसरे के बहुत निकट पड़ते हैं। नहीं कहा था? मैंने इन वर्षों में उस निकटता में अन्तर नहीं आने दिया। मैं तो समझता हूँ कि अब हम एक-दूसरे के और भी निकट हो गए हैं। क्यों मल्लिका, ठीक नहीं कहता...? तुम वहाँ स्तम्भित-सी क्यों खड़ी हो? विलोम इस घर में अब तो अयाचित अतिथि नहीं है। अब तो वह अधिकार से आता है। नहीं? अब तो वह इस घर में कालिदास का स्वागत और आतिथ्य कर सकता है। नहीं? कहोगे कि कितनी आकस्मिक बात है कि तब भी मुझसे इस घर में ही भेंट हुई थी और आज भी यहीं हुई है। परन्तु, सच मानो, यह आकस्मिक बात नहीं है। तुम जब भी आते हमारी भेंट यहीं होती। तुमने अभी तक कालिदास के आतिथ्य का आयोजन नहीं किया? वर्षों के अनन्तर एक अतिथि घर में आए और उसका आतिथ्य न हो? तुम जानती हो, कालिदास को इस प्रदेश के हरिणशावकों से कितना मोह है...? एक हरिणशावक इस घर में भी है, कालिदास!... तुमने मल्लिका की बच्ची को अभी नहीं देखा? उसकी आँखें किसी हरिणशावक से कम सुन्दर नहीं हैं। और जानते हो, अष्टावक्र क्या कहता है? कहता है...।

**मल्लिका** : आर्य विलोम!

**विलोम हलकी-सी हँसी हँसता है।**

**विलोम** : तुम नहीं चाहती कि कालिदास यह जाने कि अष्टावक्र क्या कहता है। परन्तु, मुझे उसकी बात पर विश्वास नहीं होता। मैं इसलिए कह रहा था कि सम्भव है, कालिदास ही देखकर बता सके कि उसकी बात कहाँ तक सच है। क्या सचमुच बच्ची की आकृति विलोम से मिलती है या...? चलो कालिदास, देखोगे?

**कालिदास** : *(आवेशपूर्ण स्वर में)* यहाँ से चले जाओ, विलोम!

**विलोम** : चला जाऊँ? *(हँसता है।)* इस घर से या इस गाँव से ही? सुना था, शासन बहुत बली होता है! प्रभुता में बहुत सामर्थ्य होती है!

**कालिदास :** मैं कह रहा हूँ, इस समय यहाँ से चले जाओ।

**विलोम :** क्योंकि तुम यहाँ लौट आए हो?...क्योंकि वर्षों से छोड़ी हुई भूमि आज फिर तुम्हें अपनी लगने लगी है?...क्योंकि तुम्हारे अधिकार शाश्वत हैं? *(हँसता है।)* जैसे तुमसे बाहर जीवन की गति ही नहीं है। तुम्हीं तुम हो और कोई नहीं है। परन्तु समय निर्दय नहीं है। उसने औरों को भी सत्ता दी है, अधिकार दिए हैं। वह धूप और नैवेद्य लिए घर की देहली पर रुका नहीं रहा। उसने औरों को अवसर दिया है। निर्माण किया है...तुम्हें उसके निर्माण से वितृष्णा होती है? क्योंकि तुम जहाँ अपने को देखना चाहते हो, नहीं देख पाते?...तुम चाहते हो इस समय मैं यहाँ से चला जाऊँ, मैं चला जाता हूँ। इसलिए नहीं कि तुम आदेश देते हो। परन्तु, इसलिए कि तुम आज यहाँ अतिथि हो और अतिथि की इच्छा का मान होना चाहिए। *(जाते हुए)* देखना मल्लिका, आतिथ्य में कोई कमी न रहे। जो अतिथि वर्षों में एक बार आया है वह आगे जाने कभी आएगा या नहीं।...अच्छा...!

**उदासी व्यक्त करनेवाला वाद्य-संगीत।**

**मल्लिका :** इस तरह उदास क्यों हो गए हो? बताओ, क्या सोच रहे हो?

**कालिदास :** सोच रहा हूँ कि वह आषाढ़ का ऐसा ही एक दिन था। ऐसे ही घाटी में मेघ भरे थे और असमय अँधेरा हो आया था। मैंने घाटी में एक आहत हरिण को देखा था और उठाकर यहाँ ले आया था। तुमने उसका उपचार किया था।

**मल्लिका :** और भी तो कुछ सोच रहे हो?

**कालिदास :** और सोच रहा हूँ कि घाटियों का विस्तार वैसा ही है। पर्वत-शिखर की ओर जानेवाला मार्ग वही है। वायु में वही नमी है। वातावरण की ध्वनियाँ वैसी ही हैं।

**मल्लिका :** और?

**कालिदास :** और कि वही चेतना है जिसमें कम्पन होता है। वही हृदय है जिसमें आवेश जागता है। परन्तु...*(निःश्वास छोड़कर)* परन्तु, यह कोरे पृष्ठों का महाकाव्य तब नहीं लिखा गया था।

**मल्लिका :** तुम कह रहे थे कि तुम फिर अथ से आरम्भ करना चाहते हो।

**कालिदास :** मैंने कहा था, मैं अथ से आरम्भ करना चाहता हूँ। यह सम्भवतः इच्छा का समय के साथ द्वन्द्व था। परन्तु, देख रहा हूँ कि समय अधिक शक्तिशाली है क्योंकि...।

**मल्लिका** : क्योंकि...?...*(सहसा फिर अन्दर से बच्ची के रोने का शब्द सुनाई देता है।)*...ठहरो, मैं अभी आ रही हूँ।

**कालिदास** : क्योंकि वह प्रतीक्षा नहीं करता।

**वर्षा और मेघ-गर्जन का शब्द धीरे-धीरे उभरता है।**

: *(दूर जाते हुए)* वह कभी प्रतीक्षा नहीं करता...।

**किवाड़ के खुलने और बन्द होने का शब्द।**

: *(बहुत दूर से)*...कभी नहीं...।

**वर्षा और मेघ-गर्जन का शब्द और उभरता है।**

**मल्लिका** : *(आती हुई)* कालिदास!...कहाँ चले, कवि कालिदास? *(विक्षिप्त-से स्वर में)* कालिदास!...कालिदास...! *(रुआँसे कंठ से)* तुम कहाँ चले गए, कालिदास?...कालिदास!

**मेघ-गर्जन तीव्र होकर विलीन हो जाता है।**

**[अन्तराल संगीत]**

**उद्घोषक** : और कुछ वर्षों के अनन्तर...वही गाँव...वही घर...।

# दूध और दाँत

**पृष्ठभूमि में रहट के चलने और बैलों की घंटियों का शब्द। साथ एक पुरुष के लोचदार गले से गीत के बोल सुनाई देते हैं :**

**—मेरी लग्गियाँ तोड़ निभाईं, कि मुद्दताँ वे बीत गइयाँ!**
**शाला पुन्नियाँ हुण मोड़ मुहाराँ!**
**शाला पुन्नियाँ हुण मोड़ मुहाराँ!!**
**हलका-हलका बादलों का गर्जन और वर्षा का शब्द।**
**अद्धी-अद्धी राती, साँझ सवेले,**
**तैनू मैं ढूँढ़ा जंगल बेले।**
**मेरा रुठिआ मीत मिलाईं, कि मुद्दताँ वे बीत गइयाँ!**

**गीत का स्वर धीरे-धीरे दूर होता जाता है और एक गाय के रम्भाने का शब्द सुनाई देता है। बादल ज़ोर से गरजता है और वर्षा तेज़ हो जाती है। फिर ढोलक का शब्द उभरता है—ढपक ढप ढप, ढपक ढप ढप, ढपक ढप ढप। बादलों का गर्जन उस शब्द को छा लेता है। बादलों का शब्द मन्द पड़ने के साथ हवा की ज़ोर की साँय-साँय। फिर ज़ोर से उभरता हुआ शब्द, 'रावी का बाँध टूट गया होऽऽ।' भाग-दौड़ का शब्द और मिश्रित कोलाहल। पशुओं के ज़ोर-ज़ोर से रम्भाने का शब्द।**

**ईसर :** *(दूर से आता हुआ घबराए हुए स्वर में)* राजकरनी, राजकरनी! जल्दी कर, खेतों में घुटने-घुटने पानी भर गया है। जहाँ तक आँख जाती है, बस दरिया-ही-दरिया नज़र आता है। मैं कहता हूँ, आज परलय आ गई है, परलय।

**राजू :** चल, परलय ही आनी है तो आ लेने दे। बता, मैं बच्चों को लेकर कहाँ निकलूँ? साथ कोई मर्द नहीं, मानस नहीं। ढोर-डंगर किसके भरोसे छोड़ जाऊँ?

**ईसर** : ढोर-डंगरों को तो उनके भरोसे छोड़ और निकलने की बात कर। ज़्यादा देर इधर-उधर की सोचेगी तो निकलने का रास्ता भी नहीं रहेगा। पता है, पानी कितनी तेज़ी से बढ़ रहा है? मेरे देखते-देखते बसन्ते का आधा खेत पानी में चला गया है। यहाँ जिनके पक्के मकान हैं, वे भी जान लेकर भाग रहे हैं और तू ऐसे बात कर रही है जैसे जान की हुंडी लिखाकर लाई हो। लाली को कन्धे से लगा, सन्तोख की उँगली पकड़ और पाशी को साथ लेकर निकल जा। पाशी रानी!

**प्रकाशो** : *(आती हुई)* हाय ईसर चाचा, पानी ऐसे टपक रहा है जैसे ऊपर छत हो ही नहीं। लाली को सुलाने के लिए भी ज़रा-सी जगह नहीं बची जहाँ पानी न गिर रहा हो। खेस-दुलाइयाँ सब भीग गई हैं। सन्तोख ठंड से काँप रहा है। उसे कौन-सा कपड़ा दूँ?

**राजू** : हाय, मैं मर जाऊँ, किसी बच्चे को ठंड लग गई तो क्या होगा? आगे ही मेरे भाग-जली के कौन बहुत हैं? और अभी ईसर चाचा, तू कहता है कि इन्हें लेकर घर से निकल जा। बता, इस तूफ़ान-पानी में मैं इन्हें कहाँ ले जाऊँ?

**ईसर** : तू तो पागल हो रही है। इस तूफ़ान-पानी में उन्हें लेकर जाएगी नहीं तो क्या दरिया की भेंट कर देगी? तेरे-मेरे पैर तो पानी में सँभल भी सकते हैं, इन बच्चों के पैर कौन सँभालेगा?

**राजू** : पर चाचा, घर से निकलकर दरबदर...?

**ईसर** : *(बात बीच में काटकर)* तू दरबदर होने की सोच और मुझे बच्चों की जान की फ़िकर है। ला पाशी बेटा, कोई रोटी-टुक्कड़ बना पड़ा हो तो कपड़े में बाँध ले। साथ लाठी ले लो, कभी रास्ते में ज़रूरत पड़ जाती है। जल्दी करो।

**प्रकाशो** : सवेरे की तो कोई रोटी बची नहीं थी, मैं अब जल्दी-से बना लेती हूँ। गेहूँ वाली कोठरी भी चू रही है। हमारा सारा गेहूँ ख़राब हो जाएगा। भौजाई, जल्दी से कुछ रोटियाँ बना लूँ?

**राजू** : इस मेंह में आग जलेगी कि रोटी बनेगी? मेंह ज़रा थमे तो कुछ हो भी।

**ईसर** : तुम मेंह थमने का इन्तज़ार करो तो रोटी बना-खा लोगी! अब इस सारे झंझट को छोड़ो, और यहाँ से चलने की करो।

**पाशी** : पर चाचा, देखो न घर की हालत क्या हो रही है? छतें और दीवारें–सब घुलकर मिट्टी हुई जा रही हैं। छप्पर देख न कैसे

नीचे को आ रहा है? हमारे पीछे घर की देखभाल कौन करेगा? पास-पड़ोस में भी कोई रहेगा।

**गाय के रम्भाने की आवाज़।**

**राजू :** और राधा और इसके बछड़े को कौन देखेगा? कल से बारिश की वजह से इसे चरने के लिए भी नहीं छोड़ सकी। यह भूखी यहाँ किसका मुँह देखेगी?

**ईसर :** इसकी रखिया करनेवाला पालनहार है। तू इसकी चिन्ता छोड़। और पीछे मैं तो रहूँगा ही। जहाँ अपने ढोर-ज़मीन की देखभाल करूँगा, वहाँ तेरे की भी कर लूँगा। पर तू अब खड़ी बातों में ही वक़्त न गँवा। करतारे ने तेरी बाँह मेरे हाथ में पकड़ाई थी कि चाचा बच्चों के बड़े होने तक इसकी देख-रेख रखना, वह होता तो मुझे तेरे साथ इतनी ज़िद क्यों करनी पड़ती?

**पाशी :** चाचा, तू आप यहाँ रहेगा, और हमसे जाने को कह रहा है? हमें जान तुझसे ज़्यादा प्यारी है?

**ईसर :** मुझे जान प्यारी नहीं? मगर मुझे यहाँ सौ चीज़ की चिन्ता करनी है। अपनी फसल है, तेरी फसल है, बसन्ते जमादार की फसल है। गाय-बैल तो जान देकर भाग भी जाएँगे, यह फसल तो जहाँ-की-तहाँ खड़ी रहेगी! मक्की में दाना पड़ गया है, यह पानी न जाने उसका क्या हाल करता है?

**राजू :** हमारी अभी गेहूँ की फसल के लिए जुताई होनी है, ऊपर से दशहरा और दीवाली आनेवाली है। उसके लिए भी कुछ सामान करना है। सन्तोख से मैंने कह रखा है कि इस दीवाली पर मैं उसे बहुत-से मिट्टी के खिलौने बना दूँगी। तू रहने दे चाचा, जैसे तू रहेगा वैसे हम भी रह लेंगे। तू अकेला किस-किस चीज़ की देखभाल करेगा?

**पड़ोस में मकान गिरने का शब्द।**

**शोर :** –*''निकल चलो भाई, निकल चलो, पानी गाँव में आ गया है।''*
–''हाय मैं चरखा-पूनी सब-कुछ छोड़ आई हूँ, तू ही राखनहार है, मालिक!''
–''चलो भाई, चलो, पानी पालसिंह के बेहड़े तक आ पहुँचा है।''
–''सलवार उठाकर चल, टखने-टखने पानी तो यहाँ भी आ गया है।''

**लोगों के पानी में चलने का स्वर। शोर की आवाज़।**

**ईसर** : सारे गाँव में भाजल पड़ रही है राजकरनी और तू कहती है मुझे यहाँ रहने दे। तू समझती है, मैं खुशी से तुम जवान-जान लड़कियों को अकेली घर से भेज रहा हूँ? जब जान ही को बन आई तो इंसान क्या करे? चल पाशी, तू लाली को उठा, मैं सन्तोखी को कन्धे पर उठाकर तुम्हें कुछ दूर छोड़ आता हूँ।

**राजू** : पर ठहर, सुन तो चाचा!

**ईसर** : इस वक़्त चाचा को कुछ नहीं सुनना। चल पाशी, सन्तोखी, सन्तोखी बेटा!

**पाशी** : वह भी कोने में सिकुड़कर शायद सो गया है।

**ईसर** : सन्तोखी, निन्नी आ गई बेटा? उठ बेटा, तुझे घुमाने ले चलूँ।

**सन्तोखी** : *(निंदियाए स्वर में)* चाचा, दशहरे का मेला किस दिन है?

**ईसर** : दशहरे के मेले को बेटा अभी बहुत दिन हैं, आज देखो बाहर कितना मींह पड़ रहा है। तू मींह में नहाएगा? चल, उठ, तुझे मींह में नहलाऊँ। आ हा, आ हा,

कालियाँ इट्टाँ काले रोड, मींह बरसा दे ज़ोरों ज़ोर

: पाशी, लाली को ले आई, चल राजकरनी।

**सन्तोखी** : माँ, भूख लगी है।

**राजू** : ईसर चाचा, बच्चा कह रहा है, इसे भूख लगी है, रास्ता में इनके ख़ाने-खिलाने का इन्तज़ाम नहीं, कुछ नहीं। लाली को पल-पल दूध चाहिए। यह सारा जतन कहाँ से होगा?

**ईसर** : जान रहेगी तो जतन हो जाएगा। देख, घर में तो पानी आ गया है। चल निकल, पाशी!

**पानी में चलने का शब्द।**

**पाशी** : चाचा, सारे गाँव में पानी-ही-पानी हो रहा है, तू रात कहाँ काटेगा?

**ईसर** : रात काटने को बाऊड़ी, पीपल के पेड़ थोड़े हैं? जिस डाल पर बैठ जाओ उसी से टेक लगा लो और पत्तियाँ तोड़कर खाते जाओ।

**पाशी** : हाय, पीपल की पत्तियाँ!

**ईसर** : *(ज़रा हँसकर)* और क्या तू वहाँ मुझे मक्की की रोटियाँ बनाकर पहुँचाएगी!

**सन्तोखी** : माँ, मुझे भूख लगी है।

**राजू** : *(ज़रा चिढ़े हुए स्वर में)* भूख लगी है तो चाचा से रोटी माँग। वही तुझे घर से लाया है।

**ईसर** : हाँ बेटे, वोह देख, वोह वहाँ टीला है न? वोह जहाँ पेड़ आकाश

के साथ लगे हुए हैं, तू आँख मूँद ले तो अभी वहाँ पहुँच जाएगा। वहाँ पहुँच जाएगा तो माँ तुझे रोटी दे देगी, हाँ? अच्छा तू अब मूँद ले आँख।

**बादलों का गम्भीर गर्जन।**

**पृष्ठभूमि में–**वंशी का करुण स्वर, फिर शून्य में गूँजती हुई एक कव्वे की काँव-काँव, पानी में चलते हुए क़दम और सन्तोखी की सिसकती हुई आवाज़–माँ, मुझे भूख लगी है। दूर से आती हुई हवाई जहाज़ों की गूँज और राजू का स्वगत शब्द, 'रोटियाँ'। बहुत-से कंठों से एक साथ आवाज़, 'रोटियाँ, रोटियाँ'। भाग-दौड़ और कोलाहल, 'रोटियाँ, रोटियाँ।'

**दृश्य–**

**एक गीले वृक्ष का आसरा, राजू गुनगुनाते हुए लाली को थपथपा रही है। सन्तोखी उसके घुटने पर सिर रखे सिसक रहा है।**

**सन्तोखी :** माँ, भूख लगी है, माँ। तूने कल से मुझे कुछ नहीं खिलाया, मुझे बहुत भूख लगी है।

**राजू :** *(पुचकारकर)* अभी तेरी पाशी बूआ आ रही है, बेटा। वोह तेरे लिए रोटी लाएगी, लाली के लिए दूध लाएगी। वोह देख, वो पंछी देख, देखा? उसके भूरे और नीले पंख, देख कैसे काँप रहे हैं। और वोह देख बगला, दूध की तरह सफ़ेद, देखा? उसकी चोंच कितनी बड़ी है! यह चोंच से क्या पकड़ता है, देख क्या पकड़ता है?

**सन्तोखी :** माँ, मुझे भूख लगी है, मुझे पहले रोटी दे।

**राजू :** वोह देख, वोह पीपल का पेड़ है न? हमारे घर का पेड़ बड़ा है या यह बड़ा है? हमारे घर का पेड़ बड़ा है न? उसकी पत्तियाँ इससे ज़्यादा चिकनी और हरी हैं, हैं न? तू उस कव्वे को बुला जो सवेरे हमारे पीपल की डाली पर बैठकर बोला करता है। आ जा कव्वे आ जा, आ जा कव्वे आ जा!

**सन्तोखी :** *(सिसकियों के बीच)* मैं उसे यहाँ नहीं बुलाऊँगा। वोह यहाँ आ जाएगा तो हमारे घर के पीपल पर कौन बोलेगा? न आ कव्वे, न आ।

**राजू :** अच्छा न आ कव्वे, न आ। सन्तोखी कहता है तो हमारे घर के पीपल पर ही बोल, ठीक है न?

**सन्तोखी :** नहीं, वोह हमारे घर के पीपल पर बोलेगा तो उसे रोटी कौन

डालेगा? वह यहाँ आएगा तो मैं उसे रोटी डालूँगा। आ जा, कव्वे, आ जा! आ जा, कव्वे, आ जा!

**पुरुष-कंठ का धीमा हास्य स्वर।**

**पुरुष :** बच्चा शायद बहुत भूखा है।

**राजू :** *(ज़रा डरे हुए स्वर में)* तू कौन है, भाई?

**पुरुष :** मैं, मैं भी इंसानों में एक इंसान हूँ। नाम पूछो तो मेरा नाम दर्शन है। यहाँ पास के ही एक गाँव का रहनेवाला हूँ।

**राजू :** अच्छा तो अपनी राह चल, यहाँ क्यों खड़ा हो गया?

**दर्शन :** चलते-चलते राह ने ही रोक लिया है। मुझे लगता है, तेरा बच्चा बहुत भूखा है। तेरे साथ कोई मर्द-मानस नहीं है?

**राजू :** तू मेरे मर्द-मानस को पूछनेवाला कौन है?

**दर्शन :** मैं पूछनेवाला कोई भी नहीं, और हूँ भी। बाढ़ का पानी जैसे तुझे इधर ले आया है वैसे ही मुझे भी ले आया है। मुसीबत में इंसान की परायों से भी साँझ हो जाती है। कहे तो मैं बच्चे को रोटी दे दूँ। मेरे पास बहुत रोटियाँ हैं।

**राजू :** चल भाई, हमें किसी की रोटी नहीं चाहिए, हम अपनी रोटी का प्रबन्ध आप कर लेंगे।

**सन्तोखी :** *(सिसककर)* माँ, मुझे आधी रोटी ले दे, मुझे बहुत भूख...।

**राजू :** *(चिढ़कर)* ऐसी भूख लगी है तो कुएँ में जा मर। जान खा गया है–भूख लगी है, भूख लगी है! कहा न, अभी आती है पाशी बुआ, तेरे पेट के चूल्हे के लिए रोटी लेकर...।

**दर्शन :** इस तरह कोसने से बच्चे की भूख मिट जाएगी? तुझे रास्ता में मर्द का आसरा भी चाहिए और रोटी भी। मैं दोनों ही चीज़ें तुझे दे रहा हूँ। पता नहीं, इस बाढ़ में पिछले घर-मकान रहे कि नहीं रहे, रात को दिन का आसरा नहीं, दिन को रात का पता नहीं। तू माने तो मैं तुझे अपनी सारी रोटियाँ दिए देता हूँ, सिर्फ़ एक बार तू मुझे...।

**राजू :** *(आवेश से दबे हुए स्वर में)* हट जा यहाँ से! जा, चला जा, बेशर्म! बेहया...!

**दर्शन :** चल बेशर्म-बेहया ही सही, मैं कहता हूँ पता नहीं कल आनी भी है या नहीं, मेरी तेरे साथ कोई ज़ोर-ज़बरदस्ती नहीं, तू नहीं मानती तो न सही। भूख को भूख का सहारा कहीं-न-कहीं तो मिल ही जाएगा। ले, बच्चे के लिए दो रोटियाँ ले ले...।

**राजू :** ले जा, मुझे तेरी रोटियाँ नहीं चाहिए। भूख ज़्यादा-से-ज़्यादा प्राण ही तो ले लेगी, ले ले प्राण! तू जा, अपनी राह चल...!

**दर्शन :** *(ज़रा हँसकर)* अपनी राह? इस बाढ़-पानी में अपनी राह कौन-सी है? एक पैर टिब्बे पर पड़ता है तो दूसरा पैर खाई में। जिधर मुँह हो गया उधर राह हो गई। ले, मैं चल रहा हूँ, यह दो नमकीन पराँठे रख। बच्चे की भूख बहल जाएगी।

**राजू :** नहीं, हमें नहीं चाहिए! ले जा अपने साथ यह। अपने साथ यह नमकीन पराँठे रख ले। बच्चे को यह नहीं खाने हैं।

**दर्शन :** तेरी मर्ज़ी, अच्छा नदी नाम संयोग है। हवा फिर पूर्व की चल रही है, यहाँ से दो मील आगे स्टेशन है, इधर पानी चढ़ने लगे तो उधर चली जाना, कोई-न-कोई शहर की गाड़ी मिल ही जाएगी।

**तेज़ हवा का शब्द और वृक्षों की सरसराहट। लाली ज़ोर से रोने लगता है।**

**राजू :** अब तू रोकर मेरी जान ले। मेरी नसों में दूध है कहाँ जो तुझे पिलाऊँ? ले, पी ले मेरे प्राण जितने तुझसे पिए जाते हैं। *(लाली चुपकर जाता है।)*

: *(सहसा चौंककर)* हाय रे, फिर काट खाया मेरे वैरी, माँ की बोटी-बोटी नोच लेगा क्या? मुए ने कितने घाव कर दिए हैं। माँ का मानस ही क्यों नहीं खा लेता? ओह...!

**सन्तोखी :** माँ, पाशी बुआ कब आएगी?

**राजू :** क्या जाने कब आएगी? पहर हो गया उसको गए, जाने किस तरफ़ निकल गई है? हवाई जहाज़ कब के निकल गए। लोगों ने रोटियाँ लूट-बाँटकर खा भी लीं और या जाने किस खूह में जाकर बैठ रही है?

**सन्तोखी :** माँ, मैं जाकर उसे ढूँढ़ लाऊँ?

**राजू :** तू और ढूँढ़ने चला जा, पूर्व की हवा चल रही है और ऊपर से रात उतर रही है। नहीं, अँधेरे में पाँव फिसल गया तो पता भी नहीं चलेगा कि कहाँ गया। तू चुप करके बैठा रह। वोह देख, पूर्व में बादल की नीली परी!

**सन्तोखी :** माँ, यह वही परी है जो राजकुमार को सुन्दर राजकुमारी के देश में ले जाती है और फिर वहाँ बाजे बजते हैं और राजकुमारी का राजकुमार के साथ ब्याह हो जाता है, है न?

**राजू :** तुझे नींद आई हो तो सो जा मेरे बेटे, सो जा।

**हवा की साँय-साँय**

**सन्तोखी :** माँ, वोह देख उधर, वोह तो आ रही है, उसने अपनी चुन्नी में कुछ लपेट रखा है, माँ। वोह ज़रूर रोटियाँ लेकर आई है। हाँ-हाँ, बुआ मेरे लिए रोटियाँ लेकर आई है, रोटियाँ लेकर आई है।

**राजू :** इतनी देर कहाँ लगा दी, पाशी? मेरा तो ख़ून सूख रहा था। कहाँ रह गई इस झुटपुटे में? आप तुझे ढूँढ़ने जाती या इस टटहने को भेजती!

**सन्तोखी :** बुआ, चुन्नी हटा, मैं देखूँ तू क्या लाई है? रोटियाँ लाई है न, आहा, रोटियाँ!

**रोटी लेकर जल्दी-जल्दी खाने लगता है।**

**राजू :** कहाँ से लाई है तू यह रोटियाँ, यह जो हवाई जहाज़ों ने गिराई थीं, वोह हैं? पर यह तो, यह तो...।

**पाशी :** भौजाई, हवाई जहाज़ों की रोटियों तक मैं पहुँच कहाँ सकी? मैं बहुत भागी भी, पर उन्हें नहीं पा सकी।

**राजू :** पर यह तो नमकीन पराँठे हैं, यह तुझे किसने दिए हैं?

**पाशी :** एक भला आदमी था भौजाई, मैं कई जगह से माँग-माँगकर हार गई, पर मुझे किसी ने कुछ नहीं दिया, उसने मुझे माँगते देखा तो अपने-आप यह आठ-दस पराँठे निकालकर दिए, मैं उसे...।

**राजू :** अपने-आप दिए, तू सच कहती है अपने-आप दे दिए! वोह आदमी क्या था, वोह लाल साफ़ा बाँधे था, था न? हाथ में बड़ी-सी लाठी लिए...?

**पाशी :** भौजाई, तूने उसे कहाँ देखा है, क्या वोह यहाँ भी...?

**राजू :** तो तूने यह उसी से लिए हैं? वोह यहाँ भी आया था, वोह यहाँ से होकर ही गया है। मैंने उसे डाँटकर यहाँ से भगा दिया था और तूने उससे यह ले लिए। पाशी, सच कहती है? उसने अपने-आप तुझे यह दे दिए? उसने तुझे और कुछ नहीं कहा?

**पाशी :** *(सिसककर)* भौजाई!

**राजू :** ओ पाशी!

**पाशी :** सन्तोखी कल से भूख से बेचैन था। तुम अपना मुँह देखो, क्या कह रहा है? मेरा कलेजा भूख के मारे ऊपर को आ रहा था, मैंने बहुत ढूँढ़ा कहीं कुछ मिल जाए, कहीं से लाली के लिए दो बूँद दूध भी नहीं मिला। जिधर जाओ उधर उजड़े हुए खेत, जिधर जाओ उधर मरे हुए पशु। ऐसा लगता है, कभी यहाँ

गाँव-घर थे ही नहीं, जब मैं थक-हारकर लौट रही थी, वोह मुझे रास्ते में मिल गया। उसके पास इतनी-सी रोटियाँ थीं! *(सिसकती रहती है।)*

**राजू :** चुप रह पाशी और मुझे मत सुना। यह रोटियाँ खाकर तू समझती है, पेट को शान्ति मिलेगी? यह रोटियाँ जहर की तरह अन्तड़ियों को जलाएँगी। पाशी, घर से निकलते हुए मैंने यह नहीं सोचा था कि ऐसा भी हो सकता है। यह भी देखना पड़ सकता है।

**बच्चा कुनमुनाता है, फिर रोने लगता है।**

: ले ले, तू छिली हुई छातियों को और छील ले! एक पेट खाए जा रहा है, और एक पेट का जाया।

**बच्चा चुप कर जाता है।**

**पाशी :** ओ, कितनी जगह इसने तुम्हें दाँत से काटा है!

**बादल का गम्भीर गर्जन।**

: भौजाई, अभी और बारिश आ रही है, अब क्या होगा?

**राजू :** क्या जाने क्या होगा? तूफ़ान पर और तूफ़ान आएगा और क्या होगा?

**सन्तोखी :** माँ, वोह नीली परी आसमान से कहाँ चली गई?

**राजू :** नीली परी, नीली परी को अँधेरा खा गया, बेटा। वोह अँधेरे के पेट में चली गई। *(चौंककर)* हाय रे, फिर काट लिया तूने भाग-जले। राक्षस, माँ को ही खा लेगा।

**फिर बादल का गम्भीर गर्जन**

**पृष्ठभूमि–**रेल की पटरियों पर पड़ती हुई औज़ारों की चोटें– मिलिटरी दस्ते के जूतों की आवाज़ जो क्रमशः दूर होती जाती है। कुछ व्यक्तियों के कराहने की मिली-जुली आवाज़ और उसके बीच एक व्यक्ति का निंदियाया हुआ स्वर–दूधवाला! गर्म दूधवाला...!

**दृश्य–**रात, टूटे हुए स्टेशन के जंगल के पास जमा लोगों में राजू, पाशी और सन्तोखी। राजू बाँहों में सिर डाले सिसक रही है।

**पाशी :** चुप करो भौजाई, इस तरह रोने से वोह मिल तो नहीं जाएगा।

**राजू :** तू मेरा गला घोंट दे, पाशी। मैं हत्यारिन हूँ। मैंने अपने हाथ से उसे मरने के लिए छोड़ दिया है–उस नन्ही-सी जान को, जिसके दाँत भूख से तीखे हो गए थे। अब तक वोह सारी ज़मीन पानी के नीचे चली गई होगी और उसके साथ ही वोह भी...!

**सन्तोखी :** माँ, लाली पानी के साथ बहकर घर नहीं पहुँच जाएगा? वहाँ ईसर चाचा उसे देखेगा तो उसे उठाकर पेड़ की डाल पर ले जाएगा।

**राजू :** इसे उधर सुला दे पाशी, यह ऐसी बातें करके और मेरी जान नोचता है। *(फिर सिसककर)* मेरी छाती के घाव दुख रहे हैं पाशी, मगर लगता है कि लाली वहाँ और दाँत काटे तो इन घावों में ठंड पड़ जाएगी। हाय, मैं हत्यारिन अब तक ज़िन्दा कैसे हूँ?

**दूधवाला :** *(कुछ दूरी पर दूधवाले की आवाज़ सुनाई देती है)* दूधवाला, गर्म दूध!

**राजू :** इसे चुप करा दे, पाशी। मुझसे दूध का नाम नहीं सुना जाता, उस वक़्त मुझे दूध के कुछ क़तरे ही मिल जाते तो उसका रोना बन्द हो जाता और मैं इस तरह झल्लाकर उसे छोड़ न आती। पाशी, गाड़ी आ जाए तो तू सन्तोखी को लेकर चली जाना। जहाँ गाड़ी ले जाएगी वहाँ ख़ाने-दाने का प्रबन्ध तो होगा ही और मैं इस पानी में ही डूब मरूँगी, जिस पानी में मेरा लाली चला गया है।

**पाशी :** ऐसी क्यों करती हो, भौजाई? तुम रह जाओगी और मैं सन्तोखी के साथ चली जाऊँगी? तुम समझती हो कि तुम्हारे कहने से ही तुम्हारी बात मान ली जाएगी? अभी पता है और क्या-क्या बननेवाली है? रेल की पटरियाँ टूटी हुई हैं। गाड़ी न जाने कब तक और न आए, यहाँ रेल-पेल में कौन किसी का बनता है? एक बाढ़ में लाली को छोड़ दिया, अब इस बाढ़ में हमें छोड़ जाना। बहुत अच्छा करोगी!

**राजू :** तू भी ताने दे ले, पाशी! किसी तरफ़ से कोई कसर न रह जाए। तू बता, जब पानी उतरेगा तो मैं गाँव में कौन-सा मुँह लेकर जाऊँगी? ईसर चाचा मेरी गोद ख़ाली देखेगा तो क्या कहेगा?

**पाशी :** वहाँ का क्या पता, क्या हाल हुआ है? गाँव जाकर ही पता चलेगा कि ईसर चाचा के साथ क्या बीती? वोह पीपल की डाल भी बची या नहीं जिस पर बैठकर वोह पीपलियाँ ख़ाने की बात करता था।

**राजू :** मैं कहती हूँ, उसने हमें घर से क्यों इस तरह भेजा? हम भी वहीं रहकर पत्तियाँ चबा लेते तो क्या बुरा था? गाँव में घर भी रहा है कि नहीं? राधा और उसके बछड़े के साथ न जाने क्या बीती होगी?

**दूर एक बच्चे के रोने का शब्द।**

**राजू :** किसी का बच्चा रो रहा है, परसों मेरा लाली भी इसी तरह रो रहा था। इस बच्चे को भी शायद भूख लगी होगी!

**फिर बच्चे के रोने का शब्द।**

: सुन, पाशी! यह बच्चा बिलकुल लाली की तरह ही नहीं रो रहा? बिलकुल वही आवाज़ नहीं है? मुझे लगता है, यह उसी की आवाज़ है। ठहर, मैं देखकर आती हूँ।

**पाशी :** नहीं भौजाई, तुम्हारा वहम है, यह लाली की आवाज़ नहीं है। लाली यहाँ है जो उसके रोने की आवाज़ आएगी?

**राजू :** नहीं, बिलकुल उसकी आवाज़ थी। तू एक बार मुझे देख आने दे।

**पाशी :** ठहरो, देखना ही है तो मैं देख आती हूँ। तुम्हें तो अँधेरे में हर बच्चा लाली दिखाई देगा।

**राजू :** नहीं-नहीं, पाशी, मुझमें इतना धीरज नहीं है। सन्तोखी की आँख लग रही है, तू इसे थपथपा, मैं अभी देखकर आती हूँ। माँ हूँ तो क्या, बिलकुल अन्धी तो नहीं हूँ।

**पाशी सन्तोखी को थपथपाने लगती है–''छो जा–छनतोखी लाजा छो जा।'' दूर एक अधेड़ स्त्री की आवाज़ सुनाई देती है–''हट-हट, चुड़ैल, बच्चे उठाती फिरती है! बेहया, कमज़ात...!''**

**राजू :** यह बच्चा मेरा है बहन, इसका नाम लाली है।

**अधेड़ स्त्री :** हट, बड़ी आई नाम बतानेवाली, भाग! दूर हो यहाँ से!

**राजू :** बहन, मैं कह रही हूँ, यह बच्चा मेरा है, मेरा है। तुम किसी तरह मानोगी भी?

**पाशी :** *(स्वगत)* वही बात हुई? भौजाई को यह क्या पागलपन सवार हो गया!

**इस बीच अधेड़ स्त्री की आवाज़ सुनाई देती रहती है। ''हाँ-हाँ मानूँगी क्यों नहीं! कल से कहते हैं लोगों के चार-पाँच बच्चे यहाँ से उठाए गए हैं–यह तुम लोगों की करनी है और किसकी है? अभी मैंने कुछ नहीं कहा। चुपचाप यहाँ से चली जा। नहीं तो मिलिटरीवाले सिपाही को बुलाकर पकड़वा दूँगी, तू कर्मों को रोएगी, राँड कहीं की!''**

**पाशी :** भौजाई, इधर आओ, क्या कर रही हो वहाँ?

**राजू :** *(पास आती हुई)* तू चलकर देख ले, पाशी। वोह लाली ही है, वोह उसे छाती में छुपाए हुए है। मेरी तरफ़ देखने भी नहीं देती।

**पाशी :** बैठ जाओ भौजाई, इस तरह अधीर होने से कुछ बनेगा? कल से देख ही रही हो, यहाँ से लोगों के बच्चे उठाए जा रहे हैं। कहीं हमारा नाम धरा गया तो मुसीबत में और मुसीबत पड़ेगी।

**राजू :** तू भी समझती है कि मैं अपने बच्चे को नहीं पहचानती? उसके वही घुँघराले बाल हैं, वही आँखें हैं और वही रोने की आवाज़! तू इतनी तो सोच कि मैं माँ होकर दूसरी माँ के बच्चों को अपना बताने लगूँगी! तू उठ, मेरे साथ चलकर देख, वोह लाली है या नहीं?

**पाशी :** भौजाई, पल-भर बैठकर मेरी बात तो सुन ले। तुम देखती नहीं हो। वोह लोग हमसे भी ज़्यादा गिरी हुई हालत में हैं? वोह औरत-मर्द दोनों एक ही...।

**राजू :** तू बात ही कह रही है, एक बार अपनी आँख से देख तो ले। उठ, चल मेरे साथ।

**पाशी :** तुम बैठो, मैं अभी अकेली जाकर देख आती हूँ। तुम्हारे जाने पर तुम्हें देखते ही वोह फिर झगड़ा शुरू कर देगी।

**पाशी उठकर चली जाती है। राजू झुककर सन्तोखी का माथा चूमती है।**

**राजू :** छो गया मेरे हीर? अभी तेरी बुआ लाली को बुलाने गई है। तू उठकर देखेगा और उछे पाल करेगा न? वोह आ गई तेली बुआ, आ गई।

**सन्तोखी करवट बदलता है।**

: छोया रह, छोया रह, मैं वारी!

**पाशी आती है।**

: देख आई न? अब तो यक़ीन को गया कि मैं सच कहती थी। वह कौन है बच्चे की जो उसे छाती से लगाए बैठी है? देख लिया, वोह लाली है न, बोलती क्यों नहीं?

**पाशी :** भौजाई, तुम मेरी बात मानो, अधीर नहीं होना।

**राजू :** तू बता, वोह लाली है या नहीं?

**पाशी :** भौजाई, तुम इस तरह अधीर हो उठोगी तो लोग सौ चोरियाँ, सौ अपराध हमारे सिर मढ़ देंगे। यहाँ कोई अपने गाँव का

जानने-पहचानने वाला भी नहीं। तुम ज़रा मन को सँभालकर रहो तो...।

**राजू :** मैं जो पूछती हूँ, पहले वोह बता कि वोह लाली है या नहीं?

**पाशी :** भौजाई, मैंने अच्छी तरह पास से देखा है, वो हमारा लाली ही है।

**राजू :** तो फिर तू मुझे क्यों रोकती है? मैं लाली का रोना नहीं पहचानती, मैं अभी उस राँड़ का सिर नोचती हूँ।

**पाशी :** भौजाई, हाथ जोड़कर कहती हूँ, इस वक़्त मेरी बात मान लो। आधी रात हो चुकी है, दो-चार-दस लोग जागते होंगे। बाक़ी सब सो रहे हैं, इस वक़्त उसने हो-हल्ला किया तो लोग बात समझें-बूझेंगे नहीं, उलटे हमें ही चोर बनाकर पकड़ लेंगे। तुम सुबह तक किसी तरह हौसला कर लो, दिन चढ़ते ही हम लोगों से बात कर लेंगी और हमारा लाली हमें मिल जाएगा।

**राजू :** दिन चढ़ने तक मैं चुपचाप बैठी रहूँ? मेरी आँखों के सामने मेरे बच्चे को कोई और लिए सोई रहे और मैं बैठकर ताकती रहूँ? मैं उस चुड़ैल की छाती न जला दूँ!

**पाशी :** भौजाई, तुम उसे चुड़ैल समझती हो, लेकिन मैं नहीं समझती। हम लाली को यह सोचकर छोड़ आई थीं, कि कोई-न-कोई उसे दया करके उठा लेगा। कोई जो हमारी तरह निरासरे न होगा। तब हमें यह तो नहीं मालूम था कि वह सारी ज़मीन भी पानी के नीचे आ जाएगी। यह लोग हमसे भी खस्ताहाल हैं, फिर भी यह उसे उठा लाए हैं। अब भी वह औरत उसे तुम्हारे हाथ में नहीं देना चाहती थी। इसलिए न कि वोह तुम्हें उसकी माँ नहीं समझती। वह तो यही सोचती होगी कि माँ अपने बच्चे को इस तरह कैसे छोड़कर आ सकती है!

**राजू :** *(रुआँसे स्वर में)* मैं तो आप ही कहती हूँ कि मैं माँ नहीं कसायन हूँ, मेरी करनी का फल मुझे मिलता तो बच्चा बाढ़ में बह गया होता। अब मुझे बताओ, मैं क्या करूँ? मुझसे देखकर रहा नहीं जाता, यह देखो, यहाँ छूकर देखो।

**पाशी :** यह दूध है, तुम्हारी कमीज़ दूध से गीली हो रही है।

**राजू :** मेरे यहाँ पर जैसे कोई उबाल आ रहा है, जैसे कोई चीज़ फट पड़ना चाहती है। तो बता मैं इस उबाल को किस तरह सँभालूँ! मेरा रवाँ-रवाँ दर्द कर रहा है।

**पाशी** : सुबह तक जैसे भी हो सके अपने को रोक रखो। वहाँ एक आदमी कह रहा था कि सुबह तक लाइन ठीक हो जाएगी और शायद एक गाड़ी हमें शहर ले जाने के लिए आएगी। यह न हो कि सुबह हो ही नहीं और हमें हथकड़ियाँ लग जाएँ। सवेरे ज़रूर लाली भी हमें मिल जाएगा और हम शहर भी चले जाएँगे। वहाँ कहते हैं, सरकार की तरफ़ से सबको खाना और रहने को जगह मिलेगी।

**राजू** : मुझे रहने-खाने की बात नहीं सूझती, पाशी। मेरा बच्चा जब तक मुझे नहीं मिलता, मैं न उठ सकती हूँ, न सोच-समझ सकती हूँ। मुझे लाली चाहिए।

**पाशी** : लाली कहीं गया नहीं, यहाँ पास ही तो है। यहाँ बैठी हुई तुम वोह फटी हुई धोती देख रही हो, जिसमें लिपटकर वोह सोया हुआ है। सुबह होते ही...।

**राजू** : तेरे जितना कलेजा मेरा नहीं है, मुझे लगता है कि वोह सो गई है। मैं चुपके-से जाकर लाली को उठा लाती हूँ। फिर जो तू कहेगी वो मैं मान लूँगी।

**पाशी** : भौजाई!

**राजू** : अब तू बोल नहीं, बहुत धीमे पाँव जा रही हूँ। *(उठकर चल देती है।)*

**पाशी** : भौजाई, अब और रहने दो। देखो, उसकी नींद खुल रही है।

**राजू** : पी ले, पी ले, तेरी माँ कसायन है न, बेटे? है न कसायन?

**बच्चा रो उठता है।**

**पाशी** : हाय राम, यह क्या किया, भौजाई?

**दूर अधेड़ स्त्री की आवाज़–**

**'बच्चे को कौन ले गया है यहाँ से? हाय! हमारा बच्चा किसी ने चुरा लिया।'**

**पाशी** : *(दबे स्वर में)* चल, जल्दी से यहाँ से निकल चलें। सन्तोखी को तू बाँहों से उठा ले, जल्दी चल। लाइन पार करके उधर खम्भे की तरफ़ को निकल चलते हैं। हाँ-हाँ, सँभाल ले इसे...चल।

**उस अधेड़ स्त्री की आवाज़ सुनाई देती है।**

**अम्मा** : मैंने कहा उठकर देख तो सही, ज़रूर वही डायन उसे उठाकर ले गई है। मैं पहले ही डर रही थी कि कहीं मेरी आँख लग गई तो चुड़ैल उसे ले जाएगी। पराया बेटा, इतने जोखम से बचाकर लाई और यह राक्षसी उठाकर ले गई।

**आस-पास शोर बढ़ता है–**

**क्या हुआ है?**
**किसका बच्चा उठाया गया है?**
**इन लोगों ने अच्छा मौक़ा ढूँढ़ा है।**
**उधर देखो लाइनों की तरफ़।**
**उधर तो आगे पानी-ही-पानी है।**
**उधर नहीं, उधर पगडंडी की तरफ़ देखो।**
**उधर कोई नहीं है।**
**कल से पाँच बच्चे उठाए गए हैं।**
**उधर तो नहीं लाइनों के पार?**
**उधर जाकर किसी को मरना है?**
**तोशी, नन्दी किधर, ओ बेटे इधर रहो?**
**हे भगवान!**
**शोर काफ़ी बढ़कर धीरे-धीरे मन्द पड़ता है–**

**पृष्ठभूमि–**_दूर रेलगाड़ी के चलने का शब्द, पानी में चलते हुए पैरों का शब्द। बाढ़ के घुटने-घुटने पानी में लाली को उठाए हुए राजू और सन्तोखी को उठाए हुए पाशी।_

**पाशी :** हम स्टेशन से आधा कोस तो आ गए होंगे, है न भौजाई?

**राजू :** कितना भी आ गए हैं, अब यहाँ से कोई मुझसे मेरे बच्चे को छीनने नहीं आएगा।

**पाशी :** मेरा ख़याल है दिन निकलने वाला है, पूर्व में हलका-हलका उजाला नहीं दिखाई दे रहा है?

**राजू :** हाँ, लगता है आज सूरज निकलेगा। आज पूर्व में बादल नहीं हैं, कितने दिनों के बाद आज सूरज निकलेगा! ओह!

**पाशी :** भौजाई, स्टेशन पर गाड़ी आ गई है। हम लोग इस गाड़ी में तो जा नहीं सकते। इस गाड़ी से यह भीड़ चली जाएगी तो हम फिर स्टेशन को लौट चलेंगे। गाड़ी चलने लगी है तो कल भी कोई-न-कोई गाड़ी आएगी।

**राजू :** देख, यहाँ पानी उस दिन से कम नहीं हो गया। उस दिन इन पेड़ों के इतने-इतने तने कहाँ दिखाई दे रहे थे। पानी उतर रहा है।

**पाशी :** हाँ, पानी उतर रहा है।

**दूर गाड़ी की सीटी और गाड़ी के जाने का शोर।**

: यह गाड़ी तो स्टेशन से चल रही है, अब हम लोग स्टेशन की तरफ़ जा सकते हैं। चलो, लौट चलें। अब आगे पता नहीं है और कितना गहरा पानी है।

**राजू :** पानी ज़्यादा गहरा नहीं है और अब तो पानी उतर रहा है। हम लोग स्टेशन की तरफ़ न जाकर अब अपने गाँव की तरफ़ चलेंगे।

**पाशी :** गाँव की तरफ़, क्या कहती हो भौजाई? इस पानी में गाँव की तरफ़? पता नहीं वहाँ कोई ठौर-ठिकाना बचा भी है या नहीं? वहाँ अनाज और फ़सल सभी कुछ तो बह गया होगा। किसी तरह वहाँ पहुँच भी जाएँगे, तो भूखे रहकर कितने दिन काटेंगे?

**राजू :** मगर दूसरों के आसरे रोटी ख़ाने के लिए घर-ज़मीन छोड़कर कब तक पड़े रहेंगे? एक फ़सल बरबाद हो गई तो क्या? अपनी ज़मीन में नई फ़सल तो बोनी होगी। लाली को पाकर अब मैं सोच रही हूँ, पाशी, कि कितनी और चीज़ें हैं जिन्हें हम छोड़ आए हैं। घर, गाय, खेत और ज़मीन, वोह सब बोल नहीं सकते और रोकर हमारे पास भी नहीं आ सकते। मगर वोह सब हमारे हैं, हम उन्हें छोड़कर कैसे रह सकेंगे?

**सन्तोखी :** *(सिर उठाकर)* माँ, ईसर चाचा भी तो वहाँ है। और पीपल पर हमारा कव्वा भी बोलता होगा।

**राजू :** हाँ बेटे, तेरे पीपल पर बोलकर तेरा कव्वा तुझे बुला रहा होगा! आ जा तोखी आ जा, आ जा तोखी आ जा। तो हम गाँव चलें।

**सन्तोखी :** हाँ, माँ! चल, मुझे घर ले चल। मैं कव्वे को आवाज़ देता हूँ कि मैं आ रहा हूँ–आया कव्वे आया, आया कव्वे आया!

# आख़िरी चट्टान तक

**किनारे से टकराती समुद्र की लहरों का शब्द।**

**यायावर** : पश्चिमी समुद्र-तट के साथ-साथ एक लम्बी यात्रा—इस अतिरिक्त यात्रा की कोई बनी हुई रूप-रेखा मन में नहीं थी। बस एक अस्थिरता ही थी, जो मुझे अन्दर से धकेल रही थी। मन में बार-बार एक चित्र उभर आता था। खुला समुद्र-तट दूर-दूर तक फैली रेत। रेत में से उभरी बड़ी-बड़ी स्याह चट्टानें। ख़ामोश रात और एकटक उस विस्तार को ताकती लालटेन की मटियाली-सी रोशनी। मैं सराय के अहाते में बैठा समुद्र के क्षितिज को देख रहा हूँ। मेरे सामने एक बुड्ढा आदमी बैठा है। हम दोनों के बीच एक पुरानी मेज़ है जो कुहनी का ज़रा-सा बोझ पड़ते ही चरमराने लगती है। बुड्ढे आदमी के सामने एक पुराना अख़बार फैला है। मेरे सामने चाय की प्याली रखी है। मैं कभी समुद्र की तरफ़ देखता हूँ और कभी उस बुड्ढे आदमी की तरफ़ जिसमें समुद्र की-सी लहरें उठती महसूस होती हैं। मैं चाय की प्याली उठाकर होंठों तक ले आता हूँ। तब तक एक नई लहर का फेन पास की रेत पर एक ओर लकीर खींच जाता है।

**कुछ क्षण केवल लहरों का शब्द सुनाई देता रहता है जो धीरे-धीरे विलीन हो जाता है।**

: ऐसे चित्रों का बार-बार मन में उभरना—सोचता था, मन की यह भटकन क्या है? एक बार किसी ने इसे नाम दिया था—वांडर लस्ट। यह भटकन मन में बहुत थी, इसलिए उस बार थोड़ी सुविधा होते ही मैंने तुरन्त चल देने का निश्चय कर लिया। घर से चलते समय कुछ निश्चय नहीं था कि कब-कहाँ कितने दिन रहूँगा। केवल इतना तय कर लिया था कि गोआ जाकर वहाँ से रेल, मोटर या नाव, जहाँ जो मिले, उसमें समुद्र-तट के साथ-साथ

कन्याकुमारी तक की यात्रा करूँगा। सबसे पहले बम्बई से पूना, पूना से लोंडा और लोंडा से मार्मुगाँव तक की यात्रा गाड़ी में करनी थी, इसलिए उस दिन सुबह विक्टोरिया टर्मिनस से पूना एक्सप्रेस में बैठ गया।

**गार्ड की व्हिसिल, इंजिन की सीटी और स्टेशन से गाड़ी के छूटने का शब्द।**

**फिर चलती गाड़ी के अन्दर से सुनाई देते गाड़ी के स्वर–पुलों के ऊपर से जाने और घरों के पास से गुज़रने आदि के।**

: पश्चिमी घाट की छोटी-छोटी पहाड़ियाँ तेज़ी से निकलती जा रही थीं। जगह-जगह पहाड़ियों को मिलाते पुल आ जाते जिन पर से गुज़रते हुए मन में एक पुलक का अनुभव होता। पूना एक्सप्रेस की खिड़की एक चौखटे की तरह थी जिसके पीछे का चित्र निरन्तर गतिशील था। गहराई एक तरफ़ से ऊपर को उठने लगती और पहाड़ी का रूप ले लेती। पहाड़ी एक तरफ़ से नीचे को बैठने लगती और घाटी में बदल जाती। मिट्टी पानी को स्थान देकर हट जाती और पानी उभरी हुई चट्टानों के लिए स्थान छोड़ देता। मैं खिड़की से सिर सटाए दूर तक फैले घाट के प्रदेश को देख रहा था। वह हरियाली निस्सन्देह बहुत सुन्दर थी–आँखें उसमें बहुत रमती थीं। समतल में हरियाली बहुत सपाट हो जाती है, पहाड़ पर ऊँचाई उसे छा लेती है। पर वहाँ ज़मीन की हलकी-हलकी करवटों में वह हरियाली ही जैसे हर चीज़ पर छाई थी–घरों पर, खेलते बच्चों पर और हलकी गोलाई में घूमती रेल की पटरियों पर। इसलिए जब गाड़ी पूना स्टेशन में दाख़िल हुई, तो मुझे थोड़ा अफ़सोस हुआ कि मैं ऐसी किसी गाड़ी से क्यों नहीं आया जो ज़रा कम रफ़्तार से मुझे वहाँ तक लाती।

**गाड़ी की रफ़्तार कम होने और स्टेशन पर उसके रुकने का शब्द।**

: पूना का वेटिंग हॉल। मार्मुगाँव के टिकट-घर के बाहर बहुत भीड़ थी। भीड़ में ज़्यादातर गोआ जानेवाले ईसाई यात्री थे। गोआ में उन दिनों सेंट फ्रांसिस ज़ेवियर्स के मृत शरीर का एक्सपोज़ीशन चल रहा था। और देश के विभिन्न भागों से बहुत बड़ी संख्या में

लोग वहाँ जा रहे थे। जिस समय मैं वहाँ पहुँचा, उस समय वहाँ दो क्यू साथ-साथ बन रहे थे। मैंने एक क्यू में सबसे पीछे खड़े सफ़ेद सोला हैठ वाले एक गोआनी सज्जन से पूछा कि मुझे किस क्यू में खड़ा होना चाहिए, तो वह बोले :

**गोआनी :** यह तो तुमको चुनना होगा, माई डियर, हो सकता है जिस क्यू में मैं खड़ा हूँ, वही सही क्यू हो। पर यह भी हो सकता है कि सही क्यू वह हो जिसमें मैं नहीं खड़ा हूँ। ज़िन्दगी में हर जगह ऐसा होता है। चुनना आदमी को पहले पड़ता है और यह पता उसे बाद में चलता है कि जो उसने चुना वह सही था या ग़लत। *(हलकी हँसी के साथ)* व्हट से यू?

**यायावर :** उनकी इस बात ने ही मेरे लिए मेरा चुनाव कर दिया। मैं उनके साथ उसी क्यू में खड़ा हो गया। इस पर वह अपना सोला हैट सिर पर ठीक करते हुए बोले :

**गोआनी :** आ जाओ, मगर बाद में मुझे दोष मत देना कि मैंने तुम्हें ग़लत क्यू में खड़ा कर दिया। मैं, ए.एल. फ़र्नांडिस ज़िन्दगी में सिर्फ़ अपनी ज़िम्मेदारी उठा सकता हूँ। तुम देख रहे हो, मैं इस वक़्त यह सस्ती बीड़ी पी रहा हूँ जबकि बीड़ी सुलगाने के लिए मेरे पास यह बहुत बढ़िया लाइटर है। यह लाइटर मेरी गोआ की कमाई का है और बीड़ी पूना की कमाई की। इस पर मुझसे कोई पूछे कि मैं गोआ छोड़कर पूना क्यों चला आया, तो मैं इतना ही कह सकता हूँ कि यह मेरा चुनाव है—मेरा अपना चुनाव—वह फिर सही हो या ग़लत, उसकी सारी ज़िम्मेदारी मुझ पर है। मैं पूना में रहता हूँ, अकेली ज़िन्दगी जीता हूँ और बीड़ी पीता हूँ—मेरा यह चुनाव और किसी की समझ में न आए, तो मैं क्या कर सकता हूँ? मैं मैं हूँ—ए.एल. फ़र्नांडिस—जो हर चुनाव ख़ुद अपने लिए करता है और कभी मन में अफ़सोस नहीं लाता। तुम देख रहे हो कि मेरी उम्र चालीस से कम की नहीं है और मैंने शादी नहीं की। क्यों नहीं की? इसलिए कि मैं ज़िन्दगी को खुली आँखों से देखता हूँ। जो आदमी ज़िन्दगी को खुली आँखों से देखता हो, वह कभी शादी नहीं कर सकता। व्हट से यू?

**यायावर :** मिस्टर फ़र्नांडिस अंग्रेज़ी काफ़ी अच्छी बोलते थे पर 'व्हट डू यू से' की जगह हर बार 'व्हट से यू' ही कहते थे। उनकी आँखें साथ के क्यू में खड़े कुछ नवयुवक-नवयुवतियों पर टिक गई

थीं। उनमें से कुछ-एक क्यू में खड़े ट्विस्ट कर रहे थे। मिस्टर फ़र्नांडिस उनकी तरफ़ देखते हुए बोले :

**गोआनी :** तुम जानते हो कि ज़िन्दगी के साथ सबसे बड़ी दिक़्क़त क्या है? यह कि आदमी दिन-ब-दिन पहले से अक़्लमन्द होता जा रहा है। जो बच्चा आज पैदा होता है, वह कल पैदा हुए बच्चे से ज़्यादा अक़्लमन्द होता है। एंड आई से...*(थोड़ा धीमे स्वर में)* तुम जानते हो इसका असर क्या हो रहा है? यह रोज़-रोज़ बढ़ती अक़्लमन्दी हम मर्दों को तो फ़िलासफ़र बनाए दे रही है और औरतों को–हर तरह से बेलगाम। व्हट से यू?

**यायावर :** उसी समय हमारे वाला क्यू सहसा टूट गया। टिकट बाबू ने साथ वाले क्यू को ही सही मानकर टिकट देना शुरू कर दिया था। उस खलबली में एक बार मिस्टर फ़र्नांडिस से अलग हो जाने पर उनका सफ़ेद सोला हैट फिर मुझे नज़र नहीं आया।

पूना से लोंडा। लोंडा से मार्मुगाँव। नए-नए चेहरे, नए-नए रीति-रिवाज। क्रिसमस सप्ताह की ख़ुशी में चीख़ते-चिल्लाते और गुब्बारे उड़ाते लोग। गाड़ी की खिड़की से नज़र आते झरने और नारियलों के झुंड। एक उदास नहर जिसमें उदास गति से चलती एक छोटी-सी नाव धीरे-धीरे पुल की तरफ़ आ रही थी। गाड़ी की होड़ में तेज़-तेज़ उड़ते पक्षी। साँवर्दे स्टेशन पर स्त्रियों की एक क़तार–सामान ढोने के लिए ये स्त्रियाँ ही वहाँ कुली थीं। हरियाली के उतार-चढ़ाव में घास चरती गौएँ। गीत गाते ग्वाले और ग्वालिनें...।

**'हम बंजारे' गीत की कुछ कड़ियाँ उभरकर विलीन हो जाती हैं।**

: नदी-तट और पहाड़ी की चोटी पर गौओं के पीछे-पीछे भटकते-घूमते बंजारा ग्वालों के आकर्षण से बँधा यह बंजारा मन बहुत व्याकुल था कि अब यह गाड़ी की यात्रा किसी तरह समाप्त हो। सोचा था, रात को मार्मुगाँव उतरकर सुबह वहाँ से फ़ैरी में पंजिम जाऊँगा। मगर मार्मुगाँव से दो स्टेशन पहले महाराष्ट्रीय युवक कारवाड़कर से परिचय हो गया और उसके अनुरोध पर मैं उसके साथ वास्को में उतर गया। वह रात उसके घर में काटी और अगली रात पंजिम के गुजराती लॉज में। उससे अगली सुबह उठकर पुराना गोआ चला गया, जहाँ

चर्च ऑफ़ बाम जीसस में सेंट फ्रांसिस ज़ेवियर्स के शरीर का प्रदर्शन चल रहा था। वहाँ दर्शनार्थियों के क्यू इतने लम्बे थे कि मेरा क्यू में खड़े होने का हौसला नहीं हुआ। गिरजाघर के आसपास का वातावरण उत्तर भारत के हिन्दू मेलों जैसा ही था। खाने-पीने का सामान तथा मूर्तियाँ, मालाएँ और धार्मिक पुस्तकें। बड़े-बड़े मटकों में भरी ताड़ी। मैं घूमता हुआ दूर के गिरजाघरों की तरफ़ निकल गया। एक गिरजाघर के बाहर बहुत-सी हिन्दू देवी-देवताओं की मूर्तियाँ पड़ी थीं। उनमें से कुछ-एक उलटी मूर्तियों को सीधी करके मैं नारियलों के एक घने झुरमुट की तरफ़ बढ़ गया।

मुझे प्यास लग आई थी। सामने से आते एक किसान को रोककर मैंने इशारे से उससे पानी की माँग की, तो वह मुझे अपने साथ एक नाले के उस तरफ़ बनी अपनी कोठरी में ले गया। कोठरी की सफ़ाई, साज़-सामान और बाहर के मुर्गीख़ाने को देखकर मुझे लगा कि वह किसान काफ़ी अमीर होगा। उसका दिया पानी का गिलास पीने के बाद मैंने पूछ लिया—यहाँ खेती-बाड़ी से तुम्हें काफ़ी आमदनी हो जाती है क्या?

**किसान :** मुझे?...नहीं तो...यह घर मेरा नहीं है। मेरा घर उस तरफ़ है—काफ़ी पीछे।

**यायावर :** तुम्हारा मतलब है कि आसपास के ये खेत...ये भी तुम्हारे नहीं हैं!

**किसान :** मेरे?...नहीं तो...ये घर और खेत बड़े पादरी साहब के हैं...वह दूर गिरजाघर नज़र आता है न—उस गिरजाघर के पादरी साहब के। ये मुर्गियाँ भी उन्हीं की हैं। उधर एक छोटी-सी डेरी भी है। उनका असली घर गिरजे के साथ ही है, यहाँ वे कभी-कभी आराम करने के लिए आते हैं।

**यायावर :** तो तुम...?

**किसान :** मैं सिर्फ़ उनका ख़िदमतगार हूँ। आज से नहीं, सौ साल से हमारा कुनबा उनके ख़ानदान की ख़िदमत में है। ऐसा सौभाग्य बहुत कम कुनबों को प्राप्त होता है कि वे लगातार सौ साल बड़े पादरियों की ख़िदमत में रहें।

**यायावर :** एक और ऐसे ही सौभाग्यशाली व्यक्ति से मेरी भेंट मड़गाँव स्टेशन पर हुई। वह वहाँ प्लास्टिक के पारदर्शी ढकनों में बन्द

सेंट फ्रांसिस ज़ेवियर्स की मूर्तियाँ बेच रहा था। मुझे वहाँ से वास्को की गाड़ी पकड़नी थी जिसके आने में अभी काफ़ी समय था। उस बीच उस व्यक्ति ने कई बार मेरे पास आकर अनुरोध किया कि मैं एक मूर्ति उससे ख़रीद लूँ। दाम सवा रुपए से बताना शुरू करके वह चार आने तक उतर आया :

**फेरीवाला :** देखिए, प्लीज़ एक मूर्ति ले लीजिए। सच मानिए, एक मूर्ति की क़ीमत सवा रुपए से कम नहीं है। मैं दूसरी कोई मूर्ति सवा रुपए से कम में नहीं बेचूँगा।

**यायावर :** तो यही एक मूर्ति तुम चार आने में क्यों बेचना चाहते हो?

**फेरीवाला :** साहब, बात यह है कि मैं सुबह से अब तक एक भी मूर्ति नहीं बेच पाया। मैं सुबह से भूखा हूँ। आज नए साल का दिन है। मैं ईसाई हूँ। चाहिए था कि आज मैं नए-नए कपड़े पहनकर दिन-भर मौज उड़ाता, मगर...मगर मेरा ट्रंक फ़ादर डिसूजा के कमरे में है और फ़ादर डिसूजा कमरे की चाबी अपने साथ ले गए हैं। मेरे लिए यह नए साल का दिन आज ऐसा मनहूस चढ़ा है कि सुबह से चाय की एक प्याली भी नहीं पी सका।

**यायावर :** यह फ़ादर डिसूज़ा कौन हैं?

**फेरीवाला :** हमारे पार्सन हैं। मैं उन्हीं के साथ बम्बई से यहाँ आया हूँ।

**यायावर :** और ये मूर्तियाँ...?

**फेरीवाला :** ये फ़ादर डिसूज़ा रोम से लाए थे, चार महीने पहले। अब तक मैंने उनकी तरफ़ से बारह-तेरह सौ मूर्तियाँ बेच ली हैं। मुझे वे इन पर पाँच प्रतिशत कमीशन देते हैं। मगर आज का दिन मेरे लिए कुछ ऐसा मनहूस चढ़ा है कि...क्या बताऊँ?

**यायावर :** पर फ़ादर डिसूज़ा कमरा बन्द करके कहाँ चले गए?

**फेरीवाला :** आधी रात को उनका यहाँ के एक गिरजे में सर्मन था। उसी के लिए उन्हें यहाँ बुलाया गया था। वे जाते हुए ताली इसलिए साथ ले गए होंगे कि तीन-चार हज़ार रुपए की मूर्तियाँ अब भी कमरे में रखी हुई हैं। मैं उस समय एक और गिरजे में मूर्तियाँ बेचने के लिए गया था। मेरे यहाँ से लौटने से पहले ही वे सर्मन के लिए चले गए। अब कल सुबह से पहले लौटकर नहीं आएँगे। आप एक मूर्ति ले लीजिए, प्लीज़!... सिर्फ़ चार आने में...ताकि मैं चाय की एक प्याली तो किसी तरह पी सकूँ।

**यायावर** : यह उसका नया साल था। एक और आदमी को नया साल मनाते देखा रात को वास्को में कारवाड़कर के साथ। रात को खाना खाने के बाद मैं और कारवाड़कर वास्को की मुख्य सड़क पर घूमने निकल गए। हमारे दाईं तरफ़ सजे हुए बँगले थे जिनमें नए साल का नृत्य-संगीत चल रहा था।

**पाश्चात्य नृत्य-संगीत की लय काफ़ी ऊँची उठकर मद्धिम पड़ जाती है और कुछ देर पृष्ठभूमि में चलती रहती है।**

: चलते हुए कारवाड़कर ने पूछा :

**कारवाड़कर** : कैसा लग रहा है तुम्हें वास्को?

**यायावर** : बहुत सुन्दर। एक छोटी भावपूर्ण कविता की तरह।

**कारवाड़कर** : इस कविता की कुछ पंक्तियाँ और भी हैं। यहाँ से थोड़ा आगे।

**यायावर** : कुछ दूर आगे जाकर हम लोग एक ऊबड़-खाबड़ कच्चे अँधेरे रास्ते पर मुड़ गए। एकाध जगह ठोकर खाने के बाद हम लोग कुछ गली-सड़ी चटाई की झोंपड़ियों के पास आ निकले। उन झोंपड़ियों में से सिर्फ़ एक ही झोंपड़ी के बाहर दो मोमबत्तियाँ जल रही थीं। कारवाड़कर ने बताया कि वह भी ईसाइयों की बस्ती है, मगर दो मोमबत्तियाँ जला सकने की औक़ात भी उनमें से हर एक की नहीं है। एक जगह बहते पनाले को फाँदकर उसने आवाज़ दी, तो एक आदमी अपनी झोंपड़ी से बाहर निकल आया। कारवाड़कर ने उससे पूछा :

**कारवाड़कर** : क्या कर रहे हो इस वक़्त?

**आदमी** : कुछ नहीं, करना क्या है? ऐसे ही बैठा था।

**कारवाड़कर** : आज तुमने नया साल नहीं मनाया?

**आदमी** : मनाया क्यों नहीं? सारा दिन नया साल ही तो मनाता रहा हूँ।

**कारवाड़कर** : कैसे मनाते रहे हो? नाच-गाकर?

**आदमी** : नहीं...नाचने-गानेवाले तो उधर रहते हैं। मैं दिन-भर सिर्फ़ सोया रहा। नया साल मनाने का इससे अच्छा और क्या तरीक़ा हो सकता है?

**यायावर** : वहाँ से लौटते हुए, रास्ते में कारवाड़कर बोला, ''देख लीं तुमने कविता की ये पंक्तियाँ भी? उन पंक्तियों से अधिक सुन्दर हैं न ये?''

: अगले दिन वहाँ से मंगलूर जाने के लिए कारवाड़कर ने मुझे स्टीमर साबरमती में बिठा दिया। स्टीमर हार्बर से निकलकर खुले

पानी में आ गया। एक तरफ़ खुला अरब सागर और दूसरी तरफ़ भारत का पश्चिमी तट। पानी की सतह पर तैरते नन्हे-नन्हे समुद्र-कपोत। सतह के नीचे प्लैन्टोन्ज़ और तरह-तरह के आदिम जीव। साबरमती का थर्ड-क्लास का डेक एक बड़े-से तबेले की तरह था। सारे डेक पर एक सिरे से दूसरे सिरे तक बिस्तर-ही-बिस्तर बिछे थे। गोआ में नया साल मनाकर लौटनेवाले हज़ारों यात्री अब तक भी नए साल के उन्माद से बाहर नहीं निकल पाए थे। ताश की बाज़ियों और हँसी-मज़ाक के बीच कहीं हार्मोनिका के स्वर उभर रहे थे।

**शोरोगुल के बीच हार्मोनिका का स्वर उभरकर विलीन हो जाता है।**

: और कहीं एक कोंकणी नृत्य-गीत के।

**कोंकणी नृत्य-गीत 'तारिया ममा' की कुछ कड़ियाँ। फिर वह स्वर बहुत-से लोगों की हँसी में और हँसी का स्वर कुछ लोगों के लय के साथ ताली बजाने के स्वर में डूब जाता है।**

: अचानक इस सबके बीच किसी ने मेरे कन्धे पर हाथ मारकर कहा :

**हुसैनी** : क्यों साहब, अँधेरे में ही आइडिया चलता है क्या?

**यायावर** : यह हुसैनी था जिससे मेरा परिचय थोड़ी देर पहले स्टीमर की कैंटीन में हुआ था। कुछ देर मुझे यह बताने के बाद कि डेक के किस-किस हिस्से में क्या-क्या तमाशा चल रहा है, अचानक ऊपर टूरिस्ट-क्लास की रेलिंग की तरफ़ इशारा करके वह बोला:

**हुसैनी** : देखो, ये साले कैसे इक्का-बादशाह-गुलाम का खेल खेल रहे हैं।

**यायावर** : मतलब?

**हुसैनी** : ऊपर से कैमरे साधकर हम लोगों की तसवीरें ले रहे हैं न! ट्रेल और सीक्वेंस वाले लोग तो अपने फ़र्स्ट-क्लास की केबिनों में सोए हैं। मगर ये टूरिस्ट-क्लास के लोग जिन्हें ज़िन्दगी का खेल खेलने के लिए सिर्फ़ इक्का-बादशाह-गुलाम की बाज़ी मिली है, हम दुक्के-चौके-पंजे वालों पर अपने कैमरों का रोब झाड़ रहे हैं। आख़िर हालत इनकी भी वही होती है जो दुक्के-चौके-पंजे वालों की। मगर ये लोग थोड़ा पिटकर अपनी असली जगह पर आते हैं।

**यायावर :** हुसैनी ताश का व्यापारी था और उसकी बातचीत ज़्यादातर ताश के मुहरों के इर्द-गिर्द ही घूमती थी। वह कलकत्ता का रहनेवाला था और ताश के ऑर्डर लेने के लिए उसे चार-चार महीने घर से बाहर रहना पड़ता था। यूँ आदमी काफ़ी हँसमुख था, पर इस बात की उसे बहुत तकलीफ़ थी कि इतने-इतने दिन उसे बीवी को अकेला छोड़कर यहाँ-वहाँ भटकना पड़ता है। मंगलूर में हम लोग एक ही होटल में ठहरे। वहाँ दिन-भर तो वह काफ़ी ख़ुश रहा, मगर शाम को बहुत उदास हो गया। हम लोग साथ-साथ घूमने के लिए निकले थे, मगर वह वापस मेरे साथ नहीं आया। रात को जब मैं सोने की कोशिश कर रहा था, तो अचानक उसने मेरा दरवाज़ा खटखटाया। मैंने दरवाज़ा खोलकर देखा कि उसका चेहरा बेहद उतरा हुआ है। उसके अनुरोध करने पर मैं उसके साथ फिर बाहर निकल गया। एक पार्क में पहुँचकर हम लोग नीचे घास पर बैठ गए। वहाँ बैठे-बैठे उसने बताया कि बीच का समय वह किस रूप में बिताकर आया है :

**हुसैनी :** मैं उस वक़्त तुम्हारे साथ नहीं आया क्योंकि कुछ देर के लिए मैं बिलकुल अकेला होना चाहता था। मुझे अकसर ही इस तरह का दौरा पड़ जाता है, जब मैं बिलकुल अकेला होकर कुछ सोचता रहना चाहता हूँ। मुझे लगता है कि मेरी ज़िन्दगी बिलकुल बेकार और बेमानी है। मैं अपने बीवी-बच्चों से इतनी मुहब्बत करता हूँ, मगर मुझे यह नसीब नहीं है कि साल में बीस-पच्चीस दिन से ज़्यादा उनके पास रह सकूँ। रात-दिन सफ़र-सफ़र-सफ़र! नए-नए लोग, नई-नई दोस्तियाँ। कोई एक दिन की, कोई एक घंटे की। उसके बाद फिर वही अपना-आप और अजनबीपन। जहाँ कहीं रहकर और जो कुछ भी खाकर अपना वक़्त बिता लेना। ख़ैर, पेट की भूख तो किसी तरह मिट जाती है, मगर जिस्म की भूख...वह मुझे कभी-कभी बिलकुल पागल बना देती है। मैं लोगों का साथ इसलिए ढूँढ़ता हूँ कि इस पागलपन से मुझे पनाह मिल सके और फिर उनसे भागता इसलिए हूँ कि वे मुझे अपने रास्ते की रुकावट नज़र आते हैं। आज तुमसे अलग हुआ था इसलिए कि हो सके तो रात-भर के लिए किसी का साथ ढूँढ़ लूँ। एक दलाल के साथ मैं एक जगह चला भी गया। वह औरत उस वक़्त अपने बच्चे को खाना खिला रही थी। उसे देखकर मुझे

न जाने कैसा लगा कि मैं फ़ौरन वहाँ से वापस चला आया। वह दलाल मुझे पीछे से आवाज़ें देता रहा, मगर मैंने उसकी बात नहीं सुनी। अब भी तुम्हें इसलिए साथ ले आया हूँ कि कहीं मेरा मन फिर से न भटक जाए। मेरी बीवी मुझसे इतनी मुहब्बत करती है, मुझ पर जान देती है, और मैं यहाँ क्या करने जा रहा था?...मगर देखो...एक बात और भी है जिसका हथौड़ा मेरे दिमाग़ पर चलता रहता है। मैं सोचता हूँ कि जो ज़रूरत मुझे इतना परेशान करती है, वह क्या उसे नहीं करती होगी? तब मुझे ख़याल आने लगता है कि कहीं ऐसा तो नहीं कि मेरे पीछे से वह...देखो...मेरा यह मतलब नहीं है। वह बहुत अच्छी औरत है। मुझे बहुत प्यार करती है। लेकिन...लेकिन मेरा दिमाग़ है कि ख़ामख़ाह की बातें सोच-सोचकर फटने को हो आता है कि आख़िर मुझे क्या पता है, मैं कैसे कह सकता हूँ?

**यायावर** : हुसैनी से मेरा एक दिन का साथ था जो एक ही दिन रहा। अगले दिन उसे उसके हाल पर छोड़कर मैंने कण्णूर की गाड़ी पकड़ ली। खुला प्रदेश। एक ओर समुद्र तथा दूसरी ओर खेत। खेतों के बीचोंबीच थोड़े-थोड़े फ़ासले पर बने घर। बैक-वाटर्ज़ में नहाते और धूप में अलसाते लोग। सब कुछ एक ऐसी शृंखला में कि कई मील निकल आने पर भी मैं यह अनुमान नहीं लगा सका कि कहाँ एक बस्ती समाप्त हुई और कहाँ से दूसरी शुरू हुई।

कण्णूर पहुँचकर एक दिन चोईस होटल में रहा जो काफ़ी महँगा था। दूसरे दिन सेवाय होटल में आ गया जहाँ ख़ाली रिहायश के कमरे किराए पर दिए जाते थे। वहीं अगले रोज़ एक पंजाबी भाई से मुलाक़ात हो गई। नाम था नन्दलाल कपूर। मैं सुबह बैठकर कुछ लिख रहा था कि वह अचानक मेरे दरवाज़े के पास आ खड़ा हुआ।

**कपूर** : हलो!

**यायावर** : आइए।

**कपूर** : आप शायद कल ही आए हैं?

**यायावर** : जी हाँ, कल ही आया हूँ।

**कपूर** : मैंने कल रात बत्ती जलती देखी थी।...आप कहाँ के रहनेवाले हैं?

**यायावर** : पंजाब का।

**कपूर** : *(अत्यधिक उत्साह के साथ)* अच्छा, पंजाबी भरा ओ तुसी?

**यायावर** : और इससे पहले कि मैं सँभल पाता, उसने बढ़कर मुझे बाँहों में लपेट लिया। फिर घंटा-भर बैठकर मुझे बतला गया कि वह लुधियाना का रहनेवाला है, उसके दो बच्चे हैं, उसकी बीवी उसकी पसन्द की नहीं है, इधर हैंडलूम का बाज़ार बहुत गिर गया है, कण्णूर में साँप बहुत होते हैं, मलयालम में अंडे को मुट्टा कहते हैं और शाम को वहाँ हिन्दी फ़िल्म 'अनहोनी' दिखाई जा रही है जिसे मिस नहीं करना चाहिए। जाते हुए कह गया कि जब भी मन उदास हो, मैं उसके कमरे में चला आऊँ, किसी तरह के तकल्लुफ़ में न रहूँ।

उसके बाद तीन दिन में ही उसकी बेतकल्लुफ़ी ने मेरी वह हालत कर दी कि मेरे लिए वहाँ रहना मुहाल हो गया। पहली दोपहर को उसने ज़बर्दस्ती मुझे अपने साथ खाना खिलाया, उसके बाद मेरा खाना भी अपने कमरे में बनाने के लिए मुझसे आटा, दाल, नमक, घी—सब ख़रीदवा लिया, मगर उसके बाद खाना बनाने की फ़ुरसत न मिल पाने से सुबह-शाम मेरे ख़र्च पर बाहर खाना खाने लगा। साथ वह यह कहने से भी न चूकता :

**कपूर** : मैं तो भाई साहब, इंसानियत के नाते किसी के लिए कुछ भी करने को तैयार रहता हूँ। आप तो फिर अपने पंजाब के हैं। मेरी बस इतनी ही प्रार्थना है कि मुझे अपना दास समझें और सेवा का मौक़ा देते रहें।

**यायावर** : आख़िर हारकर मैंने उससे कह दिया कि मैं वहाँ रहकर कुछ काम करने के लिए आया हूँ, इसलिए उसके साथ बाहर आना-जाना मेरे लिए सम्भव नहीं है और वैसे भी मैं अकेला रहना चाहूँगा। लेकिन इससे कुछ नहीं हुआ। वह बिना तकल्लुफ़ के दिन में चार-चार बार मेरे कमरे में आता रहा। कमरे की दहलीज़ लाँघने के उसे सौ-सौ बहाने मिल जाते। जैसे :

**कपूर** : इतनी-इतनी देर आपका अकेले मन कैसे लग जाता है?

या

पंजाब के शहरों में शाम को कितनी रौनक़ होती है, पर यहाँ देखिए न...।

या

सेब आए हैं, सेब? ज़रा चखकर तो देखें।

या

आपकी अलमारी में डबलरोटी होगी? ज़रा मक्खन का डब्बा तो निकालिए, दो स्लाइस ही काटकर खा लें।

या

लाइए, दो-चार सफ़े मैं लिख दूँ। अकेले लिखते थक गए होंगे।

**यायावर :** आख़िर जब बात बिलकुल बरदाश्त से बाहर हो गई, तो मैंने उसके पास चिट लिखकर भेज दी कि वह मेरे कमरे में न आया करे। इस पर वह चिट हाथ में लिए मेरे कमरे में चला आया।

**कपूर :** क्या बात हो गई, भाई साहब? मुझसे कुछ नाराज़ हैं क्या? अरे, आप तो बोल ही नहीं रहे। देखिए, जब तक आप बताएँगे नहीं, मैं यहाँ से नहीं जाऊँगा।...अरे, अब भी ख़ामोश हैं?...क्या पढ़ रहे हैं? कहानियों की किताब? कैसी कहानियाँ हैं? मैं भी सोच रहा था कि आपसे कुछ किताबें लेकर इन दिनों पढ़ डालूँ। आप जैसे पढ़े-लिखे आदमी की संगत कब-कब मिलेगी?...देखिए, अगर आपको सचमुच मुझसे नाराज़गी है, तो सुबह तक वह आपको दूर कर लेनी होगी। सुबह मैं फिर आऊँगा।

**यायावर :** और उसने आना नहीं छोड़ा। अगले दिन वह एक चिट्ठी ले आया कि मैं उसका जवाब लिख दूँ। मैंने कुढ़कर उस चिट्ठी को पढ़ने से भी इनकार कर दिया, तो उसने ख़ुद ही उसका मज़मून मुझे सुना दिया :

**कपूर :** समझे, भाई साहब? यह लड़की...रूबी...यहीं चार नम्बर कमरे में रहती थी। अपने भाई-भावज के साथ। पिछले महीने ये लोग सिकन्दराबाद चले गए हैं। आपको चिट्ठी से पता चल ही गया होगा कि वह मुझसे कितना प्यार करती थी। *(धीमे स्वर में)* हर दूसरी-तीसरी रात वह छिपकर मुझसे मिलने मेरे कमरे में आया करती थी। *(स्वाभाविक स्वर में)* प्यार मैं भी उससे उतना ही करता था। इसीलिए उसकी भावज की तरफ़ देखता तक नहीं था। उसकी भावज इससे बहुत जलती थी। पर मैं कहता था कि आदमी प्यार करे, तो बस एक के साथ। रूबी के दिल को मैं किसी भी वजह से चोट नहीं पहुँचाना चाहता था। अब भी क्योंकि उसके दिल को चोट नहीं पहुँचाना चाहता, इसीलिए जवाब लिखने में आपसे मदद लेना चाहता हूँ। आप इतने पढ़े-लिखे हैं। ख़ुद कहानियाँ बनाकर लिख लेते हैं। बस, एक ऐसा बढ़िया-सा मज़मून बना दें कि उसमें सारी बात आ जाए।

**यायावर :** और वह सारी बात यह थी कि रूबी पर उसके चौदह रुपए निकलते थे। वह एक ऐसा मज़मून चाहता था जिसे पढ़कर रूबी के मन में उसके प्यार का विश्वास भी बना रहे और वह उसके चौदह रुपए भी लौटा दे।

**कपूर :** आप सोच लीजिए। शाम तक...कल तक। मुझे कोई जल्दी नहीं है। पर मज़मून ऐसा होना चाहिए कि बस! वह भी सोचती रह जाए कि किस लाजवाब आदमी ने लिखा है।...सारी बात समझ गए न आप?

**यायावर :** ख़ुशक़िस्मती इतनी ही थी कि चार-पाँच रोज़ बाद वह चला गया। जाते हुए मेरी एक किताब मार ले गया। उसके जाने से दो-एक दिन पहले एक और चीज़ का भी पता चला। रूबी को जो चौदह रुपए उसने उधार दिए थे, वे भी उसके अपने नहीं थे। धनंजय नाम के एक युवक से अपने प्यार का रोना रोकर उसने पचास रुपए लिए थे जिसका चौथा हिस्सा मुश्किल से रूबी तक पहुँच पाया था। धनंजय से उसने वादा किया था कि वह उसे रूबी से मिला देगा, मगर उस आदमी की बदक़िस्मती कि जिस शाम के लिए वादा किया गया था, उसी सुबह को रूबी को वहाँ से चला जाना था। कपूर के वहाँ रहते उसके रहने की उलझन थी, मगर उसके चले जाने के बाद सेवाय होटल का वातावरण इतना अकेला और उदास लगने लगा कि तीन-चार रोज़ बाद मैंने भी वहाँ से चल देने का निश्चय कर लिया। अब फिर से गाड़ी की एक खिड़की थी और मैं। बाहर मीलों के विस्तार में लाल ज़मीन, घनी हरियाली और बीच-बीच में नारियल के सूखे पत्तों से बनाई घरों की छतें। वह सारा प्रदेश जैसे एक बहुत बड़ा उद्यान है, जिसमें यहाँ-वहाँ पान, सुपारी तथा काजू दृश्य-सौन्दर्य के लिए ही रोप दिए गए हैं और उसी उद्देश्य से छोटी-छोटी नदियों तथा बैक-वाटर्ज़ का पानी भी फैला दिया गया है। इसके अतिरिक्त समुद्र-तट की हवा, मछली, खोपड़े का तेल और उबले हुए चावल—इन उपकरणों से प्रकृति मलाबार में जिस शरीर-सौन्दर्य की सृष्टि करती है, उसे गठन, तराश और उठान की दृष्टि से अद्वितीय कहा जा सकता है। वहाँ की सांस्कृतिक समृद्धि—विशेष रूप से वहाँ के प्रमुख नृत्य—तो देश की कलात्मक उपलब्धियों का प्रतिनिधित्व करते ही हैं। वहाँ के लोक-जीवन

की भी अपनी ही एक रंगत है। उस रंगत का परिचय देते कुछ स्वर :

**टेप संख्या 12 टी बी एम् 1108, कट दो**

**यह संगीत जैसे बहुत दूर से सुनाई देने लगता है।**

: अवसर है वहाँ के प्रमुख त्योहार ओणम्

**संगीत का स्वर धीरे-धीरे पास आ जाता है। फिर उसी तरह विलीन हो जाता है।**

: मलाबार का दृश्य और नाद-सौन्दर्य सचमुच बहुत आकर्षक है। उस आकर्षण में कोई बाधा है, तो केवल एक। वहाँ साल में नौ महीने गरमी पड़ती है, बाक़ी तीन महीने बहुत गरमी पड़ती है। कण्णूर से तेल्लिचरी, तेल्लिचरी से काज़ीकोड। एक रात काज़ीकोड रुककर चाय और कॉफ़ी के बग़ीचे देखने के लिए चुन्देल। चुन्देल से ऊटी कुल पचहत्तर मील है। एक बार मन में आया कि अगली बस पकड़कर ऊटी का भी चक्कर लगा आऊँ। मगर गरम कपड़े पास में न होने से मन मसोसकर रह गया।

वहाँ चाय की फ़ैक्टरी में यह देखने के बाद कि केतली तक आने से पहले चाय की पत्तियाँ किस बुरी तरह सुखाई, मसली, तपाई और काटी जाती हैं, मैं काफ़ी देर इधर-उधर आवारा घूमता रहा। कॉफ़ी के बग़ीचों का रास्ता नहीं मिल रहा था, सो गोविन्दन् नामक एक मज़दूर मुझे अपने साथ वहाँ ले गया। चलते-चलते उससे बात होने लगी।

**गोविन्दन्** : तुम इधर कैसे आया?

**यायावर** : ऐसे ही, घूमने के लिए?

**गोविन्दन्** : ख़ाली घूमने के लिए?...कौन-कौन-सा जगह देखा?

**यायावर** : गोआ, मंगलूर, कण्णूर, काज़ीकोड...।

**गोविन्दन्** : घूमने में बड़ा मज़ा है। मैं भी बहुत घूमा हूँ। बर्मा, सिंगापुर, ईरान, कलकत्ता, दिल्ली, पंजाब–सब जगह देखा है। मैं पहले फ़ौज में था। फ़ौज में ही हिन्दुस्तानी सीखा है। थोड़ा-थोड़ा पंजाबी भी सीखा है। 'की गल्ल ए ओए कुत्ते दिया पुतरा?' ऐसे ही बोलता है न!

**दोनों हँसते हैं।**

**यायावर** : रास्ते में गोविन्दन् मुझे बहुत कुछ बताता रहा–वहाँ की पैदावार के बारे में, मज़दूरों की ज़िन्दगी के बारे में। यह भी कि यहाँ

पौधों को पानी देने की ज़रूरत नहीं पड़ती। ज़मीन अपने अन्दर के पानी से ही उन्हें हरा रखती है। अभी हम कॉफ़ी के बग़ीचे में पहुँचे ही थे कि दूर से :

**दूर से कुत्तों के भौंकने का शब्द सुनाई देने लगता है जो क्रमशः पास आता जाता है।**

: क्या बात है? ये कुत्ते इस तरफ़ क्यों आ रहे हैं?

**गोविन्दन्** : यह यहाँ के मालिक का कुत्ता है। मेरा ख़याल है, हम लोगों को यहाँ से लौट चलना चाहिए।

**यायावर** : क्यों?

**गोविन्दन्** : क्योंकि मालिक शायद घबरा गया है कि एक नया आदमी इधर क्यों आया है। वह शायद सोचता है कि तुम मज़दूरों के बीच प्रोपेगेंडा करने के वास्ते आया है। चलो, यहाँ ठहरने में ख़तरा है। इस आदमी का कुत्ता बहुत ज़बर्दस्त है।

**यायावर** : हम लोग वहाँ से बाहर निकल आए, तो गोविन्दन् बोला :

**गोविन्दन्** : अकेला आदमी है। न बीवी है, न बच्चा। दोस्त-यार जो भी है, यह कुत्ता ही है। दिन-भर ख़ाली कमरे में बैठा रहता है, या डंडा और कुत्ता लिए घूमता रहता है। जब यह मरकर परमात्मा के घर जाएगा, तब भी डंडा और कुत्ता साथ लेता जाएगा।

**यायावर** : गोविन्दन् से विदा लेकर वापसी की बस पकड़ ली। कुछ दूर आकर बस एक छोटी-सी बस्ती के बाज़ार में रुकी, तो वहाँ उतरकर एक गिलास कॉफ़ी पी। दिन का रंग सहसा बदल गया था। अस्त होते सूर्य के आगे बादल का एक टुकड़ा घिर आया था। एक युवती तीन-चार गौओं को हाँकती हुई घाटी से ऊपर सड़क की तरफ़ आ रही थी। दूधिया सफ़ेद तहमद, उतनी ही सफ़ेद चोली और वैसा ही सफ़ेद पटका। सड़क पर पहुँचकर वह सीधी सधी हुई चाल से आगे चलती गई। उससे हटकर मेरा ध्यान आसपास मँडराती तितलियों में उलझ गया। सब तितलियाँ एक-जैसी थीं—हरा रंग और स्याह दायरे। थोड़ी दूर कुछ और तितलियाँ थीं, दूसरी तरह की। मटियाला रंग और सफ़ेद बार्डर के पंख। पास की किसी झाड़ी से एक पक्षी बोल रहा था :

**पक्षी का स्वर—च्वि च्वीयु! च्वि च्वीयु!**

: ड्राइवर ने हॉर्न बजा दिया।

**हॉर्न का स्वर।**

: मेरा मन वहाँ से चलने को नहीं हो रहा था।

**फिर पक्षी का स्वर। फिर हॉर्न का स्वर**

: मगर मन मारकर बस में सवार हो जाना पड़ा। बस चल दी।

**बस के स्टार्ट होने और चलने का शब्द।**

: कोशिश की कि मन सड़क के दोनों ओर उगे पेड़ों के नए सुर्ख़ पत्तों में उलझ जाए। मगर बहुत दूर निकल आने पर भी उस पक्षी का वह आवाज़ देता-सा स्वर कानों में गूँजता रहा :

**पक्षी का स्वर—च्वि च्वीयु! च्वि च्वीयु!**

**स्वर धीरे-धीरे विलीन हो जाता है।**

: काज़ीकोड आकर वहाँ से अर्णाकुलम् की गाड़ी पकड़ी। मगर रास्ते में त्रिचुर उतर गया—वडक्कुनाथन् का मन्दिर देखने के लिए। मन्दिर के अन्दर जाते हुए एक युवक ने मुझे टोक दिया कि पतलून-कमीज़ में वहाँ अन्दर नहीं जाया जा सकता। उसके लिए धोती-अँगोछे में होना ज़रूरी है। मेरे पास वे कपड़े नहीं थे, इसलिए उसने अपने यहाँ ले जाकर मुझे वे कपड़े पहनने को दे दिए। उसके बाद उसके साथ मन्दिर में घूमते हुए मेरा कुछ नए देवताओं से परिचय हुआ। परमशिव, विघ्नेश्वर, पार्वती, शंकर-नारायण, राम और गोपालकृष्ण—ये सब तो परिचित देवता थे। नए देवता थे सिंहोदर जिसे शिव-गण का मुखिया माना जाता है। धर्मशास्ता अय्यप्पा जिसे शिव और मोहिनी-रूप विष्णु के संयोग से उत्पन्न माना जाता है और जो भक्तों की नई पीढ़ी का प्रिय देवता है और कलि जिसके सम्बन्ध में पुजारियों का विश्वास है कि वह दिन-प्रतिदिन आकार में बड़ा होता जा रहा है। देवताओं का परिचय देने के बाद वह मुझे कूथाम्बलम् में ले गया जहाँ पौराणिक गाथाओं का अभिनय के साथ सस्वर पाठ किया जाता है। वहाँ से लौटते हुए वह मुझे मन्दिर के प्रधान उत्सव त्रिचुरपूरम् के विषय में बताता रहा। जिन दिनों ईस्ट इंडिया कम्पनी के साथ कोचीन का सम्बन्ध स्थापित हुआ, उन्हीं दिनों वहाँ के राजा राम वर्मा ने अभिजात नायर परिवार की एक कन्या के साथ विवाह किया था। त्रिचुरपूरम् उसी अवसर की याद में मनाया जाता है। बात करते हुए हम वापस उसके घर पहुँच गए। वहाँ से कपड़े बदलकर मैं चलने लगा, तो उसने अनुरोध किया कि मैं कॉफ़ी की एक प्याली पीकर जाऊँ। वह

कॉफ़ी लाने के लिए गया, तो मैं कमरे के चमकते फ़र्श और दीवारों पर लगी तसवीरों को देखता रहा। धर्मशास्ता अय्यप्पा। राजा राम वर्मा और अभिजात नायर परिवार की सुन्दरी। ईस्ट इंडिया कम्पनी का कप्तान। रामकृष्ण मिशन के स्वामीजी। रामेश्वरम् का मन्दिर...।

इस बीच वह अपने बारे में भी काफ़ी कुछ बता चुका था। उसका नाम था श्रीधरन् और वह वहीं की एक धार्मिक संस्था में काम करता था। अपनी माँ के साथ अकेला उस घर में रहता था। पैंतीस का होकर भी अब तक उसने विवाह नहीं किया था और न ही आगे करने का विचार रखता था। अपनी ज़िन्दगी में वह एक ही बार त्रिचुर से बाहर गया था—काज़ीकोड तक, और उस बार भी वहाँ से बीमार होकर लौटा था। माँ का विश्वास था कि उसके भगवान वडक्कुनाथन् की सेवा से दूर जाने के कारण ही ऐसा हुआ है। माँ स्वयं घर से मन्दिर की सड़क को छोड़कर जीवन-भर त्रिचुर की और किसी सड़क पर भी नहीं गई थीं। एक बार श्रीधरन् उन्हें एक धार्मिक चित्र दिखाने ले गया था, तो उन्होंने उस रात बहुत बुरा सपना देखा था। तब से उन दोनों ने अपने जीवन के निश्चित कार्यक्रम में किसी तरह का अन्तर नहीं आने दिया था। मन्दिर, घर, धार्मिक प्रवचन और स्वाध्याय। जीवन में आगे चलकर कष्ट न हो, इसलिए अभी से श्रीधरन् दिन में एक समय का खाना अपने हाथ से बनाता था।

वह कॉफ़ी लेकर आया, तो उसका चेहरा बहुत उतरा हुआ था। हाथ काँप रहे थे। मैंने उसे इस तरह देखकर पूछ लिया :

: क्या बात है; आप स्वस्थ तो हैं न?

**श्रीधरन् :** हाँ-हाँ...मैं तो स्वस्थ हूँ, परन्तु...।

**यायावर :** तो कुछ ऐसी बात हो गई क्या जिससे...?

**श्रीधरन् :** नहीं, बात कुछ नहीं हुई। आप कॉफ़ी पी लीजिए। उसके बाद...।

**यायावर :** मुझे लगा कि शायद मेरे वहाँ होने से ही उसे असुविधा हो रही है। मैं झट से कॉफ़ी पीकर चलने के लिए उठ खड़ा हुआ।

**श्रीधरन् :** तो चल रहे हैं आप? अच्छा...ठीक है।

**यायावर :** हाँ...बस चलने से पहले एक बार अन्दर चलकर माँ को प्रणाम कर लूँ।

**श्रीधरन्** : नहीं-नहीं...प्रणाम मैं ही आपकी ओर से उनसे कह दूँगा। बात यह है कि माँ की तबीयत कुछ ठीक नहीं है। शायद बुख़ार हो आया है। आप बुरा नहीं मानिएगा। हमारे घर का वातावरण कुछ दूसरी तरह का है। कोई बाहर का व्यक्ति आज तक यहाँ नहीं आया था। देखिए, मैं शायद आपको समझा नहीं सकूँगा। मुझे प्रसन्नता है कि आप यहाँ आए। परन्तु ऐसा है कि...।

**यायावर** : श्रीधरन् मुझे गली के दरवाज़े तक छोड़ने आया। बाहर की गली से अलग उनके घर की एक अपनी गली थी जिसका दरवाज़ा बन्द कर लेने से वह घर बाहर की दुनिया से बिलकुल कट जाता था। मैंने गली से निकलकर हाथ जोड़ दिए। श्रीधरन् ने भी हाथ जोड़े और दरवाज़ा बन्द कर लिया। वहाँ से चलते हुए मुझे लगा कि शायद मेरा वहाँ आना उस घर की ज़िन्दगी की तीसरी मनहूस घटना थी।

अगले दिन अर्णाकुलम् पहुँचकर वहाँ और कोचिन में दिन-भर आवारा घूमता रहा। उसी तरह घूमते हुए शाम को कोचिन के मटनचरी पैलेस में पहुँच गया। पैलेस के युवा चौकीदार ने मुझे वहाँ के सभी कक्षों में घुमा दिया। एक कक्ष की दीवारों पर शिव-पार्वती, अर्द्धनारीश्वर तथा लक्ष्मी-पार्वती के चित्र थे। नीचे के एक कक्ष में मटियाली पृष्ठभूमि पर भूरी लकीरों से बने चित्र थे–पार्वती-विवाह के। एक और कक्ष में शिव-मोहिनी से लेकर पशु-पक्षियों तक के रति-समय के चित्र थे। अन्त में वह मुझे जिस कक्ष में ले गया, वहाँ उस पैलेस के सबसे प्रसिद्ध रामायण म्यूरेल बने थे। एक-एक कक्ष में वह जिस तरह चित्रों की व्याख्या कर रहा था, उससे यह नहीं लगता था कि वह उसकी रटी हुई भाषा है। रामायण म्यूरेल देखते हुए मैंने उससे यह बात कही, तो वह बोला :

**भास्कर** : देखिए, ऐसा है कि मैं...मैं भी एक चित्रकार हूँ।

**यायावर** : तुम चित्रकार हो? तो यहाँ तुम...?

**भास्कर** : मेरे पिता यहाँ के चौकीदार हैं। वे आजकल छुट्टी पर हैं, इसलिए उनका काम मैं देख रहा हूँ।

**यायावर** : तुम्हारा नाम?

**भास्कर** : भास्कर कुरुप। मैं कोचिन स्कूल ऑफ़ आर्ट का विद्यार्थी हूँ।

**यायावर** : तो मतलब, इन दिनों तुम...?

**भास्कर :** नहीं, मैं इन दिनों भी स्कूल जाता हूँ। उस समय मेरा छोटा भाई रामन ड्यूटी पर रहता है।

**यायावर :** उसकी ड्यूटी का वक़्त पूरा हो चुका था, इसलिए हम लोग वहाँ से निकलकर एक चाय की दुकान में आ गए। उसका छोटा भाई रामन भी साथ में था। वहाँ बैठे हुए रामन को भेजकर उसके घर से कुछ स्केच भी मँगवा लिए। उसने बताया कि उसके पिता पढ़ाई का ख़र्चा नहीं उठा सकते, इसलिए ख़ाली वक़्त में मज़दूरी करके वह अपनी फ़ीस के पैसे जुटा लेता है। अपने और सब स्केच तो वह मुझे एक-एक करके दिखा रहा था, पर एक फ़्रेम किया स्केच उसने अलग हटाकर रख दिया था। मैंने उससे पूछा :

: वह फ़्रेम अलग क्यों रख दिया तुमने?

**भास्कर :** वह विघ्नेश्वर का चित्र है—मेरा पहला बड़ा चित्र। परन्तु धार्मिक चित्र है, इसलिए...देखिए, मैं धार्मिक चित्र नहीं बनाता... आज तक यही एक ऐसा चित्र मैंने बनाया है। सोचा कि शुरू में विघ्नेश्वर का चित्र बनाने से हो सकता है कि...मुझे अपने लक्ष्य में सफलता मिल सके। आप देख लीजिए...वैसे मैं यह दिखाता किसी को नहीं। रामन ऐसे ही इसे साथ उठा लाया है।

**यायावर :** हम लोग चाय की दुकान से बाहर निकले, तो साँझ गहरी हो चुकी थी। उससे हाथ मिलाकर बोट जेट्टी की तरफ़ बढ़ते हुए मैंने देखा कि वह कुछ क़दम जाकर रुक गया है। मुझे अपनी तरफ़ देखते पाकर वह अनिश्चित भाव से मेरी तरफ़ बढ़ गया और काग़ज़ का एक टुकड़ा उसने मेरे हाथ में दे दिया, जिस पर पेंसिल से उसका नाम और पता लिखा था—भास्कर कुरुप, मटनचरी पैलेस, कोचिन।

अगली रात अर्णाकुलम् के आम्बलम् का वार्षिकोत्सव था। मैं दिन में आवली चला गया, वहाँ नदी में नहाया और गलियों में घूमता रहा। सोचता रहा कि एक-एक परिवार की निजी ज़िन्दगी कैसे एक छोटी-सी संस्कृति का रूप ले लेती है! ये छोटी-छोटी संस्कृतियाँ मिलकर एक क्षेत्रीय संस्कृति का रूप ले लेती हैं, क्षेत्रीय संस्कृतियाँ एक राष्ट्रीय संस्कृति का और राष्ट्रीय संस्कृतियाँ एक मनावीय संस्कृति का। आवली से लौटकर रात को आम्बलम् में चला गया। आम्बलम् को चारों ओर से दीयों से सजाया गया था। उस समय जितनी भीड़ थी, उससे ज़्यादा

भीड़ पीछे की तरफ़ थी। सुनहरे छत्रों से सजे तीन बड़े-बड़े हाथी उधर से मन्दिर की ओर आ रहे थे। बीच के हाथी पर देवता की मूर्ति थी। उस रात आराट्, अर्थात् देवता के जल-स्नान, के साथ वह उत्सव समाप्त होना था।

बहुत चहल-पहल थी। हाथियों के रास्ते में सजी हुई वेदिकाएँ बनी थीं जहाँ उनकी पूजा की जा रही थी। भीड़ बहुत थी और प्रायः सभी स्त्री-पुरुष नंगे पाँव चल रहे थे। आराट् का समय पास आ जाने से मन्दिर में आतिशबाज़ी छोड़ी जाने लगी, तो मैं भीड़ से थोड़ा बाहर निकल आया। तभी न जाने अँधेरे के किस कोने से निकलकर एक व्यक्ति जिसके बाल सड़ी घास की तरह थे और दाढ़ी कई दिनों की बढ़ी हुई थी, मेरे सामने आ खड़ा हुआ।

**व्यक्ति** : मिस्टर...!

**यायावर** : क्यों, क्या बात है? क्या चाहिए तुम्हें?

**व्यक्ति** : एनीथिंग, दैट यू कैन गिव। एनीथिंग, दैट यू कैन एफ़ोर्ड।

**यायावर** : तुम पढ़े-लिखे आदमी हो, फिर भीख क्यों माँग रहे हो? अंग्रेज़ी तुम इतनी अच्छी बोल रहे हो।

**व्यक्ति** : मैं तीन भाषाएँ इतनी ही अच्छी बोल सकता हूँ—अंग्रेज़ी, संस्कृत और तमिल। तुम बताओ, तुम मुझे कुछ दे सकते हो या नहीं?

**यायावर** : पर मैं जानना चाहता हूँ कि तुम पढ़े-लिखे होकर भी...?

**व्यक्ति** : मैं बेकार हूँ और भूखा हूँ। तुम कुछ नहीं दे सकते, तो साफ़ कह दो।

**यायावर** : लेकिन...!

**व्यक्ति** : *(कड़वाहट के साथ)* लेकिन, लेकिन, लेकिन *(हँसता है।)* घर में रखो अपना लेकिन। इस लेकिन से आदमी की भूख नहीं मिटती।...लेकिन!

**यायावर** : और वह उसी तरह अचानक अँधेरे में न जाने कहाँ खो गया। आम्बलम् में बहुत-से पटाख़े एक साथ छूटने लगे। आराट् का समय आ पहुँचा था।

अगले दिन शाम को मैंने अलेप्पी जाने के लिए फ़ैरी ले ली। बैक-वाटर्ज़ की यात्रा का यह मेरा पहला अनुभव था। कहीं खुले पानी में इतने बत्तखें तैरती मिलतीं कि लगता है कि हम बत्तखों के देश में प्रवेश कर रहे हैं। सहसा फ़ैरी का साइरन

बजता और बत्तखें पंख फड़फड़ाती आकाश में उड़ जातीं। कुछ देर बाद वे फिर पानी के किसी दूसरे हिस्से पर उतर आतीं। तब दूर से देखकर लगता कि पानी पर रुई के फूलों का एक द्वीप तैर रहा है। सुबह हुई तो हम बैक-वाटर्ज़ से कटी हुई नहरों में चल रहे थे। पानी के हाई-वे, सब-वे, दोराहे, चौराहे। शाम को मैं अलेप्पी के समुद्र-तट पर कुछ बच्चों के साथ मिलकर रेत के आम्बलम् बनाता और कबूतरों का पीछा करता रहा। उसके बाद कुछ देर अकेला रेत पर लेटा रहा। जब लहरें बहुत पास आ पहुँची, तो उठकर चला आया।

एक रात कोइलून में रुककर त्रिवेन्द्रम्। एक रात त्रिवेन्द्रम् से सात मील दूर कोवलम् बीच पर। वहाँ रेस्ट-हाउस में जगह नहीं मिली, इसलिए गाँव के लोगों ने स्कूल का कमरा खोलकर दो बेंचें सोने के के लिए जोड़ दीं। यह जानकर कि मैं दिल्ली की तरफ़ से आया हूँ, एक बुड्ढा पास के किसी गाँव से मुझसे मिलने चला आया। मुझे बताया गया कि उसका लड़का भूमिनाथन् कुछ दिन पहले तंगहाली की वजह से घर छोड़कर चला गया है। कुछ लोगों का ख़याल था कि उसने आत्महत्या कर ली है। पर बुड्ढे को लोग यही बताते थे कि वह भागकर दिल्ली चला गया है। बुड्ढा पास आकर कुछ देर मुझे परखता रहा, फिर बोला :

**बुड्ढा :** तुम दिल्ली से आए हो?

**यायावर :** हाँ...यही समझ लीजिए।

**बुड्ढा :** वहाँ तुमने मेरे लड़के को तो नहीं देखा? भूमिनाथन् नाम है... उम्र बस तुम्हारे जितनी ही होगी...रंग साँवला है और बात करते हुए थोड़ा-थोड़ा हकलाता है।

**यायावर :** देखिए, दिल्ली बहुत बड़ी जगह है। वहाँ इतने से किसी आदमी को पहचान सकना बहुत मुश्किल है।

**बुड्ढा :** उसे पहचान सकना मुश्किल नहीं है। वह बहुत मिलनसार लड़का है। अबकी तुम दिल्ली जाओगे, तो ज़रूर उसे पहचान लोगे। क़द में तुमसे थोड़ा ऊँचा है। मिल जाए, तो उससे कहना कि यहाँ हम लोग बहुत परेशान हैं। बच्चे रोते रहते हैं। बहू मज़दूरी करके किसी तरह थोड़ी-सी मर्चिनी जुटा लेती है। वह अगर यहाँ नहीं आना चाहता, तो हमें ही अपने पास बुला ले। *(रुआँसे स्वर*

*में)* उसके बग़ैर हम लोग यहाँ पड़े क्या करेंगे?...तुम उससे ज़रूर कह देना।...मैं सुबह तुम्हें एक पोस्टकार्ड दे जाऊँगा। वह तुम्हें मिल जाए, तो तुम मुझे चुपके से पोस्टकार्ड डाल देना। उसका पता-अता ठीक से मुझे लिख देना। समझ गए न? कहना उससे कि यहाँ बहुत ख़राब हालत है घर की। कह दोगे न?

**यायावर :** और उससे अगले दिन मैं त्रिवेन्द्रम् से सामान लेकर अपनी यात्रा के अन्तिम पड़ाव पर आ पहुँचा। कन्याकुमारी–सुनहले सूर्योदय और सूर्यास्त की भूमि!

शाम के समय पीली रेत के उस टीले पर पहुँचकर जहाँ से अधिकांश यात्री सूर्यास्त देखते हैं, सहसा एक ख़ब्त सवार हो गया–कि क्यों न दूर के किसी ऐसे टीले से सूर्यास्त देखा जाए जहाँ से खुला अरब सागर भी दिखाई दे सके? एक के बाद एक टीला पार करता हुआ आख़िर मैं एक ऐसे टीले पर पहुँच गया। अब नीचे दूर तक रेत की लम्बी ढलान थी। दाईं तरफ़ दूर-दूर उगे नारियलों के झुरमुट नज़र आ रहे थे। तेज़ हवा से उनकी टहनियाँ ऊपर को उठी जा रही थीं। पश्चिमी तट के साथ-साथ दूर तक सूखी पहाड़ियों की शृंखला दिखाई दे रही थी। सूर्य पानी की सतह तक पहुँच गया था। पानी के अलावा आसपास की रेत पर भी डूबते सूर्य की लाली बिखर गई थी। रेत पर दूर तक अपने पैरों के निशान बने थे। सूर्यास्त के साथ आसपास का रंग बैंजनी और बैंजनी से स्याह पड़ने लगा। मैंने बाईं तरफ़ देखा। बहुत दूर एक टीले पर कुछ रंग झिलमिला रहे थे। वह वही टीला था जहाँ से अन्य यात्री सूर्यास्त देख रहे थे। उन रंगों को उस टीले से हटते देखकर मुझे भी लौटने का ध्यान आया। मगर अब लौटा कैसे जाए? घिरते अँधेरे में उसी रास्ते से लौटना सम्भव नहीं लगा इसलिए रेत पर बैठकर नीचे समुद्र-तट की तरफ़ फिसल गया। वहाँ पहुँचकर रेत में इतने रंग चमकते नज़र आए कि कुछ देर मन उन्हीं से बँधा रहा। कुछ रंगों को मैंने हाथ से मसला, कुछ को पैरों से कुरेद दिया। फिर यह देखकर कि समुद्र में पानी बढ़ रहा है, जल्दी-जल्दी वापसी के रास्ते पर चलने लगा। अब तट का कुल तीन-तीन, चार-चार फुट हिस्सा पानी के बाहर था। बाईं तरफ़ रेत की दीवार इस तरह उठी थी कि उस पर चढ़ने की कोशिश भी नहीं

कर सकता था। मेरे मन में डर इतना बढ़ गया कि मैंने दौड़ना शुरू कर दिया। कुछ दूर एक ऊँची नुकीली चट्टान रास्ता रोके थी। मैं उसकी नोकों से छिलता हुआ किसी तरह उसके ऊपर चढ़ गया। वहाँ से दूसरी तरफ़ देखा, तो जान-में-जान आई। उधर तट का खुला विस्तार था, जहाँ से सड़क पर जाने के लिए रास्ता भी बना था। सुबह सूर्योदय के समय हम आठ आदमी विवेकानन्द चट्टान पर बैठे थे–मैं, कन्याकुमारी के तीन बेकार नवयुवक, जिनमें से एक ग्रेजुएट था और चार मल्लाह। चट्टान तट से थोड़ा हटकर समुद्र के बीचोंबीच है, इसलिए हम एक छोटी-सी मछुआ नाव में वहाँ आए थे। ग्रेजुएट युवक मुझे बता रहा था :

**ग्रेजुएट :** बस यही हम लोगों की ज़िन्दगी है–सीपियों का गूदा खाकर जीना और दार्शनिक सिद्धान्तों पर चर्चा करना। नौकरियाँ मिलती नहीं, इसलिए सिवाय अर्ज़ियाँ देने और दार्शनिक बनकर घूमने के और कोई चारा भी नहीं है हमारे पास। आप लोग यहाँ आते हैं सूर्योदय और सूर्यास्त देखने। बहुत-से लोग आते हैं कन्याकुमारी के मन्दिर में पूजा करने। पर कुछ लोग ऐसे भी हैं जो केवल आत्महत्या करने के लिए यहाँ आते हैं। आत्महत्या के लिए भी इससे अच्छा छोर और कहाँ मिल सकता है? अभी कुछ ही दिन पहले एक लड़की ने उस सामने की चट्टान से कूदकर आत्महत्या की थी। वह कुँवारी थी और उसके बच्चा होनेवाला था। शायद, इसलिए वह कन्याकुमारी की साक्षी में आत्महत्या करने आई थी। बाद में उसका शरीर मुट्टम के पास लहरों ने किनारे पर फेंक दिया था।

**यायावर :** छोटे-छोटे द्वीपों की तरह समुद्र में बिखरी स्याह चट्टानों की ओट से सूर्योदय हो रहा था। सूर्योदय की आभा में तैरते कडल-काक और छोटी-छोटी पाल वाली नावें बहुत सुन्दर लग रही थीं। हम लोग फिर नाव में बैठ गए थे और नाव एक भँवर से किसी तरह बचकर किनारे की तरफ़ बढ़ रही थी। कन्याकुमारी के मन्दिर में आरती आरम्भ हो गई थी।

**आरती, घंटियों और शंख-वादन का स्वर।**

कुछ देर बाद मैं फिर अकेला समुद्र-तट पर खड़ा अपनी ओर आती ऊँची-ऊँची लहरों को देख रहा था। हिन्दमहासागर, अरब

सागर और बंगाल की खाड़ी–इन तीनों के सन्धिस्थल पर खड़ा होकर शक्ति और विस्तार की गहरी अनुभूति अपने में लिए हुए मैं सोच रहा था–क्या सचमुच यहाँ का सूर्योदय और सूर्यास्त देखने के लिए ही मैं इतनी दूर से यहाँ आया हूँ, या कि इस यात्रा का कुछ और अर्थ भी रहा है? और इस यात्रा ने क्या मन की भटकन को कुछ शान्त किया है या एक नई भटकन को जन्म दे दिया है? मुझे अपने अन्दर से इसका कोई उत्तर नहीं मिला। मैं केवल चुपचाप खड़ा देखता रहा और उमड़ती लहरों के शब्द को सुनता रहा।

**किनारे से टकराती समुद्र की लहरों का शब्द ऊँचा उठकर विलीन हो जाता है।**

●●●